FRANZ MALCHER

FERWALL-GRUPPE

Ein Führer für Täler, Hütten und Berge

Mit 17 Bildern
und einer Übersichtskarte

BERGVERLAG RUDOLF ROTHER · MÜNCHEN

Umschlagbild: Verbellner Winterjöchle mit Scheidseen und Neuer Heilbronner Hütte, überragt vom Patteriol. Farbfoto: H. Häusle

Der Text aller in diesem Führer beschriebenen Touren wurde nach bestem Wissen und Gewissen des Autors ausgearbeitet. Autor und Verlag können jedoch keine Haftung für die Richtigkeit der Angaben übernehmen.

7., von Roland Luzian durchgesehene und ergänzte Auflage 1974
ISBN 3 7633 1205 6
Hergestellt in den Werkstätten Rudolf Rother, München
(1741 / 3897)

Geleitwort für den Alpenvereinsführer „Ferwall-Gruppe“

Die erste Auflage dieses Führers durch die Ferwall-Gruppe ist im Jahre 1956 als 9. Band der vom Deutschen und vom Österreichischen Alpenverein gemeinsam herausgegebenen Reihe „Alpenvereinsführer“ erschienen. Sein verdienstvoller Verfasser, Franz Malcher, ist nach mehr als fünfzigjähriger alpiner Tätigkeit für das Ferwall im Jahre 1966 verstorben. In dankenswerter Weise hat Roland Luzian, Wald a. Arlberg, die Betreuung des Führers übernommen.

Anläßlich dieser Neuauflage kann festgestellt werden, daß der Gedanke, AV-Führer in Einzelbänden für alle Gebirgsgruppen der Ostalpen herauszugeben, auf fruchtbaren Boden gefallen ist. Alle bis jetzt erschienenen AV-Führer (Allgäuer Alpen, Berchtesgadener Alpen, Dachstein, Ferwall, Glockner-Gruppe, Kaisergebirge, Karwendel, Lechtaler Alpen, Lienzer Dolomiten, Loferer und Leoganger Steinberge, Ötztaler Alpen, Rätikon, Silvretta, Schladminger und Radstädter Tauern, Schobergruppe, Stubaier Alpen, Tennengebirge, Totes Gebirge, Wetterstein/Mieminger Kette und Zillertaler Alpen), die von hervorragenden Sachkennern verfaßt worden sind, haben sich als gute und brauchbare Berater der Bergsteiger aller Richtungen erwiesen. An der weiteren Vervollständigung der Reihe wird dauernd gearbeitet.

Möge auch diese Auflage des AV-Führers durch die Ferwall-Gruppe, die auf den neuesten Stand gebracht und mit vermehrtem Bildmaterial ausgestattet ist, den Bergsteigern ein stets zuverlässiger Begleiter sein und ihnen helfen, den Weg zu den Schönheiten der Täler und Gipfel zu finden!

Für den Verwaltungsausschuß
des Österreichischen Alpenvereins
Dr. R. Pfeningberger

Für den Verwaltungsausschuß
des Deutschen Alpenvereins
Dr. H. Frank

Aus dem Vorwort zur Auflage 1956

20 Jahre sind verstrichen, seit dieser Führer zum erstenmal erschien. Seither hat sich einiges in der Ferwall-Gruppe geändert, aber nichts Grundlegendes; die Gruppe ist trotz der weiteren Erschließung durch Hütten und prachtvolle Höhenwege noch immer nicht überlaufen, so daß der beschauliche Bergwanderer, der in der Ruhe des Hochgebirges zu sich selbst findet, verhältnismäßig selten gestört wird, denn die meisten Besucher dieser herrlichen Gruppe sind ebenfalls Bergsteiger, die dem Trubel aus dem Wege gehen möchten. Für mich selber sind es 50 Jahre Ferwall.

Den Anteil, den Herr Walther Flaig an der Entstehung des Führers hat, habe ich schon mehrfach erwähnt, aber auch die Hand von Frau Hermine Flaig taucht öfter in dem gesammelten Material auf. Ihnen beiden bin ich zu großem Dank verpflichtet, wie auch den hüttenbesitzenden Sektionen des DAV und ÖAV, sowie zahlreichen Mitteilungen aus der Bergsteigerschaft.

Auch für diese Neubearbeitung bin ich vielen zum Dank verpflichtet, vor allem Herrn Dozenten Dr. Karl Finsterwalder, Innsbruck, dem ich viele Namenserklärungen und Namensrichtigstellungen verdanke.

Innsbruck, im Sommer 1956 Franz Malcher

Vorwort zur 7. Auflage 1974

Nun ist es auch im Ferwallgebiet soweit. Auch hier gibt es bereits die ersten Liftanlagen. Trotzdem findet man in dieser Gebirgsgruppe weiterhin viel Ruhe und Erholung. Abgesehen von einigen der herrlichen Höhenwege (und natürlich der „lifterschlossenen“ (Teile) herrscht überall Einsamkeit. Dies gilt besonders für alle Wände, Kanten und Grate. Wenn auch einige Neufahrten gelungen sind, so sind doch die Erschließungsmöglichkeiten noch nicht erschöpft. Ich hoffe, daß ich dem Leser und Benützer dieses Führers einen echten Dienst erweisen konnte und bedanke mich bei den Hüttenwirten, die mir sehr viel Unterstützung gewährten. Berg heil!

Wald am Arlberg, zu Pfingsten 1974 Roland Luzian

Inhaltsverzeichnis

(Zum Nachschlagen von Orts- und Bergnamen bediene man sich des Randzahlen-Verzeichnisses am Schluß des Führers.)

A. Einführender Teil

B. Täler und Talorte

C. Hütten und Hüttenwege

D. Höhenwege und Übergänge

E. Gipfel und Gipfelwege

Bilderverzeichnis

A. Einführender Teil

I. Einteilung und geologische Einführung

Grenzen: Im N das Klostertal mit dem Alfenzbach, das von der Talweite bei Bludenz bis zum Arlberg, dem Grenzpaß zwischen Vorarlberg und Tirol, reicht. Weiterhin nach O das Stanzer Tal, welches die Rosanna durchläuft, bis nach Wiesberg, wo sich am Fuße des alten Schlosses Rosanna und Trisanna zur Sanna vereinigen und dem Inn zueilen. Im SO das Paznauntal mit der Trisanna (1446 „Träsen") und im SW über das sumpfige Zeinisjoch in das von allen Randtälern am dichtesten bevölkerte Montafontal, dessen Bäche die Ill an Bludenz vorbei dem Rhein zuführt. Die Ferwallgruppe ist die Fortsetzung der westlichen und zentralen Silvrettagruppe. Geologisch reiht sie sich an diese, und so finden wir hier ähnliche Bergformen, wenn auch die Vergletscherung lange nicht die Ausdehnung erreicht, wie in der Silvretta. Die ganze Gruppe hat die Form eines flachen Dreiecks, dessen Grundlinie das Klostertal und das Stanzer Tal bilden und dessen Scheitel sich am Zeinisjoch befindet. In der Nähe dieses Scheitelpunktes, im sanft nach N streichenden Ferwallferner, hat die Rosanna ihren Ursprung; sie teilt durch ihre Talfurche, das Ferwalltal, unsere Gruppe in eine westliche, kleinere, und eine östliche, größere Hälfte.

In der östlichen Hälfte, welche die bedeutendere ist, birgt sie doch die höchsten Erhebungen und eine ziemlich bedeutende Firnbedeckung, herrscht der Zug von SW nach NO vor. Der Hauptrücken, welcher, je nachdem Nord- oder Südtäler tiefer einschneiden, eine oftmalige Knickung erfährt, entsendet nach N eine Reihe steilflankiger Seitenäste, welche den Hauptkamm fast stets an Höhe übertreffen. Die Nordtäler sind lang, tief eingeschnitten und haben ein ziemlich gleichmäßiges Gefälle. Die Südtäler, die nur von kurzen, unbedeutenden Seitenkämmen begleitet werden, sind breit und seicht, fallen aber dann rasch gegen das Paznauntal ab.

Die westliche Hälfte entbehrt des einheitlichen Zuges. Hier schließen die Berge das von der Litz durchflossene Silbertal hufeisenförmig ein, die Quellbäche der Ill und der Litz stoßen fast senkrecht auf das im oberen Teil sanfte Ferwalltal und haben hier an der Wasserscheide zwischen Rhein und Donau eine Reihe von breiten, oft seengeschmückten Pässen, die Winterjöchle, geschaffen. Die Vergletscherung ist gering, bloß an den N-Hängen der Eisentalerspitze und des Kalten Berges blieben Gletscherreste erhalten.

Geologisch gehört die Ferwallgruppe zur Gneiszone der Zentralalpen. Ähnlich wie in der Silvrettagruppe und in den Ötztaler Alpen bilden Gneise und Hornblendegesteine die Haupt- und Grundmasse des Gebirges, dem im N Glimmerschiefer, oft granitführend, vorgelagert ist. Die Gneisberge sind an ihrer lichteren Farbe und den sanfteren Formen erkennbar, während aus Hornblendegesteinen die dunklen, kühnen Gipfelformen aufgebaut sind. Letztere zeichnen sich durch ihr rauhgriffiges, prächtiges Gestein aus, an dessen Festigkeit der Bergsteiger seine helle Freude hat. — Im nordwestlichen Teil der Gruppe, westlich der Linie Bartholomäberg — Kristberg — Dalaas, treten jüngere Gesteine auf, die Fortsetzung der Triasschichten der Lechtaler Alpen, dem auch die Rätikongruppe angehört, welche aber hier keine charakteristischen Formen hervorbringt, da über ihre niederen Höhen die Eiszeitgletscher dem Rheintal zuströmten. — An der vorerwähnten Grenze zwischen Kalk- und Urgestein kommen silberhaltige Fahlerze vor, wovon die verlassenen Bergbaue am Kristberg zeugen. Eisenerze wurden einstens bei der Butzkammeralpe im Gaflunatal und auf dem Gafluner Winterjöchle gewonnen.

Der Charakter der Ferwallgruppe ist fast durchwegs ernst. Schwarze, steilflankige Felsberge erheben sich zu gewaltigen Höhen, Eisrinnen durchziehen ihre Flanken und zu ihren Füßen liegen Firnfelder oder trümmererfüllte Kare. Die Hochtäler sind zumeist mit Schutt gefüllt und bringen nur dürftigen Graswuchs hervor. Der Hochwald, dunkle Fichtenwälder mit einem Saum lichter Zirbenbestände zu oberst, begleitet die schmalen Täler hinaus zu den freundlichen Haupttälern im N und im S. Dort, am Nord- und am Südhang gibt es mattenreiche Almen, welche hinabblicken auf ständig bewohnte menschliche Ansiedlungen, die (mit Ausnahme von Silbertal) sich nur am Rande unserer Gruppe vorfinden. Abseits von den vielbegangenen Wegen, in den einsamen Hochkaren hört man noch den schrillen Pfiff des Murmeltieres und, wohl seltener, den Warnungspfiff der Gemse. Im hintersten Silbertal gab es noch vor 200 Jahren Steinböcke. Am Ufer der kleinen Seen, in denen sich die dunklen Berge widerspiegeln, findet der Bergwanderer noch die Ruhe, die er im Hochgebirge sucht. — Möge er dazu beitragen, sie nicht zu stören!

II. Schwierigkeitsbewertung

Die Alpenskala-Bewertung geht nicht vom Anfänger, sondern vom geübten Bergsteiger aus. Bezeichnete und unbezeichnete Wege sind ohne Schwierigkeitsangabe.

I	= wenig schwierig	IV	= sehr schwierig
II	= mäßig schwierig	V	= besonders schwierig
III	= ziemlich schwierig	VI	= äußerst schwierig

Die Schwierigkeit erfährt naturgemäß eine große Verschärfung, wenn statt Firn Eis vorhanden ist. Durch den Rückgang der Gletscher und das Sinken der Firndecke wird der Übergang vom Firn zum Fels des Berges manchmal durch größere Bergschründe und freigelegte Felsplatten erschwert.

III. Zum Gebrauch des Führers, Abkürzungen

Zeiten: Diese sind so angegeben, daß nach dem Ausgangspunkt die Gesamtzeit steht, während in der Beschreibung die Zeiten für die einzelnen Teilstrecken angeführt sind.

Abkürzungen

Autoh.	=	Autohaltestelle, Station
AVS	=	Sektion des Deutschen oder Österreichischen Alpenvereins
B	=	Betten
bew.	=	bewirtschaftet
bez.	=	bezeichnet
Bhf.	=	Bahnhof
F	=	Fernsprecher
GB	=	Gipfelbuch
Ghs.	=	Gasthof, Gasthaus, Hotel
M	=	Matratzen
Mitt.	=	Mitteilungen
Min.	=	Minute
N	=	Norden
nördl.	=	nördlich
O	=	Osten
östl.	=	östlich

ÖAZ	=	Österreichische Alpen-Zeitung
P. (mit Ziffer)	=	Punkt, Kote
PM	=	Privatmitteilung
R	=	Randzahl
rd.	=	rund, ungefähr, etwa
Rst.	=	alpine Rettungsstelle
S	=	Süden
südl.	=	südlich
S. (mit Zahl)	=	Seite
Schr.	=	Schrifttum*)
st	=	Stunde(n)
T	=	Telegraf
W	=	Westen
westl.	=	westlich
Z	=	Zeitschrift (Jahrbuch) des Alpenvereins

*) Bei Schrifttum-Angaben werden bei Jahreszahlen nur die letzten zwei Ziffern angeführt; dann kommen durch Beistriche getrennt die Seitenzahlen; mehrere Angaben sind durch Strichpunkte geteilt; z. B.: Z 00, 235; 28, 14 (Zeitschrift oder Jahrbuch des Alpenvereins 1900, Seite 235; 1928, Seite 14).

IV. Schrifttum und Karten

1. Alpines Schrifttum

„Erschließung der Ostalpen", herausgegeben vom D. u. Ö. Alpenverein, 2. Band 1894. Dieser Band enthält die Schrifttumsangaben bis zum Erscheinungsjahr. Die „Österreichische Alpenzeitung" bringt seither alljährlich die neuen Touren mit den Schrifttumsangaben, so daß die Wiederholung derselben bei den einzelnen Gipfeln unterlassen wurde, um den Umfang des Führers nicht zu vergrößern.

„Der Hochtourist in den Ostalpen", 4. Band 1926.

Moriggl, J., „Von Hütte zu Hütte", 2. Band 1922.

Weilenmann, J. J., „Aus der Firnenwelt", Ausgabe 1923, Band I.

Blodig, K., „Aus dem Ferwall", Z 99, 259, und „Die neue Heilbronner Hütte", Z 28, 212.

Auer, H., „Im Bannkreis der Wildebene", Mitt. 09, 64 und 77.

Herold, G., „Friedrichshafener Hütte und Umgebung", Mitt. 24, 298.

Gretschmann, „Altes und Neues aus dem Ferwall", Alpenfreund 25, 321.

Ochsenreiter, Z., „Neue Wege im östlichen Ferwall", Bergkamerad 31, 329.

Flaig, W., „Ein vortrefflich erschlossener Winkel im Ferwall (Niederelbehütte)", Z 33, 147.

„25 Jahre Niederelbehütte im Ferwall, 1931—1956". Kleiner Führer durch das Hüttengebiet, 10 Seiten, herausgegeben von der Sektion Niederelbe-Hamburg des DAV.

2. Heimatkundliches Schrifttum

Blaas, J., „Geologischer Führer durch die Tiroler und Vorarlberger Alpen", 1902.

Hammer, W., „Geologischer Führer durch die Westtiroler Zentralalpen", Berlin 1922.

Klebelsberg, R. v., „Geologie von Tirol“, Berlin 1935.
Helbock, A., „Heimatkunde von Vorarlberg“, 12 Hefte 1929—1935 (Beiträge: Pflanzen von H. Gams, Tierwelt von F. Falger, Erdgeschichte von J. Blumrich).
Schwarz, A., „Heimatkunde von Vorarlberg“, Bregenz 1949 (besonders: Krasser, L.: Einführung in die Geologie Vorarlbergs und Rusch, F. und Wimmer, Chr.: Tierwelt und Pflanzendecke Vorarlbergs).
Pfister, O. v., „Das Montafon mit dem oberen Paznaun“, München 1911.
Flaig, W. und H., „Alpenpark Montafon“, Schruns 1966.
Kübler, A., „Die deutschen Berg-, Flur- und Ortsnamen des alpinen Iller-, Lech- und Sannagebietes“, Amberg 1909.
Zösmair, J., „Die Bergnamen Vorarlbergs“, Dornbirn 1923 (mehr als Sammlung von Urkundenstellen).
Planta, R. v. und Schorta, A., „Rätisches Flurnamenbuch“, Zürich 1939.
Zsadrowsky, M., „Rätische Namenforschung“ in „Zeitschrift für Namenforschung“, München 1940, 140.
Zehrer, J., „Die vorrömischen Ortsnamen Vorarlbergs“, ungedruckte, maschinengeschriebene Dissertation, Innsbruck 1949.

3. Karten

a) Topographische Karten

Seit der vergriffenen und veralteten Alpenvereinskarte der Ferwallgruppe (Maßstab 1: 50 000) gibt es in einem für Bergsteiger und Wanderer günstigen Maßstabe keine Gesamtkarte. Für das Gebiet sind deshalb häufig mehrere Kartenblätter notwendig.

Maßstab 1: 25 000

Neue topographische Karte Österreichs (teilweise noch provisorische Ausgaben): Bl. Schruns (142/2, 142/4), Bl. St. Anton (143/1, 143/2, 143/3, 143/4), Bl. Landeck (144/1, 144/3), Bl. Gaschurn (169/2), Bl. Mathon (170/1, 170/2).

Karte des Alpenvereins: Bl. 23 Arlberg; reicht südl. bis zur Linie Lobspitze — Madaunspitze.

Landeskarte der Schweiz: Bl. 1159 Ischgl.

Maßstab 1: 50 000

Amtliche Österreichische Karte (Wanderkarte): Bl. 142 Schruns, Bl. 143 St. Anton; Randgebiete auf den Bl. 144 Landeck, 169 Partenen, Bl. 170 Mathon.

Landeskarte der Schweiz: Bl. 239 Arlberg; bis auf das Gebiet westl. Dalaas — St. Gallenkirch ist die gesamte Ferwallgruppe dargestellt.

Freytag-Berndt-Umgebungskarten Bl. 372 (nördl. Ferwall ab Friedrichshafener Hütte), Bl. 373 (südl. Ferwall).

Skikarte Arlberg-Gebiet (erschienen im Bergverlag Rudolf Rother, München).

Kompaß-Wanderkarte: Bl. 33 Arlberggebiet, Bl. 41 Silvretta-Ferwallgruppe.

Maßstab 1: 100 000 (Übersichtskarten)

Freytag-Berndt-Touristenkarte: Bl. 37 Rätikon — Silvretta — Verwallgruppe, Bl. 48 Arlberggebiet.

Landeskarte der Schweiz: Bl. 34 Vorarlberg.

b) Geologische Karten

Geologische Karte der Lechtaler Alpen 1: 25 000 in 4 Bl. (die nördl. Randgebiete des Ferwalls sind erfaßt).

Geologische Karte 1: 75 000, Bl. 5144 Stuben.

Geologische Generalkarte der Schweiz 1: 200 000, Bl. 4 St. Gallen-Chur (erfaßt mittl. und westl. Ferwall).

Geologische Karte der Republik Österreich 1: 500 000 in 2 Bl.

V. Der Name Ferwall

Von Dr. Karl Finsterwalder

„Ferwall“ — so wird der Gebirgsname schon seit der „Erschließung der Ostalpen“, seit dem Erscheinen des „Hochtourist in den Ostalpen“, seit der Ferwallkarte des D. u. Ö. Alpenvereins (1891) immer geschrieben; trotzdem wurde in den letzten Jahren eine Schreibung „Verwall“ vorgeschlagen¹), nachdem man unglücklicherweise ohne rechte sprachliche Prüfung solcher Namen auch beim Namen Fermunt zu einer Schreibung mit „V“ übergegangen war, einzig deshalb, um diesen Namen anderen ähnlich beginnenden Orts- und Bergnamen wie Vergalden, Versettla, Vermiel anzugleichen.

Solche Namen, die mit Ver- beginnen, gibt es auch in Tirol. Aus historischen Gründen hat man bei amtlich eingeführten Namen, z. B. Vergötschen (Kaunertal), Verpeil (Kaunertal), Venn und Vals am Brenner, die mittelalterliche Schreibung mit v belassen, obwohl sie alle mit f gesprochen werden. Bei Ferwall hat man seit Beginn der Touristik nie diese historische Schreibung verwendet. Sie jetzt einzuführen, würde eine ganz unnötige Änderung der touristischen Literatur erfordern. Wozu die Schreibung eines Namens ändern, die seine Aussprache lautlich genau auch für den nicht Landeskundigen wiedergibt? Bloß um ihn anderen seit dem Mittelalter mitgeschleppten, gleichsam versteinerten Schriftbildern anzupassen? Im Mittelalter war man nämlich gewohnt, das v als f auszusprechen, für den heutigen Leser ist das durchaus nicht selbstverständlich; ihm müßte man zu solchen Schreibweisen noch die Gebrauchsanweisung mitgeben, das v nicht als w zu sprechen, was man zumindest bei Namen wie Venn, Vals, Vent hören kann. Die Schreibung Verwall einzuführen, ist ein Schritt ins Mittelalter zurück; allein die lautgetreue Schreibung mit F dient sowohl dem praktischen wie dem wissenschaftlichen Zweck zugleich.

Gegen eine lautgetreue Schreibung wird von W. Flaig das Prinzip der etymologischen Schreibung verfochten, das heißt, die Namen sollen so geschrieben werden, wie ihr sprachlicher Ursprung, ihre Etymologie es verlangt, wie sie in romanischen oder prähistorischer Zeit einmal gelautet haben. Weil Ferwall einmal romanisch val bella „Schöntal“ gelautet hat, müßten wir den Namen heute Verwall schreiben. Aber das „Ver“ läßt gar nicht genügend den Ursprung des Namens aus Val- durchschimmern, als daß man diese Schreibung überhaupt eine etymologische nennen könnte. Da müßte man Valbell schreiben. Die deutsche Sprachentwicklung hat den Namen aber weit von diesem Ursprung entfernt. Der schöne Name Fasul müßte dann auch Valsul geschrieben werden, weil er nahezu sicher von romanisch val sula „einsames Tal“ stammt und anderes mehr.

Praktisch ist das „etymologische Prinzip“ auch deswegen nicht durchzuführen, weil die Forscher sich über den Ursprung vieler Namen gar nicht einig sind. Das zeigt auch der böse Mißgriff beim Namen Vermunt, der urkundlich 1442 Formundt geschrieben wurde und gar nicht von „val“ Tal, sondern von romanisch fora „Loch“ kommt²); bei Unsicherheit über den Ursprung eines Namens hält man sich besser an seine heutige Aussprache, diese fordert das F in Ferwall. Die sprachgeschichtliche Entwicklung des Namens Ferwall verläuft folgendermaßen: das romanische „val“ konnte unter gewissen Bedingungen von der deutschen Bevölkerung im Mittelalter als Ver- (gesprochen fer-) wiedergegeben werden. Übrigens läßt sich zeigen, daß im Matschertal (Vintschgau, Südtirol),

¹) Walther Flaig, „Der Bergkamerad“ 1951/52 Seite 470 und 1952/53 Seite 260.

²) Dr. K. Finsterwalder, „Namen und Siedlung in der Silvretta“, „Jahrbuch“ des DAV (ÖAV) 1955.

das erst im Lauf der Neuzeit völlig deutsch wurde, der gleiche Name infolge späterer Eindeutschung auf der Stufe Falwell stehen blieb (Falwellspitze und Kamm südlich der Weißkugel).

Die Oberinntaler Mundart macht aus einer Silbe -ell ein all (mit hellem a wie in „Marke, Kasse" zu sprechen); der Oberländer und Stanzertaler spricht für „Schelle" „Schalle", für „Keller" „Kaller" — so entstand der Name „Ferwall", jene Namenform, die allein auf Tiroler Seite zu Hause ist.

Die amtliche Vorarlberger Form des Namens ist „Verbell", gesprochen wird „Ferbell"; wenn gefordert wurde, den Namen Ferwall als Verwell zu schreiben, um ihn an die Vorarlberger Form anzupassen, wird das bestimmt nicht aus eifersüchtigem Kantönligeist heraus abgelehnt. Es müßte aber vorher verlangt werden, daß Namen-Regelungen erst wissenschaftlich durchdacht würden. Die Tiroler Form wird mit der Vorarlberger doch nicht genau gleichgeschaltet werden können, weil der Tiroler in seiner durch amtlichen Zwang nicht zu regelnden Alltagsmundart den Namen anders entwickelt hat als der Vorarlberger. Man vergleiche dazu auch, wie der Name Gafluna (des obersten Silbertals, Vorarlberg) auf der Tiroler Seite zu „Pflun" zusammengeschliffen ist. Wird man da auch zwecks Vereinheitlichung die Pflunspitzen künftig Gaflunaspitzen umbenennen?

Aus diesen Gründen blieb der von mir beratene Verfasser des Führers bei der Schreibung Ferwall, die sich für jeden unverbildeten Leser ganz von selbst aus der mundartlichen Aussprache des Namens ergibt!

B. Täler und Talorte

● 1 Das Klostertal

Arlbergbahn (rechts sitzen).

a) **Bludenz** (581 m). Schnellzugstation, Abzweigstelle der Montafoner Bahn, AVS Vorarlberg. Verkehrsbüro am Bhf. Rst., 10 Ghs., Arzt, Post, T, F, Führer. Schwimmbad. — 6 km nach

b) **Braz** (705 m). Bhf., 1 Ghs., Post, T, F. — 8 km nach

c) **Dalaas** (836 m). 20 Min. zum Bhf. (932 m). Rst., 3 Ghs., Arzt, Post, T, F, Führer. — Zugang zum Kristbergsattelhaus. — 5 km nach

d) **Wald am Arlberg** (1075 m), Bhf, Post, T, F, Spullerseewerk. — 3 km nach

e) **Klösterle am Arlberg** (1069 m). 20 Min. zum Bhf. (1150 m). Rst., 3 Ghs., Post, T, F. — Zur Reutlinger Hütte. — 2 km nach

f) **Langen am Arlberg** (1228 m). Schnellzugstation. Westportal des Arlbergtunnels, 10 270 m lang. Autoh., 1 Ghs., Post, T, F. Talort für die Reutlinger Hütte und die Kaltenberghütte. — 3 km Straße, 3/4 st zu Fuß nach

g) **Stuben am Arlberg** (1407 m). Autoh., Rst., 3 Ghs., Post, T, F, Führer. Teilung der Arlberg- und der Flexenstraße, oberhalb knapp vor der Alpe Rauz (1620 m), 2 km, 1/2 st zu Fuß (Winterwirtschaft, 10 M), 3 km Straße, 1 st zu Fuß über den Arlbergpaß (1797 m) nach

h) **St. Cristoph am Arlberg** (1768 m), siehe Stanzer Tal.

● 2 Das Montafon

1300 Muntafon. Wahrscheinlich eine Zusammensetzung aus „munt“ Berg und „tovo“ Rinne, Graben, Tobel (Finsterwalder). Montafoner Bahn Bludenz — Schruns 13 km und Kraftwl. — Von Bludenz 4 km nach

a) **Lorüns** (579 m). Bahn- und Autoh. — 3 km nach

b) **St. Anton im Montafon** (622 m). Bhf., Autoh., 1 Ghs., Post, T, F. Neue Straße 6 km nach Außer-Bartholomäberg — Innerberg. — 1 km nach

c) **Vandans** (628 m). Bhf. und Autoh., 1 Ghs., Führer. — 2 km nach

d) **Kaltenbrunnen.** Bhf. und Autoh. — 2 km nach

St. Anton im Montafon

Ausgangspunkt für lohnende Wanderungen und Bergtouren, gegen die Vandanser Steinwand

e) **Tschagguns** (662 m). Bhf. und Autoh., 4 Ghs., Führer. Beginn der Werksbahn (Personenbeförderung) der Illwerke bis Partenen. 2 km nach

f) **Schruns** (681 m). Endstation der Montafoner Bahn. Autoh. Verkehrsbüro am Bhf. AVS-Ortsgruppe. Rst., 9 Ghs., Arzt, Post, T, F, Führer, Schwimmbad. Talort für Wormser Hütte, „Hochjochbahn" (Sessellift zur Kapellalpe) und Reutlinger Hütte, Kristbergsattelhaus. — 1¼ st nach

g) **Außer-Bartholomäberg** (1085 m). ¾ st nach

h) **Inner-Bartholomäberg** (Innerberg, 1151 m). Von Schruns gerade herauf 1½ st. Zusammen 2 Ghs., Autoh.

i) **Silbertal** (889 m), 5 km Straße, Autoh. 1¼ st zu Fuß von Schruns. Post, T, F. Aufstieg zur Wormser und Reutlinger Hütte und zum Kristbergsattelhaus. Fahrstraße — 8 km — bis zur Unteren Gaflunaalpe.

k) **Kristberg** (1431 m) mit Kristbergsattelhaus. Von Inner-Bartholomäberg 1¼ st. Von Silbertal Autoh. 1½ st. Von Dalaas 2 st.

l) **St. Gallenkirch** im Montafon (884 m). Autoh., Rst., 2 Ghs., Arzt, Post, F. 8 km von Schruns. Übergang zur Wormser Hütte. 3 km nach

m) **Gortipohl** (910 m). Autoh., 2 Ghs., Post, F. — 3 km nach

n) **Gaschurn** (980 m). Autoh., 4 Ghs., Post, F, Führer. Talort für Versail- und Heilbronner Hütte. — 2 km nach

o) **Partenen** (1051 m). Autoh., Rst., 5 Ghs., Post, F, Führer. Talort für Versailhaus, Heilbronner Hütte und Zeinisjochhaus. Beginn der Silvretta-Hochalpenstraße über die Bieler Höhe nach Galtür.

● 3 Das Stanzer Tal

Arlbergbahn (rechts sitzen).

a) **Landeck** (816 m). Schnellzugstation 20 Min. unterhalb der Stadt. Kraftwl. zum Bhf. und ins Paznauntal. AVS. Verkehrsbüro in der Stadt. Rst., 19 Ghs., Arzt, Post, T, F, Führer, Schwimmbad, Thial-Sessellift, Venet-Seilbahn.

b) **Perfuchs.** Bahnhaltestelle. Fußwanderer, die nach Landeck wollen (5 Min.), verlassen hier den Zug.

c) **Pians** (852 m). 20 Min. zum Bhf. (911 m). 2 Ghs., Führer. 6 km von Landeck. — 2 km nach

d) **Wiesberg** (930 m). Bahnhaltestelle. 10 Min. oberhalb der Talsohle, wo Autoh. Ghs. Beginn des Paznauntales. — 5 km nach

e) **Strengen** (1029 m). Bhf., Autoh., 3 Ghs., Post, F. — 4 km nach

f) **Flirsch** (1140 m). Bhf., Autoh., 2 Ghs., Arzt, Post, Führer. — 3 km nach

g) **Schnann** (1152 m). Bhf., Autoh., 2 Ghs., Post, F. — 3 km nach

h) **Pettneu am Arlberg** (1195 m). Bhf., Autoh., Rst., 3 Ghs., Arzt, Post, F, Führer. Talort für Edmund-Graf-Hütte.

i) **St. Jakob am Arlberg** (1295 m). Bahn- und Autoh., 2 Ghs., Fü.

k) **St. Anton am Arlberg** (1304 m). Schnellzugstation. Autoh. Ostportal des Arlbergtunnels, 10 270 m lang. Rest., 4500 B,100 Hotels und Pensionen. Arzt, Post, T, F, Führer. Beginn der Arlbergstraße. Kraftwl. Verkehrsbüro. Talorte für Darmstädter, Konstanzer und Heilbronner Hütte. Vallugabahn, Kapallbahn, geheiztes Schwimmbad. — 6 km Straße. 1¾ st zu Fuß nach

l) **St. Christoph am Arlberg** (1771 m). Autoh., 6 Hotels, 500 B, Führer, F zur Kaltenberghütte. — 5 km Straße, 1 st zu Fuß nach Stuben (siehe Klostertal).

● 4 Das Paznauntal

Busverbindung von Landeck aus.
Paznaun, ursprünglich nur ein Hofname bei Ischgl (1390 curia Patzenum cum Finna, der Hof Paznaun mit Fimba). Paznaun ist „posinyun" großer Tümpel (Finsterwalder).

a) **Wiesberg** (siehe Stanzer Tal), Autoh., 4 km Straße nach

b) **See im Paznaun** (1058 m). 5 Ghs., Post, F, Führer. — Nach 2 km Autoh. für den Aufstieg. 1¼ st nach

c) **Langestei** (1490 m). Name: Langes Taja = Frühlingsalpe, Taja = keltisch attegia (Finsterwalder). Ghs., B, M.

d) **Kappl im Paznaun** (1258 m). 8 km von See. 20 Min. (Autostraße) oberhalb der Autoh. an der Paznauner Straße. 6 Ghs., Arzt, Post, F, Führer. Talort für die Niederelbehütte. Übergang zur Edmund-Graf-Hütte. — 9 km nach

e) **Ischgl** (1377 m). 1390, 1446, Yscla, Iskl für Au (Finsterwalder). Autoh. Rst, 12 Ghs., Post, F, Führer. Übergang zur Darmstädter, Konstanzer und Niederelbehütte. Silvrettabahn Idalpe, Skilifts. — 5 km nach

f) **Mathon** (1451 m). Name alt Muntan, das ist etwa „Alpgegend" (Finsterwalder). Autoh., Rst, 2 Ghs., Post, F. Talort für Friedrichshafener Hütte. — 5 km nach

Ischgl
im Paznauntal, 1376 m, Talort für Ferwall, Samnaun und Silvretta (Silvretta-Seilbahn). Aufstieg über die Seescharte zur Darmstädter Hütte 4½ Std. *Foto: T. Federer*

g) **Galtür** (1584 m). Name von cultura, Rodung. Autoh., Rst., 14 Ghs., Post, F, Führer. Ende der Paznauner Straße. Beginn der Silvretta-Hochalpenstraße über die Bieler Höhe nach Partenen. Talort für Zeinisjochhaus und Friedrichshafener Hütte. Übergang zur Heilbronner Hütte.

C. Hütten und Hüttenwege

Die Almhütten haben fast durchwegs kein Heu. Es gibt bloß auf jeder Hütte eine sehr beschränkte Zahl von Lagern (Heu, Stroh, Reisig). Die vielen Heuhütten (Bargen) haben erst im Spätsommer Heu, kommen also für Herbstfahrten in Betracht. Taja = Alphütte, Maiensäß = Frühlingsalpe (Unterleger).

● 5 **Kristbergsattelhaus,** 1443 m

Privat. Ganzjährig bew., 6 B, 6 M.

Zugänge:

Von *Schruns* 2½ st, von Dalaas 2 st (siehe R 92); von Bartholomäberg, Autoh., 2 st; von Silbertal, Autoh., 1½ st.

● 6 **Wormser Hütte,** 2303 m

AVS Worms, erbaut 1907, am aussichtsreichen Kapelljoch. Im Sommer bew., 23 B, 32 M, AV-Schloß, Winterraum 5 M. Die Rundschau ist hervorragend schön und umfaßt vom ¼ st oberhalb gelegenen Kapelljoch Silvretta, Rätikon, Bregenzer Wald, Klostertaler Alpen und Ferwall; Rundschaubild von Oberbacher. Nächste Rst. und Bhf. Schruns.

Zugänge:

● 7 Von *Schruns* mit der *„Hochjochbahn"*, Gondelbahn Schruns, 689 m — Kapellalpe, 1855 m. Zwischenstation Gastwirtschaft „Kropfen" (1360 m). Von der Bergstation Sessellift zum Sennigrat, 2300 m, anschließend in ¼ st fast eben zur Hütte. Fußweg von der Gondelbahn-Bergstation siehe R 8.

● 8 Von *Schruns,* 4½ st, guter Weg, bez. Vom Bhf. auf der Hauptstraße zur Kirche, rechts von ihr am Hotel Stern vorbei und hinter dem Hotel rechts am Hang empor; links am Schießstand vorbei und bei einer Wegteilung rechts zu den Höfen von Gamplaschg. Nun auf dem breiten Weg rechts weiter, bis man nach 1 st bei einigen Häusern links abbiegt; über den Hang in Kehren durch lichtes Gehölz zu den letzten Maisäßen mit Wirtschaft *„Kropfen"*

Galtür 1600 m,
der bekannte Höhenluftkurort an der Silvretta-Hochalpenstraße.

(Zwischenstation der Hochjochbahn), 12 B, 5 M, 1/2 st. Durch eine breite Gasse hinauf zur Bergkante, dann aber nicht geradeaus zur Hinterkapellalpe, sondern rechts hinan zur *Alpe Vorderkapell* (1857 m, 1 1/2 st, mit der Bergstation der Hochjochbahn, dem Alphaus „Kapellalm", 6 B, 6 M, und dem „Hochjochhüsli"). Bald zu einer Wegteilung. Entweder 1. gerade empor und über den „Gratweg" zur Wormser Hütte, 1 st, oder 2. links, abwechslungsreicher, über den „Seeweg" an drei kleinen Hochseen vorbei zur Hütte, 1 1/2 st.

● 9 a) Von *St. Gallenkirch* über das *Grasjoch,* 4 1/2 st, bez., kürzer als der Weg über die *Zamangspitze,* aber nicht so schön. Von St. Gallenkirch nördl. zum Eingang des Tramosabachtales, durch das Tal und nach 1 st über den Bach (Brücke) und weiter 1 st steiler empor. Dann nördl. am östl. Talhang zum sanften Grasjoch (1976 m, 1 1/2 st), wo der Wormser Weg erreicht wird, den man über das Kapelljoch bis zur Wormser Hütte verfolgt (siehe R 85).

b) Über Zamangalpe — Zamangspitze und Kreuzjoch (siehe R 268).

c) Über Zamangalpe zum Grasjoch (neuer Verbindungsweg, 1/2 st.).

● 10 Von *Silbertal* über die *Kapellalpen,* 4 st, bez., besser als Abstieg. Von der Kirche südwestl. nach Ganlätsch, dann südöstl. steil durch Wald zur Hinteren Kapellalpe (1665 m, 2 1/2 st) und zum Unteren See, wo man auf den Seeweg (R 8) stößt, und zur Hütte.

● 11 Von *Silbertal* über das *Grasjoch,* 5 st, bez. Talein durch das schöne Silbertal auf gutem Weg bis zur *Gieslenalpe* (1322 m, 1 1/2 st). Nun rechts südwestl. zur Bärenalpe (1681 m) und entweder I. weiter östl. des Baches steil zum Grasjoch, oder 2. über den Bach nordwestl. zur Platinaalpe (1868 m) und sanfter südwestl. zum Joch (2 st) — und über den Wormser Weg (siehe R 85) zur Wormser Hütte. 1973 nicht begehbar (Erdrutsch). Erkundigungen über Wegzustand im Talort einholen.

● 12 *Übergänge:*

a) Zur *Heilbronner Hütte* über den *Wormser Weg,* 8—9 st (siehe R 85), lang, aber landschaftlich hervorragend schön, bez.

b) Zur *Konstanzer Hütte* über das *Silbertaler Winterjöchle,* 7 1/2 st (siehe R 11 zur *Gieslenalpe* und R 95), bester Weg, bez.

c) Zur *Konstanzer Hütte* über das *Gafluna-Winterjöchle,* 8 st (siehe R 11 zur *Gieslenalpe* und R 95).

d) Zur *Reutlinger Hütte,* 5½ st (siehe R 11 zur *Gieslenalpe* und R 45).

● **13, 14** frei für Ergänzungen.

● 15 **Versailhaus,** 2211 m

Am W-Hang der Versalspitze. Privat. Seit 1967 nicht mehr bewirtschaftet. Schöne Lage. Blick auf Silvretta — Rätikon und westl. Ferwall. Nächste Rst. Gaschurn, nächste Autoh. Gaschurn, nächster Bhf. Schruns.

Zugänge:

● **16** Von *Gaschurn* über *Tafamont,* 3½ st, bez. Von der Kirche über die „Richardsruhe" auf schattigem Waldweg zu der Alpe Tafamont (1501 m) und bei den letzten Häusern nordöstl. steil zum Versailhaus.

● **17** Von *Gaschurn,* 3½ st, nördl. auf dem Wege ins *Valschavieltal,* noch vor Erreichen des Baches rechts östl. ab und durch Wald steil hinauf zu der „Schassa" und über die Weiden östl. zum Versailhaus.

● **18** Von *Gaschurn,* 4 st, nördl. ins Valschavieltal und wie bei R 25 zur *Ibaualpe* (1861 m, 2½ st). Nun südl. über die Weiden zu der „Schassa" und östl. zum Versailhaus.

● **19** Von *Gaschurn* über die *Verbella Alpe,* 4½ st. Wie bei R 24 zur Verbella Alpe und wie bei R 367 zum Versaljöchle und hinab zur Hütte.

● **20** Von *Partenen* mit der Luftseilbahn oder über *Ganifer,* 4½ st (siehe R 26) zur Verbella Alpe und wie vorhergehend (R 19) zur Hütte.

● **21** Von *Galtür* über das *Zeinisjoch,* 3¼ st (siehe R 27) zur Verbella Alpe und wie vorhergehend (R 19) zur Hütte.

● **22** *Übergang* zur *Heilbronner Hütte,* 2 st. Sehr schön. Auf das Versaljöchle und (siehe R 24) zur *Verbella Alpe* und (siehe R 24) zur Hütte in umgekehrter Richtung.

● 23 **Neue Heilbronner Hütte,** 2320 m

Am Verbellner Winterjöchle, AVS Heilbronn, 28 B, 38 M, eröffnet 1927. Sommer und Winter bew., AV-Schloß, Selbstversorgerraum. Die Hütte liegt schön südl. oberhalb des Scheidsees. Bei der Hütte Schleppliftanlage. Nächste Rst. Galtür. Nächste Bhfe. Schruns und St. Anton am Arlberg.

IV **Scheidsee** bei der Neuen Heilbronner Hütte   Foto: Hauck/Mauritius

Zugänge:

● **24** Von *Gaschurn* über die *Tafamontalpe,* 4½ st, bez. Landschaftlich sehr schön. Wie bei R 16 zur Tafamontalpe (1514 m, 1½ st) und weiter östl. empor über einen riesigen Bergsturz, der erst in jüngster Zeit zur Ruhe kam (1896 mußten in Partenen von 50 Häusern 20 geräumt werden), und auf breitem Almweg durch Wald und Lichtungen zu einer sumpfigen Hochfläche, hinter welcher der Weg die Montafonseite verläßt und nördl. ins Verbellner Tal einbiegt und am Berghang entlang zur *Verbella Alpe* (rd. 1920 m) führt, 2 st. Nun in Kehren auf die obere Talstufe bei P. 2065 und am Verbellner Bach entlang zur Hütte.

● **25** Von *Gaschurn* über die *Alpe Ibau* und über *„Auf der Furkla"*, 5 st. Landschaftlich nicht so schön wie R 24. Von Gaschurn nördl. zum Eingang des Valschavieltales und auf dem linken Bachufer auf dem Scholzweg talein. Durch eine Felsenge und bald dahinter (1 st) ungefähr da, wo am gegenüberliegenden Berghang einige Gaishütten stehen, rechts vom Talweg ab und über eine bewaldete Bergnase in Kehren zur *Ibaualpe* (1861 m, 1½ st). Nun östl. über die Weiden zum breiten, trümmerübersäten Joch *„Auf der Furkla"* (2272 m) mit kleinen Seen, 1 st. Weiter östl. dicht unterhalb der Felsen und über einen nicht sehr ausgeprägten Jagdsteig (der quer durch die Valschavieler Berge führt und den man bis zum Scheidsee verfolgen kann) bis gegenüber von P. 2065. Hier weglos hinab über ein kleines Brückchen auf den Hüttenweg und zur Heilbronner Hütte. Wird sehr selten begangen.

● **26** Von *Partenen* über *Ganifer,* 4 st, kürzer, aber nicht so lohnend wie R 24. Gut bez. Auf dem Weg zum Zenisjoch (siehe R 34) bis hinter *Inner Ganifer* (schöner Wasserfall), wo bei der „Hand" der Weg links abzweigt, 1½ st. Nun durch Wald und über die Alpwiesen zur Verbella Alpe (1¼ st) und weiter wie R 24.

● **27** Von *Galtür* über das *Zeinisjoch,* 3½ st, bez. Wie bei R 34 zum Zeinisjochhaus, 1¼ st, und nordwestl. über Alpweiden empor über den flachen Riegel, P. 2008, und waagrecht ins Verbellner Tal zur Verbella Alpe, ¾ st, und weiter wie R 24. *Im Winter sicherster Zugang.*

● **28** Von *St. Anton am Arlberg,* 6 st (von der *Konstanzer Hütte,* 3½ st). Wie bei R 55 zur Branntweinhütte (2¾ st) unterhalb der Konstanzer Hütte und am rechten Ufer der Rosanna zur Fraschhütte (hierher auch von der Konstanzer Hütte, den Nordsporn des Patteriols waagrecht umgehend, bez.) und weiter zur Schönferwallhütte (rd. 2000 m, 2 st). Nun zur Talgabelung bei P. 2058 und südwestl. hinauf zum Scheidsee und zur Hütte.

● 29 *Übergänge:*

a) Zum *Versailhaus,* 2 st, sehr schön (siehe R 24) zur Verbella Alpe und (siehe R 367) zum Versaljöchle und hinab zur Hütte.

b) Zur *Wormser Hütte* über den Wormser Weg, 9—10 st (siehe R 85). Lang, aber landschaftlich hervorragend schön.

c) Zur wieder aufgebauten *Reutlinger Hütte* über den Emil-Roth-Weg, 5 st (siehe R 86), sehr lohnend.

d) Zur *Konstanzer Hütte* über das *Wannenjöchle,* 2684 m (Bruckmann-Weg), 4 st (siehe R 87). Besonders schöner Übergang.

e) Zur *Friedrichshafener Hütte* über das *Muttenjoch* (rd. 2680 m, Friedrichshafener Weg), 3 st (siehe R 88). Sehr schön.

● 30—32 frei für Ergänzungen.

● 33 **Zeinisjochhaus,** 1850 m

15 Min. westl. des Zeinisjoches. Privat, ganzjährig bew., 80 B, 6 M. Nächste Rst. und Autoh. Galtür, nächster Bhf. Schruns. Name 1390 Seinis zu lat. sagina „fett", fette Weide (Finsterwalder).

Am Zeinisjoch ist ein Kraftwerk-Stausee, der Kopsspeicher", der weitgehende Veränderungen an Wegen und Unterkünften verursacht. So ist z. B. das Alpkogelhaus unter Wasser. Es wurde kein Neubau errichtet.

Zugänge:

● 34 Von *Partenen,* 2³/₄ st, bez., entweder östl. auf Fußweg über Wiesen und Wald in das Hochtal der Äußeren Ganiferalpe oder der Ill und dann dem Zeinisbach folgend zur Alpe (1447 m). Weiter am Bach entlang zur *Inneren Ganiferalpe* (1518 m, von Wacholder, lat. juniperus, daraus gianeivra, djunaivra, Kübler). Am schönen Wasserfall vorbei in Windungen durch den Wald zum Riegel der Allhöh und jenseits etwas hinab zum Haus.

● 35 Von *Galtür,* 1¹/₂ st, bez., 10 Min. westl. auf der Straße, dann über den Bach und auf einem Feldweg nach *Wierl* (Ghs., Name vom Familiennamen Wüerl, 1815, Finsterwalder), Autoh., und durch die mit Steinwällen durchzogenen Alpweiden zum Zeinisjoch (1842 m).

● 36 *Übergänge:*

a) Zur *Neuen Heilbronner Hütte* (2½ st (siehe R 27).

b) Zum *Versailhaus,* 2 st (siehe R 21).

● 37 frei für Ergänzungen.

● 38 **Reutlinger Hütte,** 2398 m

Abgebrannt 1952. Neubau 1970, Selbstversorgerhütte, Platz für 20 Personen, nur mit AV-Schlüssel zugänglich. Vom 8. Juli bis 22. Sept. sind jedes Wochenende (Samstag ab 11 Uhr bis Sonntag 12 Uhr) Mitglieder der Sekt. Reutlingen anwesend. Nächste Rst. und Bhf. Langen am Arlberg.

● 39 Von *Klösterle,* 4½ st, bez. Über den Alfenzbach und hinüber auf das rechte Ufer des Nenzigastbaches und durch Hochwald aufwärts, wo man auf den Weg von Langen trifft (R 40).

● 40 Von *Langen,* 4½ st, bez. Auf der Straße abwärts, unter der Bahn durch und nach 50 m links hinab zur Brücke über den Alfenzbach. Jenseits ein Stück hinan, dann auf ebenem Weg durch den schönen Wald ins Nenzigasttal, wo der Weg von *Klösterle* heraufkommt. Langsam ansteigend erreicht man die Nenzigastalphütten (1484 m, 1½ st). Das Tal weiter verfolgend, führt der gute Weg über Geröll südöstl., schließlich zurück nach N zur dürftigen, in den Hang eingebauten *Bettleralpe* (2000 m, 1¾ st). Nun vorerst nordöstl., dann südl. an steilem Hang entlang zum Trümmerfeld der Wildebene, wo der Stubener Weg einmündet, und einige Seelein links lassend gewinnt man gleichmäßig ansteigend die Hütte.

● 41 Von *Langen* über die *Satteinser Alpe,* 4¾ st, prächtiger Höhenweg, bez. Vom Bhf. östl. zu dem über den Tunneleingang von Stuben herführenden Stubener Weg und weiter wie R 42.

● 42 Von *Stuben am Arlberg* über den *Stubener Weg,* 5 st, bez., landschaftlich sehr schöner Höhenweg. Von Stuben talab über die dritte Brücke (1320 m) und die Straße verlassend fast waagrecht durch Wald bis oberhalb des Tunneleinganges, wo der Weg von Langen einmündet. Nun bald südl. auf dem Almweg steil entlang des Albonabaches zur *Bludenzer Alpe* (1530 m). Von dort westl., dann südl. durch Wald zu den Weiden der Satteinser Alpe (die Hütte [1715 m] bleibt rechts unten liegen). Weiter über die Weiden in ein Kar mit Seelein und von dort hinauf zum Roßschrofen (2055 m) und südl., wo der Weg, der von Langen durch das Nenzigasttal (siehe oben R 40) heraufkommt, oberhalb der Bettleralpe einmündet, und auf diesem zur Hütte.

● 43 Von *St. Anton* am Arlberg, 5¾ st, bez. Wie bei R 55 zur Vorderen Branntweinhütte (2¾ st) und westl., anfangs schütterer Wald, durch das Pfluntal zum Gafluner Winterjöchle (2343 m, 2½ st) und entlang den rechten steilen Talhängen auf schöner, zum Teil in den Fels gesprengter Steiganlage, zur Hütte.

● 44 Von der *Konstanzer Hütte,* 2½ st, um den N-Ausläufer des Patteriols herum ins Schönferwalltal, über die Rosanna und hinauf auf den Emil-Roth-Weg, über welchen das Gafluner Winterjöchle erreicht wird (2½ st) und wie bei R 43 zur Reutlinger Hütte.

● 45 Von *Schruns,* 7 st, bez. Von Schruns über Silbertal (1¼ st) zur Unteren Gieslenalpe (1½ st) und am linken Ufer langsam ansteigend zur Unteren Gaflunaalpe (1392 m, ½ st). Bis hierher Fahrstraße. Nun links durch Wald steil ins Gaflunatal und zur Butzkammeralpe, 1650 m, 1 st (Heulager und Erfrischungen) und durch das öde Gaflunatal auf dem Weg zum Winterjöchle bis zur Einmündung des von der Wildebene herabkommenden Baches und steil nördl. auf gutem Wege zur Reutlinger Hütte.

● 46 *Übergänge:*

a) Zur *Heilbronner Hütte* über den Emil-Roth-Weg, 4½ st, bez. (siehe R 86). Sehr lohnend.

b) Zur *Friedrichshafener Hütte,* 5 st, bez., mühsam. Auf dem Emil-Roth-Weg (siehe R 86) zur Brücke nördl. der Schönferwallhütte und (siehe R 82 b) über das Muttenjoch zur Hütte.

c) Zur *Kaltenberghütte,* 3½ st, bez. Weg. Wie R 53 a in umgekehrter Richtung.

d) Zur *Kaltenberghütte,* 3 st, bez., wie R 53 b in umgekehrter Richtung.

● 47, 48 frei für Ergänzungen

● 49 **Kaltenberghütte,** 2081 m

Oberhalb der Albonaalpe, AVS Reutlingen, erbaut 1928, 30 B, 50 M. Tel. 05 11/8 45 90. Winterraum, AV-Schloß, 10 M. Prächtiger Blick auf das Klostertal und die Klostertaler Alpen. Gepäckseilbahn 10 Min. vor Stuben (von dort Telefon zur Hütte). Im Sommer und Winter bew. Nächste Rst. und Autoh. Stuben am Arlberg, nächster Bhf. Langen am Arlberg.

● 50 Von *Langen,* 2½ st, bez. Wie bei R 42 zur *Bludenzer Alpe,* dann südöstl., schließlich nordwestl. über die Albonaalpe (1870 m) zur Hütte.

● 51 Von *Stuben,* 2½ st, bez., südöstl. sehr steil gegen die Hintere Albonaalpe (1783 m), die dann links bleibt, und westl. zur Hütte.

● 51 a Von *Stuben* mit dem Albonalift zur Mittelstation (1840 m) und südwestl., bez., auf gebautem Weg zum *Paul-Bantlin-Weg* und wie R 52 zur Hütte, 1 st. — Auch von der Bergstation „Albonagrat" (2358 m) ist die Hütte westl. auf bez. Weg in ½ st zu erreichen.

● 52 Von *St. Christoph,* 2 st, bez., auf der Straße zum Arlbergpaß, 1796 m, und auf dem Paul-Bantlin-Weg in das Hochtal zwischen Brunnenköpfen und Peischelkopf und über die Almböden zur Hütte. Dieser Weg ist über weite Strecken verfallen und wurde nicht erneuert!

● 53 *Übergänge:*

a) Zur *Reutlinger Hütte,* 4 st, bez. Wie R 50 zur Bludenzer Alpe und hinauf auf den Stubener Weg (R 42), dann auf R 40 zur Hütte.

Ein weiterer bez. Weg (Gamssteig, nur für Geübte) führt nördlich des Krachels vorbei zur Reutlinger Hütte. Bei Nässe nicht zu empfehlen. 3 st.

b) Zur *Konstanzer Hütte* über die Krachenspitze, dann hinab zum Kaltenbergsee, das oberste Maroital querend und empor zum Gstansjoch. Jenseits über weite Wiesenflächen zur Konstanzer Hütte hinab. Kein Weg, nur lückenhafte und sehr dürftige Markierung. Im Sommer Vorsicht vor Kreuzottern!

● 54 **Konstanzer Hütte,** 1768 m

Oberhalb der Fasulalpe, AVS Konstanz. Eröffnet 1885, erweitert 1963. Sommerwirtschaft. 19 B, 51 M; Winterraum AV-Schloß, 10 M. Prächtig am Rande eines kleinen Bestandes von Zirbenbäumen gelegen. Blick auf Patteriol. Nächste Rst. und Bhf. St. Anton am Arlberg.

● 55 Von *St. Anton,* 3 st, guter, sehr lohnender Weg, bez. Auf der alten Arlbergstraße aufwärts, bis beim Hotel Moserkreuz links (Wegweiser) der ebene Fahrweg ins Ferwall abzweigt. Diesen verfolgt man zum Stiegeneck (rechts oben Kapelle mit sehenswerten alten Holzfiguren), weiter durch Wald zum Rasthaus Ferwall (1446 m, 1 st, Jausenstation). Über eine Brücke und ungefähr 20 Min., an der Salzhütte vorbei, auf dem rechten Bachufer, dann wieder über den Bach und am Steilhang (der Patteriol taucht auf!) bis vor die Vordere Branntweinhütte; über eine

Brücke an der Fasulalpe vorbei zur etwas im Wald versteckt liegenden Konstanzer Hütte.

● **56** Von *St. Anton* durch die *Rosannaschlucht,* 2³/₄ st, bez. Etwas kürzer als R 55, aber landschaftlich nicht so schön. Von St. Anton am Rosannabach entlang, am Elektrizitätswerk vorbei und auf gutem Weg durch die Schlucht und zum Fahrweg, den man vor der Wagnerhütte erreicht, weiter wie R 55.

● **57** *Übergänge:*

a) Zur *Heilbronner Hütte* durchs *Schönferwalltal,* bez., 3¹/₂ st (siehe R 28), lohnend.

b) Zur *Heilbronner Hütte* über das *Wannenjöchl* (2684 m), 5 st, über den Bruckmann-Weg (siehe R 87), bez., äußerst lohnend.

c) Zur *Wormser Hütte* über das *Silbertaler Winterjöchle,* 8 st (siehe R 95) zur Unteren Gieslenalpe und (siehe R 5) zur Hütte, bester Weg.

d) Zur *Wormser Hütte* über das *Gafluna Winterjöchl,* 8 st (siehe R 94) zur Unteren Gieslenalpe und (siehe R 11) zur Hütte.

e) Zur *Reutlinger Hütte,* 3 st, bez. (siehe R 44), sehr lohnend.

f) Zur *Darmstädter Hütte,* 4 st, über das *Kuchenjoch,* 2806 m (siehe R 104), sehr lohnend, umgekehrt noch lohnender.

g) Zur *Friedrichshafener Hütte* über das *Schafbüheljoch,* 2647 m (siehe R 102), 4 st, bez., sehr lohnend.

h) Zur *Friedrichshafener Hütte* über das *Muttenjoch,* 5¹/₂ st (siehe R 28) zu P. 2058 und (siehe R 826) zur Hütte, landschaftlich nicht so schön wie R 57 h.

● **58—59** frei für Ergänzungen.

● 60 Darmstädter Hütte, 2426 m

AVS Darmstadt, im obersten Moostal in unvergleichlich schöner Lage. Sommer bew., erbaut 1889, erweitert 1961—1963, 22 B, 64 M; Winterraum, AV-Schloß, 4 M. Nächste Rst. und Bhf. St. Anton am Arlberg. Der Glanzpunkt der Aussicht ist der Eisbruch des Küchelferners mit der dahinterliegenden, von steilen Graten getragenen Küchelspitze, rechts die Kuchenspitze. Im SO der kühne Seekopf, im N die Faselfadspitze.

● **61** Von *St. Anton am Arlberg,* 4 st, bez. Sehr lohnend. Auf der Arlbergstraße kurz westl., dann hinab zur Moostalbrücke, und auf dem Karrenweg links, dann ins Moostal. Durch Wald (Blick auf Saumspitze mit dem Gr. Kartellferner) immer östl. des Baches in angenehmer Steigung an der Roßfallalpe (1783 m, 1¹/₂ st) vorbei. (Die Hütte des Skiklubs Arlberg, 1785 m, bleibt rechts überm Bach auf dem Felsköpfl der Tirtschalpe. Unbewirtschaftet, 10 M, nur für Mitglieder des Klubs und deren Gäste.) Weiter bis knapp vor der Hinteren Taja (1970 m, 3/4 st), dort über den Bach und an W-Hängen langsam ansteigend zur Hütte.

● 62 *Übergänge:*

a) Zur *Konstanzer Hütte,* 3 st, über das Kuchenjoch, hervorragend schön (siehe R 104).

b) Zur *Niederelbehütte,* 5—6 st, über Schneidjöchl (2841 m), Östliche Fatlarscharte (rd. 2800 m), über den Hoppe-Seyler-Weg (siehe R 90), äußerst lohnend.

c) Zur *Friedrichshafener Hütte,* 5—6 st, über den Ludwig-Dürr-Weg (siehe R 89).

d) Geplant: Wanderweg vom Brandkreuz, 2100 m (Moostalbahn — bereits im Bau), zur Darmstädter Hütte.

● 63, 64 frei für Ergänzungen.

● 65 **Niederelbehütte,** 2300 m

AVS Niederelbe-Hamburg, im Seßlad in malerischer Lage am Seßsee. Erbaut 1931, erweitert 1966/67. 34 B, 25 M, eigenes E-Werk. Nächste Rst. Kappl, nächste Bhfe. Wiesberg und St. Anton am Arlberg. Materialseilbahn von Kappl — Ulmich (Rucksack- und Skibeförderung). Im Sommer bew. vom 1. 7. bis 15. 9., im Winter vom 1. 3. bis Ende April (für Skikurse geeignet). Anfragen an Bewirtschafter Bergführer Serafin Rudigier, Jägerheim, Kappl-Ulmich.

● 66 Von *Kappl,* 3 st, bez. Auf der alten Straße 1/4 st talein, dann rechts zum Schluß steil hinauf zur Kapelle Ruhestein, dann durch das enge Seßladtal durch Wald, schließlich über ein Trümmerfeld zur *Seßladalpe* (1892 m, 1 1/2 st); nun westlich allmählich ansteigend zur Hütte (neuer Weg im Bau).

● 67 Von *Kappl,* 3 st, bez., nördl. zum Weiler Egg, über Wiesen höher hinauf, schließlich westl. meist durch Wald zur *Seßladalpe,* 1 1/2 st, und weiter wie bei R 66.

● 68 Von *Ulmich,* Autoh., beim Ghs. „Jägerheim" zum Weiler Ulmich und über Obermahren, schließlich einem Wasserlauf folgend bis unterhalb der *Seßladalpe* und hinauf zu dieser, 1 1/2 st, und weiter wie bei R 66.

● 69 Von *Ulmich,* 3 st, bergauf nordwestl. auf Almweg hinüber zum Älschnerbach und talein am Rienersee (2 st) vorbei, hinauf zum Seßgratjöchl (2340 m, 1 st) und kurz hinab zur Hütte.

● 70 Von *Versal* (kleiner Weiler nordöstlich von Ischgl) über Vergrößsee und Vergrößkar zur Kieler Hütte (bis hierher 3 st), neue Weganlage, rot bez., sehr schön! Weiter wie bei R 90 in umgekehrter Richtung zur Niederelbehütte, 1$^1/_2$—2 st.

● 71 Von *Kappl* mit Sessellift zur Diasalpe. Weiter wie bei R 91 in umgekehrter Richtung zur Niederelbehütte, 2 st.

● 72 *Übergänge:*

a) Zur *Edmund-Graf-Hütte* über den Kieler und den Riffler-Weg (siehe R 91), 4 st, sehr lohnend.

b) Zur *Darmstädter Hütte* über die Östliche Fatlarscharte (rd. 2800 m) und Schneidjöchl (2841 m), über den Hoppe-Seyler-Weg (siehe R 90), 5—6 st, äußerst lohnend (kürzer, doch weniger lohnend, über das Seßladjoch, R 109).

c) Zum *Dias-Alpengasthof,* 1$^1/_4$ st. Auf dem Kieler Weg (siehe R 91) in $^3/_4$ st zur Wegabzweigung, dann scharf rechts, anfangs weglos, blau bez. zum Alpengasthof.

● 73 **Dias-Alpengasthof,** 1850 m

Unterhalb der großen Diasalpe. Privat. Sommer- und Winterwirtschaft, 10 B, 22 M. Nächste Rst. und Autoh. Kappl.

● 74 Von *Kappl* am bequemsten mit Sessellift zu erreichen, ansonsten auf bez., gutem, teilweise steilem Weg über den Weiler Egg oder über Gandle, 2 st.

● 75 *Übergänge:*

a) Zur *Niederelbehütte,* 2 st, bez., westl. den Stertabach querend zum Kieler Weg und wie R 91 zur Hütte.

b) Zur *Edmund-Graf-Hütte,* 4 st, bez., nördl. den Rauchbach querend zum Kieler Weg und weiter wie R 91.

● 76 **Edmund-Graf-Hütte,** 2408 m

Im Oberen Kappler Boden im Malfontal, AVS Touristenklub Innsbruck. Eröffnet 1885, 1973 erweitert, ca. 75 M, 21 B, Winterraum AV-Schloß, 10 M (Kochstelle). Im Sommer bew. Nächste Rst. und Bhf. Pettneu.

● 77 Von *Pettneu,* 3$^1/_2$ st, bez. Über die Rosanna zur „Stroh“, Säge am wilden Ausgang des Malfontales. Auf neu angelegtem Güterweg anfangs neben dem geröllbedeckten Bachbett, dann in einer Kehre durch Hochwald und nach 1 st auf das rechte Ufer. Nun durch lichte Waldbestände über die Vordere Taja (1694 m, 3/4 st) bis vor die Malfonalpe (1816 m, 1/2 st), wo ein Fußweg den Talboden verläßt und auf dem scharfen Rücken zwischen zwei von SO kommenden Bächen steil ansteigt. Das Jakobstal wird breiter, bis es von einer Felswand eingeengt wird. Nun links, nördl. über den Bach und auf schönen Bändern durch den Felsgürtel weit links hinaus und in Kehren auf die Stufe, wo gleich die Hütte steht.

● 78 *Übergang* zur *Niederelbehütte* über den Riffler- und den Kieler Weg (siehe R 91), 4 st, bez., sehr lohnend.

● 79 **Friedrichshafener Hütte,** 2151 m

AVS Friedrichshafen. Früher Kathrein-Hütte. Auf der Muttenalpe südl. vom Schafbücheljoch. 1924 aus Privatbesitz übernommen. Sommer- und Winterwirtschaft (bezüglich Bewirtschaftungszeiten erkundige man sich in den Talorten). 4 B, 18 M. (Seit 1966 zusätzliches Wohn- und Schlafhaus mit 60 M). Winterraum mit AV-Schloß, 14 M. Ausblick auf Silvretta. — Nächste Rst. Galtür, nächster Bhf. St. Anton am Arlberg.

● 80 Von *Mathon,* 2 st, bez. Auf der Straße talein zum zweiten von N kommenden Bach und nordwestl. über Wiesen durch steilen Wald im Zickzack auf eine Schulter und über Almhänge zur Hütte.

● 81 Von *Galtür,* 3 st, bez., auf der Straße bis zum Weiler *Piel* und bald links durch Wald hinauf und gemeinsam wie R 80 zur Hütte.

● 82 *Übergänge:*

a) Zur *Heilbronner Hütte* über das *Muttenjoch* (siehe R 88, Friedrichshafener Weg), 3 st, sehr schön.

b) Zur *Konstanzer Hütte* über das *Muttenjoch* (siehe R 88), ins oberste Ochsental und am rechten Bachufer zu P. 2058 (weiter siehe R 28), 4 1/2 st, nicht so lohnend wie R 82 c.

c) Zur *Konstanzer Hütte* über das *Schafbüheljoch* (siehe R 102), 3 st, sehr lohnend.

d) Zur *Darmstädter Hütte* auf dem *„Ludwig-Dürr-Weg“* (siehe R 89), 5 1/4 st.

● **83—84** frei für Ergänzungen.

D. Höhenwege und Übergänge

I. Höhenwege

Mit Schließung der Kette der Alpenvereinshütten in der Ferwallgruppe sind prächtige Höhenwege entstanden, die es ermöglichen, die Gruppe auf unvergleichlich schönen Hochwegen zu durchwandern, ohne ins Tal hinab zu müssen. Diese Wege zählen zu den schönsten in den ganzen Alpen. Sie halten sich zumeist unter den Gipfelmassiven, so daß im Notfall der Abstieg in die Täler an vielen Stellen möglich ist.

● 85 Wormser Weg

Von der *Wormser Hütte* zur *Heilbronner Hütte.* Großartige, an Abwechslung reiche, wenn auch sehr lange Wanderung, 8—10 st, bez. — Von der Wormser Hütte in 20 Min. auf das *Kapelljoch,* 2383 m, und auf dem Kamm weiter, den man nach 2 Min. verläßt und nach rechts hinabsteigt bis zur 1. Kehre. Hier Wegteilung. Achtung! Rechts, südl. geht es zur Zamangspitze (R 270). Man geht scharf links und steigt südöstl. hinab zum *Grasjoch,* $^1/_2$ st (Abstieg über die Bärenalpe ins Silbertal bis auf weiteres wegen einer 1966 eingetretenen Naturkatastrophe nicht möglich). Nun auf dem Weg weiter, zuerst über den Kamm, dann um die W-Hänge des Scheimersch in Kehren zum Wormser Törl, das von einem Felszacken flankiert ist, jenseits in ein Trümmerkar und empor in vielen Kehren zum *Nördlichen Roßbergjoch,* $1^1/_4$ st, und auf der N-Seite des Hauptkammes in 10 Min. zum *Östlichen Roßbergjoch,* zwischen P. 2347 und Roßberg (letzterer leicht in einigen Min. erreichbar). Östl. hinab in das mit Trümmern erfüllte Kar, südöstl. des Dürrekopfes, hinauf und im Halbkreis südl. um den Schermsteberg herum in das zweiteilige Netzenkar. (Guter Abstieg über die Netzenalpe nach Gortipohl.) In Kehren über den Trennungsrücken hinauf und dann hinab in die östl. Mulde, $1^3/_4$ st (Hirtenhütte). Südl. zum SW-Kamm der Tollespitze, dann östl. zum flachen Sattel nördl. des Madererjöchle, 2214 m, und östl. unter den S-Hängen des Maderers durch zum P. 2158, und nördl. hinab und waagrecht ins Giampkar. Südöstl. hinauf und um die Giampspitze wieder nördl. in das Kar unter der Schwarzen Wand und entlang in großem Bogen schließlich steil zum Valschavieler Jöchle, 2439 m, 3 st. Südöstl. hinab, zum Schluß steil, zum Valschavielsee (2329 m) und östl. um den Strittkopf herum zum Scheidsee am Verbellner Winterjöchle und links zur Heilbronner Hütte, $1^1/_4$ st.

V Am Wormser Weg, der Verbindung zwischen Wormser Hütte und Neuer Heilbronner Hütte (R 85) Foto: Archiv

● 86 **Emil-Roth-Weg**

Von der *Reutlinger Hütte* zur *Heilbronner Hütte,* 4½—5 st, bez. Sehr lohnende Wanderung. — Von der Reutlinger Hütte auf schöner, zum Teil in Fels gesprengter Weganlage zum *Gafluner Winterjöchle,* 2343 m. Nun auf einer kleinen Hochebene der rechten Pfluntalseite östl. etwas absteigend unter die Wände des P. 2583 durch, dann nach SW unterhalb der Wände, steiler, dann mäßig absteigend fast bis auf das fläche *Silbertaler Winterjöchle* und in einer großen Schleife ins Schönferwalltal und zum Wege von der Konstanzer Hütte (siehe R 28) zur Heilbronner Hütte.

● 87 **Bruckmann-Weg**

Von der *Konstanzer Hütte* über das *Wannenjöchle* (2684 m) zur *Heilbronner Hütte,* 5 st. Großartiger, sehr lohnender Höhenweg. — Von der Konstanzer Hütte südl. auf dem Weg zum Schafbüheljoch rd. ¾ st, bis rechts auf einem großen Schuttkegel ein auffallend großer, rechteckiger Felsblock liegt. Wegteilung. Rechts ansteigend an dem Riesenblock vorbei bis zu zwei Drittel der Höhe des Schuttkegels, dann links über die kleine Schlucht und hinauf bis unter die Wände. Südl. unter diesen empor und schließlich westl. in das Kar südl. des Patteriols. Unterhalb des Einstieges in die Patteriol-S-Wand führt der Weg ansteigend zum *Wannenjöchl,* 2684 m. Jenseits hinab, am kleinen Wannensee vorbei und westl. vom P. 2586 am W-Hang des Schönferwallkopfes entlang hinab, zum Schluß in Kehren ins Ochsental, über den Bach und nordwestl., dann südwestl. um P. 2233 vorbei zur Heilbronner Hütte.

● 88 **Friedrichshafener Weg**

Von der *Heilbronner Hütte* zur *Friedrichshafener Hütte,* 3 bis 3½ st, bez. Sehr lohnend. — Von der Heilbronner Hütte in Kehren zur N-Seite des Jöchligrates und um diesen, schließlich südöstl. waagrecht ins obere Ochsental. Unterhalb der Moräne des Ferwallferners den Rosannabach querend, führt der Weg westl. steil hinan zum *Muttenjoch,* 2660 m, 2 st. (Sehr lohnend von hier auf bez. Weg zur Gaisspitze, 2790 m, 20 Min., siehe R 430). Östl. hinab, über den Pachtelbach und unterhalb der Hohen Köpfe durch zur Friedrichshafener Hütte.

● 89 **Ludwig-Dürr-Weg**

Von der *Friedrichshafener Hütte* zur *Darmstädter Hütte,* 5½ bis 6½ st. Landschaftlich schön, wenig schwierig, aber nur für Bergerfahrene. Wegen der kleinen Gletscher, besonders im Spätsommer, Pickel angezeigt. — Von der *Friedrichshafener Hütte* nördl. allmählich ansteigend an zwei kleinen Seen vorbei und über einen Felsabbruch zum *Joch im Ostkamm* des Grauen Kopfes, welcher das Muttal vom Matnaltal trennt, 2650 m, 1½ st. Leicht fallend in ¼ st um eine markante Felsnase (Karkopfnase), 2580 m, ins hinterste Matnaltal und in vielen Kehren hinauf auf den Grat, ¾ st. (Hier führt bei einer *Tafel* eine Abzweigung in 5 Min. auf den Hauptkamm mit prächtigem Blick ins Fasultal und auf den Patteriol.) Der Weg führt weiter in 5 Min. bis auf 2900 m am Südlichen Schönpleiskopf, dann abwärts zu einem weithin sichtbaren Steinmann auf den oberen Teil des Madleinferners und links wieder ansteigend auf den vom Nördlichen Schönpleiskopf östl. streichenden Grat, 2800 m, 1 st. In einem großen Bogen, das Kar unterhalb der Küchelspitze ausgehend, dann in Kehren auf das *Rautejöchle,* 2755 m, ¾ st. In Kehren hinab und links auf den Küchelferner (manchmal Randkluft oder auch Spalten weiter unten!) und über ihn links hinab zu einem Steinmann auf der Moräne. In Kehren hinab und im Bogen nach links etwas ansteigend zur *Darmstädter Hütte,* 2426 m, 1 st.

● 90 Hoppe-Seyler-Weg

Von der *Niederelbehütte* zur *Darmstädter Hütte,* 5—6 st. Ganz hervorragend schön. Im Frühsommer erkundige man sich wegen der Schneeverhältnisse, da viele steile Schneefelder die Begehung gefährlich machen können. Wenn dies der Fall ist, ist es besser den Weg über das Seßladjoch (R 109) zu nehmen. — Von der Niederelbehütte in 5 Min. hinauf auf das flache *Seßgratjöchl,* 2340 m, und rechts westl. allmählich hinab ins Fatlar zur unteren Karstufe. Hinauf auf die nächste Stufe und südl. über Rasen in die oberste, trümmererfüllte Karmulde. Über einen Schuttkamm hinauf, dann wieder südl. und in Kehren auf einen Felssporn gegen die Fatlarzähne empor, schließlich südwestl. über ein großes Schuttkar und über eine Felsstufe in Kehren zur *Östlichen Fatlarscharte,* etwa 2800 m. Hier in wunderbarer Lage die **Kieler Hütte,** die Notunterkunft für 4 Personen bietet, 1¾ st. Nun südlich über Schrofen (Drahtseil) in eine steile Schuttmulde und westl. über Grasbänder an einer Schrofenwand hinab ins Vergrößkar (Quelle). In Kehren hinauf zum *Schneidjöchl,* 2841 m, 2 st. Prachtblick auf Küchel-Kuchenspitze und Seekopf. Jenseits steil hinab in ein gewöhnlich schneeerfülltes, schmales Kar und links hinaus zu dem von der Doppelseescharte kommenden Advokaten-Weg. Über

Schrofen hinab ins hinterste Moostal und hinauf zur Darmstädter Hütte, 1½ st.

● 91 Kieler Weg und Riffler-Weg

Von der *Niederelbehütte* zur *Edmund-Graf-Hütte.* Ein Weg voll beschaulicher Schönheit, 4½ st. Am Wasserfall in einigen Kehren hinab, dann links waagrecht am Hang entlang bis knapp vor dem Stertabach. In zwei Kehren tiefer, wo dann nach ¾ st ein Weg scharf rechts zum Dias-Alpengasthof abzweigt. Ansteigend ins Stertakar und wieder östl. biegend um den SO-Ausläufer der Alblit-Köpfe und nördl. gegen das Lattejoch. Unterhalb des Joches führt der Weg nach O um die Hohe Spitze und nördl. in Kehren auf die *Schmalzgrubenscharte,* rd. 2650 m, 2¾ st. (Blick auf die Lechtaler und Ötztaler Alpen.) Hier beginnt der Riffler-Weg. Jenseits hinab ins Kar „In der Schmalzgrube" („fetter" Almboden, ganz hervorragende Alpenflora!) und über einen Kamm zum Schmalzgrubensee. Über einen Rücken in das Kar unterhalb des kleinen Welskogelferners und in Kehren absteigend, schließlich hinüber zur nahen Edmund-Graf-Hütte.

II. Übergänge

● 92 Kristbergsattel, 1486 m

Name von cresta = Kamm. Von *Schruns* nach *Dalaas,* 4 st, sehr lohnend, unschwierig, bez. — Von Schruns auf gutem Weg von der Kapelle an der Litz an den Berghang und nordöstl. nach Innerberg, 1½ st (hierher auf Straße von St. Anton im Montafon über Außer-Bartholomäberg in 2½ st). Weiter langsam ansteigend nach Kristberg (hierher vom Silbertal nördl. 2 st), Ghs., und nördl. zum *Kristbergsattel,* 1½ st. Jenseits steil durch Wald hinab nach Dalaas, 1 st (hinauf 2 st).

● 93 „Am Ried", 1837 m

Von *Wald am Arlberg* nach *Silbertal,* 4 st, nach *Schruns,* 5 st, unschwierig. — Südl. steil durch Wald zu einem Kreuz und zur *Büntalpe,* dann südwestl. zu den sumpfigen Wiesen *„Am Ried",* 1862 m, 2½ st (private Skihütte), und jenseits hinab zur Unteren Wasserstubenalpe, 1513 m, und den Bach hinaus bis zu einer Brücke. Entweder über diese und auf dürftigem Steig talaus und an der Litz nach Silbertal, 1½ st, oder auf einer Fahrstraße fast waagrecht über Jonten nach Kristberg, weiter (siehe R 92) nach Schruns, 2½ st (hinauf 4 st).

● 94 Gafluner Winterjöchle, 2343 m

Von *St. Anton am Arlberg* nach *Schruns,* 10 st. (Von der *Konstanzer Hütte,* 7 st.) Unschwierig, aber beschwerlich und nicht besonders lohnend, bez. — Wie R 55 zur Vorderen Branntweinhütte und wie R 43 (oder von der Konstanzer Hütte wie R 44) zum *Gafluner Winterjöchle,* 5 st, jenseits talab bis zur Einmündung des Weges von der Reutlinger Hütte und wie R 45 nach Schruns, 5 st (hinauf $6^1/_2$ st).

● 95 Silbertaler Winterjöchle (Fräschlücke), rd. 1940 m

Von *St. Anton am Arlberg* nach *Schruns,* 10 st. (Von der *Konstanzer Hütte,* 7 st.) Unschwierig, weniger beschwerlich als das Gafluner Winterjöchle, nicht besonders lohnend. — Wie R 55 zur Vorderen Branntweinhütte, $2^3/_4$ st, dann über die Brücke und der Rosanna entlang zu einer zweiten Brücke (hierher von der Konstanzer Hütte um den N-Sporn des Patteriols auf bez. Weg), bis gegenüber der Fraschhütte. Nun langsam ansteigend zum Pfannensee $1^1/_2$ st, am breiten *Silbertaler Winterjöchle,* westl. über die Quellbäche der Litz am Schwarzen See vorbei zu den Alphütten von Fräsch, von wo ein Saumweg über die Dürrwaldalpe zur Unteren Gaflunaalpe, 1392 m, führt. Nun auf R 45 über die Untere Gieslenalpe talaus nach Schruns, $5^1/_2$ st (hinauf $6^1/_2$ st).

● 96 Grasjoch (auch Furkla genannt), 1976 m

Als Übergang unbedeutend. Von Silbertal nach St. Gallenkirch. 6 st (siehe R 11 und 9).

● 97 Gaschurner Winterjöchle, 2330 m und Valschavieler Jöchle, 2439 m

Von *St. Anton am Arlberg* nach *Gaschurn,* $8^1/_2$ st bzw. 9 st. (Von der *Konstanzer Hütte,* $5^1/_2$ bzw. 6 st.) Unschwierig, aber beschwerlich und nicht besonders lohnend. Wie R 55 zur Vorderen Branntweinhütte, $2^3/_4$ st, über die Brücke und am rechten Ufer der Rosanna zur Fraschhütte (hierher von der Konstanzer Hütte, den N-Sporn des Patteriols auf bez. Weg umgehend) und weiter zur Schönferwallhütte, rd. 2000 m, 2 st. Auf das linke Ufer und südwestl. am Hang steil ansteigend um den SO-Sporn des Valschavielkopfes auf schlechtem Weg an den Valschavielseen vorbei zum *Gaschurner Winterjöchle,* 2330 m, 1 st. Nun südl., dann westl., zum Schluß steil hinab zu den Hütten der Mardusaalpe. — Will man über das *Valschavieler Jöchle,* folgt man den Steigspuren nach Umgehung des *SO-Sporns* des Valschavielkopfes rechts, nordwestl.

bis auf das Jöchl, 2439 m, wo man ein Stück dem Wormser Weg folgen kann. Etwa 10 Min. nach dem Jöchl verläßt man diesen auf der rechten Bachseite nach links und folgt den Steigspuren hinab zur Mardusaalpe. — Von der Mardusaalpe am rechten Ufer zum Valschavieler Maiensäß, 1581 m, und das Tal hinaus nach Gaschurn, 3 st (hinauf 5 st).

● 98 **Verbellner Winterjöchle,** 2277 m

mit der *Heilbronner Hütte.* Von *St. Anton am Arlberg* nach *Partenen* oder *Galtür,* siehe R 28, 26, 27.

● 99 **Fädner Scharte,** rd. 2640 m

Vom *Zeinisjochhaus* (R 33—35) zur *Konstanzer Hütte,* 6 st, nicht besonders lohnend. Wie R 400 auf die *Fädner Scharte,* 2½ st, dann nordöstl. über grobes Schuttwerk hinab zum Talschluß des Ochsentales und an der rechten Bachseite hinaus zur Konstanzer Hütte, 3½ st (zurück 4½ st).

● 100 **Muttenjoch,** rd. 2680 m

Siehe Friedrichshafener Weg, 3 st, R 88.

● 101 **Wannenjöchl,** 2684 m

Siehe Bruckmann-Weg, 5 st, R 87.

● 102 **Schafbüheljoch,** 2647 m

Von der *Konstanzer Hütte* zur *Friedrichshafener Hütte,* 4 st, wenig schwierig, bez., lohnend. — Im Fasultal (Fasul kann mit großer Wahrscheinlichkeit val sola [val sula] „einsames Tal“ sein [Finsterwalder]) am linken Ufer aufwärts, am „Großen Stein“ vorbei, über eine Brücke, 1 st (die Brücke wird im Herbst wegen der Lawinen abgetragen), dann auf das rechte Ufer und zu einer Schäferhütte, ½ st, südl. auf gutem Weg zum Talschluß, schließlich östl. auf das *Schafbüheljoch,* 1¾ st. Prachtvolle Aussicht auf Silvretta und Fasulferner mit Patteriol. Jenseits ein Stück östl., dann südl. steil hinab zur Friedrichshafener Hütte, ¾ st (hinauf 1½ st). — Man kann auch bei der zweiten Brücke weiter am linken Ufer bleiben und gegen das Talligertal auf einem Weg rund 200 m ansteigen und dann auf fast waagrechtem Weg die Hänge querend zum Talschluß gelangen.

● 103 **Schönpleisjoch,** 2804 m

Von der *Konstanzer Hütte* nach *Ischgl,* 6 st, wenig schwierig, lohnend. — Auf dem Weg zum Schafbüheljoch zweimal über Brücken, bis südl. vom P. 2095 der Bach vom Schönpleisjoch herabkommt (Schäferhütte). Nun östl. pfadlos zum *Schönpleisjoch,* 3½ st. Östl. hinab über Schutt, den Ludwig-Dürr-Weg querend, zur *Madleinalpe,* weiter wie bei R 106 nach Ischgl, 2½ st (hinauf 5 st).

● 104 Kuchenjoch, 2806 m

Von der *Konstanzer Hütte* zur *Darmstädter Hütte,* 4 st. An gewaltigen Blicken, vor allem auf den Patteriol und die Kuchenspitze, reicher Weg. In umgekehrter Richtung weitaus schöner. Die Besteigung des Scheiblers soll nicht versäumt werden. — Von der Konstanzer Hütte zuerst südl. ins Fasultal durch schütteren Zirbenwald und nach Überschreiten eines von O kommenden Bächleins durch Wald steiler bergauf in Kehren zu sanften Weidehängen. Südöstl. zum Kar unterhalb des Kuchenjoches und östl. auf dieses, 3 st. Großartiger Rundblick. — Von hier aus ist der Scheibler, 2988 m, auf bez. Weganlage in 30 Min. wenig schwierig erreichbar, siehe R 620. — Jenseits des Joches steil auf den Kuchenferner, sich immer links haltend, da rechts Spalten! Dann links hinaus und auf dem *Apothekerweg* links an einem kleinen See vorbei zur Darmstädter Hütte, ¾ st (hinauf 1¼ st).

● 105 Rautejöchle, 2755 m

Von der *Darmstädter Hütte* nach *Ischgl,* 4 st. Wenig schwierig, aber wegen des Gletschers nur für Bergerfahrene. Unerfahrene besser über die Doppelseescharte (siehe R 106). — Auf dem Ludwig-Dürr-Weg (R 89) von der Hütte westl. etwas absteigend und im Bogen bis unterhalb des Küchelferners. Südl. in Kehren steil auf die Moräne und auf den Gletscher. Über ihn links haltend bis unterhalb des Jöchls, manchmal Spalten und Randkluft, und in Kehren hinauf, 1½ st. Die Kehren des Weges nach S hinab, dann den Weg, der zur Friedrichshafener Hütte führt, verlassend und über Schutt- und Weidehänge südöstl. hinab ins Madleintal, wo man unterhalb des Madleinsees auf den Weg von der Doppelseescharte (R 106) trifft und auf diesem nach Ischgl absteigt, 2½ st (hinauf 4½ st).

● 106 Doppelseescharte, 2796 m

Von der *Darmstädter Hütte* nach *Ischgl,* 4 st, bez. Weganlage, wenig schwierig. Hinab in das „Hintere Kartell" und südöstl. steil über Schrofen und Schutt (Schnee), die Abzweigung des Hoppe-Seyler-Weges bleibt links, zur *Doppelseescharte,* 1½ st. Jenseits steil südl. hinab zum *Madleinsee* und am linken Ufer hoch über den Madleinbach, schließlich steil hinab, über ihn und hinunter nach Ischgl, 2½ st (hinauf 4½ st).

● 107 **Schneidjöchl,** 2841 m

Von der *Darmstädter Hütte* zur *Niederelbehütte,* oder nach *Ischgl,* 4½ st, siehe Hoppe-Seyler-Weg, R 90. — Um nach Ischgl abzusteigen, verläßt man den Hoppe-Seyler-Weg bei der Quelle im Vergrößkar und steigt (Pfadspuren) südöstl. durch das Trümmerkar ab zwischen zwei alten Stirnmoränen durch zum Riegel bei P. 2287, dann südl. steil zu einem Graskamm, der schließlich durch Wald hinab nach Versahl an der alten Paznauer Straße leitet, über diese talein in 20 Min. nach Ischgl (hinauf zum Schneidjöchl, 5 st).

● 108 **Östliche Fatlarscharte**

(auch Obere genannt, siehe R 676), rd. 2800 m

Von der *Niederelbehütte* nach *Ischgl,* 4 st. — Über den Hoppe-Seyler-Weg (siehe R 90) zur offenen Kieler Hütte auf der *Östlichen Fatlarscharte* und die Kehren hinab, bis sich der Weg bei einer steilen Schuttmulde nach W wendet. Man verläßt den Weg und steigt südöstl. auf Pfadspuren hinab zum kleinen Vergrößsee und südl. hinab zum Riegel bei P. 2287. Weiter siehe R 107, nach Ischgl (hinauf zur Fatlarscharte, 4 st).

● 109 **Seßladjoch,** 2738 m

Von der *Niederelbehütte* nach *St. Anton am Arlberg* oder zur *Darmstädter Hütte,* je 4½ st. Wenig schwierig, bez. Weg. Von der Hütte anfangs auf dem Weg zur Kreuzjochspitze um den See, dann links auf eine Stufe und durch ein Kar, schließlich in Kehren auf das *Seßladjoch,* 1½ st. Jenseits zuerst auf einer Weganlage, dann den Steindauben nach hinab zur Hinteren Taja, rd. 1970 m, 1½ st (hinauf 2½ st). Nun entweder rechts in 1½ st (hinauf 2¼ st) nach St. Anton am Arlberg, oder links hinauf zur Darmstädter Hütte, 1½ st.

● 110 **Madaunjoch,** 2808 m

Von *St. Anton zur Niederelbehütte,* 5½ st. Wenig schwierig, selten benützt. Den Weg zum Seßladjoch (s. R 109) benützt man bis rd. 2300 m und biegt dann nordöstl. ab und steigt (Pfadspuren) nördl. vom P. 2727 über die Stirnmoräne des verschwundenen Südlichen Madaunferners und östl. zum *Madaunjoch,* 5 st. Jenseits südöstl. zur Hütte, ½ st (hinauf 1¼ st).

● 111 **Lattejoch,** 2558 m

Von *Pettneu* zur *Niederelbehütte,* 5 st, oder nach Kappl, 6½ st, wenig schwierig, aber meist weglos. — Auf dem Weg zur Edmund-Graf-Hütte (siehe R 77) zur Malfonalpe, 1816 m, 1½ st, und das

Malfontal weiter bis zur hinteren Talstufe. Über diese auf einem Weg, dann den dürftigen Spuren östl. folgend auf das *Lattejoch,* 2½ st, östl. hinab zum Kieler Weg und nach rechts über diesen zur Niederelbehütte, oder vom Joch westl. zu den Alblit-Köpfen, R 766, ¼ st, hinauf. Von diesen mühelos hinab ins Stertakar, wo man auf den Kieler Weg trifft. Man erspart dadurch den langen Bogen, den der Kieler Weg um den südöstl. Ausläufer der Alblit-Köpfe macht. Abstieg nach Kappl: Hinab über Weiden zum Alpengasthof Dias, 1850 m, und durch Wald auf steilem Weg hinab nach Kappl, 2½ st (hinauf 4 st).

● 112 **Kappler Joch,** 2685 m

Von *Kappl* zur *Edmund-Graf-Hütte,* 5¼ st. Sehr lohnend, bez. Weganlage. — Von Kappl auf aussichtsreichem Weg bis nach Dengvolk (1416 m), dann nördl. durch Wald zu den Durrichalphütten (1901 m, 2 st) und am rechten Ufer des Blankabaches durch das hervorragend schöne Tal zum Abfluß des ersten Blankasees (2 st) und nordwestl. hinauf auf das *Kappler Joch* (¾ st). Von hier ½ st auf die Kappler Jochspitze, wenig schwierig, lohnend, siehe R 813. Jenseits durch das Jakobstal hinab zur Hütte, 20 Min. (hinauf ¾ st).

● 113 Von *See* wie R 114 nach Langestei (1½ st), dann westl. zu den Spiduralphütten und über den blumenreichen Almboden weglos westl. ansteigend zum Blankabach, den man oberhalb der Durrichalpe überschreitet, und weiter wie oben bei R 112.

● 114 **Niederjöchl,** 2357 m

Von *Strengen* nach *Langestei,* 5½ st, nach *See* oder *Kappl,* 6½ st. Wenig schwierig, lohnender Almenweg. Von Strengen auf der Straße aufwärts, über die Brücke vor der Einmündung des Unteren Klausbaches, unter der Bahn durch und westl., bis scharf von O ein Weg herabkommt. Diesen verfolgt man bis zu einer Schneise, aus welcher oben ein guter Weg südwestl. aufwärts in den Klausgraben führt. In diesem anfangs am linken, später am rechten Ufer steil zu den Hütten der Großgfallalm (1934 m, 2½ st). Von hier über flache Almböden und Schuttfelder zum breiten *Niederjöchl* (1½ st). Nun südöstl. absteigend zur Langesteialpe (1818 m, ¾ st) und südl. durch Wald nach Langestei (1490 m, ¾ st). Nun entweder östl. nach Flung und südwestl. hinab nach Wald und auf der Straße talab nach See oder westl. auf gutem, sehr schönem Karrenweg an den hochgelegenen Höfen vorbei nach Kappl. (Von See zum Niederjöchl 4 st).

E. Gipfel und Gipfelwege

I. Die westliche Ferwallgruppe

a) Die Itonskopf-Gruppe

(Schwinner, R., „Der Dawennastock bei Bludenz“, Heimat, Vorarlberger Monatshefte, 29. Sonderheft Bludenz).

● **115** **Davenna,** 1881 m

Die westlichste Erhebung der Ferwallgruppe, nach SW steil abstürzend, lohnend, aber mühsam. Name: 1610—1612 „bis auf die Wende, Wenden“ möglicherweise aus „die Wände“ oder „zu der Wende“, d. h. mittelhochdeutsch „bei der Wand“ entstanden (Finsterwalder). Geologisch die am tiefsten herabgedrückte, südlichste Stelle der Kalkalpen. Schesaplana und Gipfel nördl. der Valluga bestehen aus den gleichen Schichten (Ampferer, Schwinner).

● **116** Von **Bludenz,** 5 st, mühsam, nach Lorüns und links einer Druckrohrleitung über einen Steig zum Wasserschloß und weiter durch den Buchenwald auf der Kammhöhe zum Diebsschlössel (Ruine). Südöstl. unter der Kuppe durch zu einer Waldwiese, dann gerade aufwärts auf einer Holzriese und über den Kamm, eine Waldkuppe nördl. umgehend, auf eine steile Bergwiese und hinauf durch Wald und Zundern auf eine mit Krummholz bewachsene Vorkuppe. Eine weitere Kuppe folgt, dann ein brüchiger Schrofengrat, durch eine Zunderngasse in die Kammsenke und schließlich von N auf den höchsten Punkt.

● **117** Von **Schruns,** 4 st, mühsam. Über Bartholomäberg nordwestl. nach Rellseck (Ghs., 1492 m), 2½ st, dann nordöstl. durch Wald zu den Almböden und auf dem Weg nordwestl. zum Sattel, 1864 m. Nun über den zunternbewachsenen Kamm über Spitzguf, 1905 m, auf die Davenna.

● **118** **Übergang** zum Itonskopf, 3½ st, mühsam. Wie R 117 zum Sattel P. 1864 und entweder über den zunternbewachsenen Kamm südöstl. zum Alplegi, 1796 m, und südl. über Gamswechsel zu den Wannenköpfen, 2031, 2037 und 2050 m, wo man aus den Zuntern herauskommt, oder weit schöner vom Sattel P. 1864 auf gutem Steig östl. zur Altonsalpe, von wo der Kamm beim Alplegi wieder erreicht und über die Wannenköpfe bis zum Itonskopf verfolgt wird.

● 119 **Montenëu,** 1883 m

Wenig schwierig und lohnend, prächtige Rundsicht, schöne Talblicke. Name von montonja, im Romanischen „Bergmahd“; montanj-ëu = montani-etu, montanjëu „Bergmähderig“ viele Bergmähder (Finsterwalder).

● 120 Von **Schruns,** 3½ st, nach Bartholomäberg, 1¼ st, dann nördl. zu den Häusern im Worms und über die Mähder durch lichten Wald, schließlich über den Bergrücken östl. hinan zum langgestreckten Gipfel mit Kreuz.

● 121 Von **Schruns,** 4 st, bez., nach Bartholomäberg, dann nordwestl. zum Ghs. am Rellseck, 2½ st, und östl. auf dem Kamm zum Gipfel.

● 122 **Übergang** über die Wannenköpfe, 2037, 2050 m, immer auf dem Kamm zum **Itonskopf,** bez., 1 st.

● 123 **Itonskopf,** 2089 m

(Auch Alpila und Tanzkopf.) Der letzte richtige Gipfel der Ferwallgruppe in ihrem Zuge nach W. Wenig schwierig und lohnend. Name: 1783 Attons, 1512 wird eine Gadenstatt auf St. Bartholomä „Bartolomä Duonisch“ genannt, von Tonis und Anton, woraus sich die Formen ad Tonis, in Tonis, Attons, Ittons und Tanzkopf entwickelt haben. Der Bergname entspringt also einem Besitzer Anton (Zösmair). Nach Zehrer vielleicht zu romanisch „arduond“ = rotundus, rund. Rundsicht: Rätikon, Säntis, Klostertaler Alpen (Rote Wand), Ferwall und Silvretta.

● 124 Von **Schruns,** 4 st, nach Innerberg, 1½ st, dann nördl. steil hinan auf den vom Itonskopf südl. ziehenden Rücken und zur Spitze.

● 125 Von **Schruns,** 5 st, bez., sehr empfehlenswert, auf den Montenëu und über die Wannenköpfe, 2037, 2050 m, zur Spitze (siehe R 120, 122).

● 126 Von **Dalaas,** 4 st, bez., südl. steil durch Wald auf den Kristberg (1486 m, 2 st), westl. auf das Schwarzhorn (1883 m) und weiter über den Kamm auf den Itonskopf.

● 127 **Übergang** zur **Davenna,** 3½ st (siehe R 118). Eine weitverzweigte, aussichtsreiche Gruppe mit wenig eingeschnittenen Scharten, daher für Kammwanderungen sehr geeignet.

b) Die Eisentalergruppe

● 128 **Mittagstein,** 2035 m

Wenig schwierig, lohnend. Aus Augengneisen aufgebaut.

● 129 Von **Schruns,** 5 st, von Silbertal und Dalaas, 4 st, über Kristberg (siehe R 92) und entweder auf gutem Weg südöstl. nach Oberbuchen (früher dauernd bewohnt, jetzt nur mehr Stieralpe) und 1/2 st weiter zu den Hütten oberhalb Jonten, dann östl. zum „Im Mutt" und nördl. zur Spitze, oder vom Kristberg über den anfangs bewaldeten NW-Kamm auf den Mittagstein.

● 130 Von **Wald am Arlberg,** 3 st, südl. durch Wald wie R 93 zu den sumpfigen Wiesen „Am Ried", dann südwestl. auf den Kamm und über den sumpfigen Riedboden zur Spitze.

● 131 **Silbertaler Loobspitze,** 2605 m

Doppelgipfel, dessen südöstl. höher ist, wenig schwierig, lohnend, sehr schöne Rundsicht. Erste Überschreitung von der Östlichen Eisentaler Spitze Dr. K. Blodig und Franz Knöpfler 1907.

● 132 Von **Westen** über die Gritschalpe, I (besser als Abstieg). Von Schruns, 8 st, Silbertal und Dalaas, 7 st. Nach Kristberg (R 92) und über Oberbuchen zum sumpfigen Wildried, wo der Weg nordöstl. ins Wasserstubental einbiegt. Mit Erreichen des Baches über diesen und hinauf zur Gritschalpe (1806 m) und entweder 1. zum Fuß der W-Flanke und durch eine vom Kar aus ansetzende Rinne durch das erste Drittel der Flanke, dann rechts bei einem kleinen Schärtchen in eine zweite, plattige, mit Rasenschöpfen ausgefüllte, schmale Rinne, die auf die Scharte zwischen beiden Gipfeln führt; oder 2. südl. über Weiden auf das Fellimännle, 2209 m, und, die Kl. Loobspitze (2446 m) nordwestl. umgehend, zur Rinne in der W-Flanke und weiter wie oben 1.

● 133 Von **Nordwesten** über die Wasserstubenalpe, besser als R 132, I. Von Schruns, 9 st, Silbertal und Dalaas, 8 st. Wie R 132 über Kristberg auf der Fahrstraße zur Unterwasserstubenalpe (1513 m) und weiter zur Oberwasserstubenalpe (1734 m), 3 1/2 st von Kristberg; über die Weiden südl. bergan zu einer begrünten Scharte im NW-Grat und über diesen oder westl. ausweichend zum Gipfel.

● 134 Von **Wald am Arlberg,** I, 5 1/2 st, lohnend. Wie bei R 93 zum „Am Ried" und südöstl. hinab zur Oberwasserstubenalpe, 3 st, und weiter wie R 133.

● 135 **Ostgrat.** Von der Gaflunaspitze (2614 m), I, 1½ st (siehe R 141).

● 136 **Südostrinne,** I, besser als Abstieg. Von Schruns, 7½ st. Durch das Silbertal zur Unteren Gaflunaalpe (1392 m), 3¼ st (siehe R 45), dann nordöstl. durch Wald zur Oberen Gaflunaalpe (1942 m), 1¾ st, und über die Grashänge nördl. in das Kar und durch eine lange Rinne über einige Felsstufen bis dicht an den Gipfel und zur Spitze.

● 137 Von der **Reutlinger Hütte** durch die SO-Rinne, I, 3 st. Von der Hütte südwestl. auf schwachen Steigspuren um den S-Sporn der Östlichen Eisentaler Spitze in rd. 2200 m Höhe querend in das Kar südöstl. der Silbertaler Loobspitze und weiter wie R 136.

● 138 **Übergang** zur **Gaflunaspitze.** I, 1½ st (siehe R 141).

● 139 **Gaflunaspitze,** 2614 m

Unbedeutend, wird beim Gratübergang von der Westlichen Eisentaler Spitze zur Silbertaler Loobspitze erstiegen. 1. Ersteigung durch Baptist Hämmerl etwa 1908.

● 140 Von **Norden,** I. Von der Oberwasserstubenalpe (1734 m), 2½ st. Hierher von Schruns, 6½ st, von Silbertal und Dalaas, 5½ st (siehe R 133), von Wald am Arlberg, 3 st (siehe R 134), und südöstl. zuerst über Weiden, dann durch das Schuttkar „Senniloch", zum Schluß wenig schwierige Kletterei zum Gipfel.

Übergänge:

● 141 Zur **Silbertaler Loobspitze,** I, 1½ st. Vom Gipfel hinab über den Grat und auf eine ausgeprägtere Graterhebung und teils auf, teils einige Meter unter dem Grat auf der Gaflunaseite zur Spitze.

● 142 Zur **Westlichen Eisentaler Spitze** (2710 m), II, 1½ st (siehe R 196).

● 143 **Westliche Eisentaler Spitze,** 2710 m

Lohnend, besonders in Verbindung mit einer der möglichen Gratwanderungen. Aussicht nur etwas weniger schön als von der Östlichen Eisentaler Spitze.

● 144 Von **Nordwesten,** I. Von der Oberwasserstubenalpe (1734 m), 2½ st (siehe R 140) südöstl. zum Schuttkar „Senniloch" und östl. in wenig schwieriger Kletterei zur Spitze.

● 145 Von **Nordosten,** I. Von Langen oder Klösterle, 5—6 st, wie R 172 zu dem zwischen Östl. und Westl. Eisentaler Spitze eingebetteten Westl. Eisentaler Gletscher. Über diesen südwestl. und über Firn und Schuttflecken unterhalb des O-Grates zum Gipfel.

Übergänge:

● **146** Zur **Gaflunaspitze,** II, 1½ st. Durch eine steile, brüchige Rinne westl. hinab auf einen schwierig zu erkletternden, schneidigen Felsgrat und nach rd. 200 m von diesem steil gegen S über eine Wand (eventuell abseilen, kann auch nördl. umgangen werden) in eine schneegefüllte Schlucht und westl. über ein Schuttfeld zu einem ausgeprägten Grassattel im Hauptgrat und über einen kurzen, steilen Grat auf eine bedeutendere Erhebung. Auf Gemspfaden weiter zur Gaflunaspitze.

● **147** Zum **Hochburtschakopf,** I—II, 1½ st, lohnend, über den wilden Grat, der mehrere Erhebungen aufweist, mit öfterem Ausweichen.

● **148** Zur **Östl. Eisentaler Spitze** (siehe R 176), 1½—2½ st.

● **149** **Hochburtschakopf,** 2684 m

Lohnend, aber mühsam.

● **150** **Nordgrat,** I, Von Schruns, 9½ st, oder Dalaas, 8½ st. Wie bei R 133 zur Oberwasserstubenalpe (1734 m). Nun zuerst südöstl., dann östl. auf das Wasserstubenjoch (2436 m), zwischen Glatingratkopf und Hochburtschakopf und südl. über den jäh aufschwingenden wilden Grat mit Ausweichen zur Spitze, 3 st von der Alpe.

● **151** **Nordgrat,** I, 5½ st. Von Langen oder Klösterle wie bei R 172 ins hinterste Eisental und westl. auf das Wasserstubenjoch zwischen Glatingratkopf und Hochburtschakopf und weiter wie R 150.

● **152** Von der **Reutlinger Hütte** über den Nordgrat, I, 4½ st, über die Östl. Eisentaler Spitze (siehe R 171, 172) hinab auf den Westl. Eisentaler Gletscher und hinunter ins hinterste Kar des Eisentales, unter den O-Hängen des Hochburtschakopfes auf felsigem Schutthang hinüber und hinauf auf das Wasserstubenjoch und weiter wie R 150.

● **153** **Südosthänge,** I. Von der Reutlinger Hütte, 3½ st, über die Östl. Eisentaler Spitze, wie bei R 171, 172 hinab zum Westl. Eisentaler Gletscher; über ihn zur halben Höhe und nordwestl. über Schrofen in das kleine Kar südl. des Hochburtschakopfes und über Schutt und Felsstufen der SO-Hänge zum Gipfel.

● 154 **Südosthänge,** I. Von Langen oder **Klösterle,** 5½ st, wie bei R 172 zum Westl. Eisentaler Gletscher, über ihn zur halben Höhe und weiter wie R 153.

Übergänge:

● 155 Zur **Westl. Eisentaler Spitze,** I—II, 1½ st (siehe R 147).

● 156 Zum **Glatingrat,** I—II, 2½ st, wie bei R 155 zum Wasserstubenjoch und weiter wie bei R 158.

● 157 **Glatingrat** (Ameisspitze), 2589 m

Lohnend. Wilde Umgebung.

● 158 **Südgrat,** II, 1½ st. Vom Wasserstubenjoch (hierher siehe R 150—152) nördl. den ersten kleinen Überhang links umgehend auf den Grat (einige kühne Türme, die auf der W-Seite neben dem Grat frei aufragen, bleiben links) in prächtiger Kletterei an den Fuß des Gipfelaufbaues, wo der Grat verlassen und der Gipfel auf Bändern in der W-Flanke erstiegen wird.

● 159 **Nordgrat,** I. Von der Oberwasserstubenalpe, 2½ st (hierher von Schruns, 6½ st, von Dalaas, 5½ st, siehe R 133, von Wald am Arlberg, 3 st, siehe R 134), über Rasen und Schutt in den Sattel zwischen Nenzigastkopf und Glatingrat und auf oder neben dem Grat zur Spitze.

● 160 **Ostgrat** und Übergang vom Plattengrat, I, 1 st, immer auf dem Grat oder auf der N-Seite.

Übergänge:

● 161 Zum **Hochburtschakopf,** I—II, 2½ st, wie oben R 158 und Führe 150.

● 162 Zum **Purtschakopf,** I, 2 st, siehe R 169.

● 163 **Plattengrat,** 2498 m

Eckpfeiler des vom Glatingratkopf östl. streichenden plattigen Grates. In Verbindung mit der Rundtour: Glatingrat — Hochburtscha — Westl. — Östl. Eisentaler Spitze von der Reutlinger Hütte aus sehr lohnend.

● 164 **Osthänge,** I. Von Langen oder Klösterle, 4 st. Wie bei R 172 auf die Talstufe des Eisentales und von O oder NO über steile, felsdurchsetzte Grashänge zur Spitze.

● 165 **Übergang** zum **Glatingrat,** I, 1 st (siehe R 160).

● 166 **Purtschakopf,** 2244 m

Schönes Horn, nördlichster Eckpfeiler des Purtschakammes, aus Augengneisen aufgebaut. Wenig schwierig, lohnend. Aussicht sehr schön, vor allem ins Klostertal.

● 167 Von **Langen oder Klösterle,** 3 st, ins Nenzigasttal wie bei R 40 — doch vor Beeregg in etwa 1350 m Höhe über den Bach (1/2 st) und auf dürftigem Steig westl. steil hinauf durch Wald und Gestrüpp zur Thüringer Alpe (1819 m, 1 1/4 st), weiter über die Grashänge westl. hinauf zum Purtschakopf (2175 m), schließlich von S auf den Gipfel.

● 168 Von **Wald am Arlberg,** 3 st, südl. steil durch Wald wie R 95 zur Büntalpe, dann südöstl. hinauf zum Bettlerälpele und von den obersten Alpböden auf der NW-Seite des Purtschakopfes, auf einem Steig auf das Jöchle im NW-Grat und auf Steigspuren zum Purtschajoch (2175 m) und zur Spitze.

● 168 a **Westkante** (M. Berthold, G. Gantner und A. Schnetzer, 1968), IV+, kurze aber schöne Kletterei in gutgriffigem Gneis. Kantenhöhe etwa 200 m, 2—3 st.
Zugänge: Von Danöfen zur Rinderhütte und weiter in südöstl. Richtung an die Westflanke und zur Westkante des Purtschakopfes. Vom Gasthaus Hirschen (Danöfen) 2—2 1/2 st.
Von Klösterle verfolgt man etwa 1 st lang den Weg zur Nenzigastalpe, überquert den Nenzigastbach und steigt westlich über einen rotmarkierten Steig zur Vorderalphütte auf. Weiter in gleichbleibender Richtung zum Fuß des Purtschakopf-Ostgrates. Nun unter der Nordflanke des Purtschakopfes in westlicher Richtung zur gut erkennbaren Kante.
Übersicht: Die Kante ist an ihrer südwestlichen Seite von einer bis fast zum Gipfel ziehenden Schlucht, an ihrer linken Seite von der düsteren Nordwand begrenzt. Nach unten bricht die Kante mit einem großen, gelben Überhang ab. Die Route verläuft — von einigen kleinen Abweichungen abgesehen — immer direkt an der Kantenschneide.
Die Führe: Man steigt am Fuße der vorher erwähnten Schlucht ein (wenig rechts unterhalb des gut sichtbaren Überhanges). Oberhalb eines Felsblockes links über abschüssige Platten etwa 12 m empor und über grasbewachsenen Fels gerade hinauf zu gutem Stand am Fuße des gelben Überhanges. Nun rechts in einem Riß zuerst überhängend hinauf zu einem von der Wand leicht abgesprengten Türmchen, von dessen Spitze man zur Wand spreizt. Etwa 3 m gerade hinauf zu einem abschüssigen

Felsbändchen, das links (nördl.) etwa 12 m ansteigend zur Kante führt. Knapp links der Kante erreicht man unter einem kleinen Überhang guten Stand. Nun etwa über den 4 m hohen Überhang empor und direkt auf die Kante. Eine Seillänge hinauf zu Stand (Sicherungsblock). Eine weitere Seillänge empor bis einige Meter unter einen Überhang (Stand). Diesen umgeht man rechts (südlich) über ein schmales Band, um gleich wieder gegen die Kante anzusteigen. Direkt auf der Kante empor, bis ein weiterer kleiner Überhang den Weg versperrt. Unter diesem rechts um die Ecke zu H. Einige Meter in einem Riß empor und weitere 8 m zu einem engen, glattwandigen, senkrechten Kamin. Durch diesen sehr anstrengend zu gutem Stand. Über den zuerst scharfen, mäßig steilen Grat erreicht man den Gipfel.

● **169 Übergang** über den unbedeutenden Nenzigastkopf (2515 m) zum **Glatingrat** (2589 m), I, 2 st, sehr lohnend. Hinab zum Purtschajoch (2175 m) und in prächtiger Wanderung über den blumenbewachsenen Kamm, zum Schluß über wenig schwierige Felsen auf den Nenzigastkopf, dann in eine Scharte und hinauf auf den Glatingrat.

● 170 **Östliche Eisentaler Spitze,** 2753 m

Doppelgipfel, dessen NW-Gipfel etwas höher ist (früher als Isedelerspitze bezeichnet). Sehr lohnend, prächtige Rundsicht: Pflunspitzen, Kuchen- und Küchelspitze, Ötztaler, Patteriol, Silvretta, Piz Kesch, Valschavieler Maderer, Rätikon, Säntis. 1. Ersteigung gelegentlich bei Vermessungsarbeiten. Dann C. W. Pfeiffer mit Christian Zudrell 1885 vom Eisental aus, Huetter und B. Hämmerle 1888 stiegen nach SW ab. Nach SO Hans Nägele und Dr. Burtscher. Den Übergang zur Loobspitze mit Umgehungen beging Dr. K. Blodig und Franz Knöpfler 1907, wogegen sich Hans Auer und Gustav Graf 1911 nach der 1. Ersteigung über den S-Grat an der Gratschneide hielten.

● **171** Von der **Reutlinger Hütte,** I, 1¼ st, auf bez. Weg nordwestl. zum Schwandnergrat (2588 m), ½ st, und weiter zu einer flachen Rinne, über welche der fast spaltenfreie Gletscher erreicht wird; über den obersten flachen Teil desselben und südwestl. über leicht gangbare Felsen zum SO-Gipfel und in 5 Min. in wenig schwieriger Kletterei zum NW-Gipfel.

● **172** Durch das **Eisental,** I. Von Langen oder Klösterle, 5 bis 6 st, auf dem Weg zur Reutlinger Hütte (siehe R 40), bis hinter

VI Purtschakopf, Westkante (R 168 a). Foto: R. Luzian

der Nenzigastalpe (1434 m), wo von SW das Eisental herabkommt (2 st). Vorher weglos westl. hinauf und auf die Talstufe und an den Bach. Talein und entweder 1. südöstl. schließlich über plattige, aber gut gangbare Felsen zum Östl. Eisentaler Gletscher und über diesen fast spaltenfrei zu einer kurzen, engen Rinne, die zur Einsattlung zwischen beiden Gipfeln führt; durch diese und in wenig schwieriger Kletterei zum höheren NW-Gipfel. Oder 2. etwas weiter durch das Eisental bis in den hintersten Talkessel, dann südl. hinauf und über den östl. Teil des Westl. Eisentaler Gletschers an den SW-Fuß des Gipfels und über steile, aber gut gangbare Felsen zur Spitze.

● 173 **Südostrinne,** I—II, besser als Abstieg. Durch die Rinne über einige Felsabstürze mit einer schwierigeren Kletterstelle zu den obersten Schutthalden der Gaflunaalpe und hinab ins Schafkar und entweder östl. zur Reutlinger Hütte, 1 st (siehe R 178) oder — südöstl. hinab und über den Weg von der Reutlinger Hütte zur Butzkammeralpe, 2 st (siehe R 45).

● 174 **Südgrat,** II, prachtvolle Kletterei. Von der Reutlinger Hütte, 3 st (siehe R 178), ins Schafkar und über steile Schrofenhänge in die Scharte nördl. des Reutlinger Turmes (1½ st) und über den hier scharf ansetzenden Grat zur Östl. Eisenspitze.

● 175 **Südwestrinne,** I—II, besser als Abstieg. Vom Gipfel südöstl. hinab durch die Rinne, die sich im unteren Teil verengt und nicht leicht auf den Schutt hinabführt. Weiter südl., zum Schluß südöstl. auf Pfadspuren zum Reutlinger Hüttenweg und zur Butzkammeralpe, 2 st (siehe R 45).

● 176 **Übergang** zur **Westl. Eisentaler Spitze,** entweder 1. I, schöne Kletterei über die gut begehbaren Felsen westl. hinab, über die beiden Reste des Westl. Eisentaler Gletschers unterhalb des Grates bis in die SW-Ecke und unterhalb des O-Grates über Firn und Schutt zur Westl. Eisentaler Spitze (2 st) oder 2. II, über den luftigen Verbindungsgrat beider Gipfel, hübsch, aber zeitraubend, zur Spitze (3 st).

● 177 **Reutlinger Turm,** 2606 m

Kühner, nach allen Seiten scharf abstürzender Turm im S-Grat der Östl. Eisentaler Spitze. Schöne, schwierige Kletterei.
1. Ersteigung Hans Auer und Gustav Graf 26. Juli 1911 von SW und obersten SW-Grat. Von SO Fritz Eisenlohr mit Anton Vonier, 12. September 1911. Aus der N-Scharte über die NW-Wand und 1. Überschreitung N—S: H. Auer und Karl Haug 1912.

1921 stiegen G. Eisenlohr und K. Haug von der Schuttschulter am SW-Gratfuß durch die O-Wand über Rasenbänder ab. Den Abstieg durch die **S-Schlucht** beging A. Vonier.

● **178 Südgrat,** III, prächtige Felstour. Von der Reutlinger Hütte, 2 1/2 st, geht man einige Min. auf dem Weg in das Gaflunatal hinab und quert auf Steigspuren westl., bis eine kurze Steilrinne den Abstieg ins „Schafkar" am Fuß der O-Wand des Turmes ermöglicht (3/4 st). Nun unter der O-Wand hinab in die Scharte am S-Gratfuß, über der sich der senkrechte „Torwächter" aufbaut. Rechts neben diesem durchzieht die S-Schlucht die SO-Wand. In dieser Schlucht empor über Schutt bis nächst dem 1. Überhang. Von hier 2 Möglichkeiten: I. Über die Plattenwand rechts neben der Schlucht (I—II). Einige Meter unterhalb des 1. Überhanges rechts an einer Kante etwa 20 m empor in eine Rinne, die dort eine Nische bildet, unter einer plattigen Verschneidung. Nun Quergang links auf schmalen Bandspuren, bis sie sich verlieren. Dann 1—2 m empor am Oberrand der Platte und links hinaus auf die begrünte Stufe in der Schlucht. II. Über die Blocküberhänge der Schlucht, IV. Sehr schwierig, besser abseilend im Abstieg, dann besser als I. Beide Überhänge werden rechts zwischen Block und Platten erklommen zur begrünten Stufe oberhalb.
Nun wenige Meter über die begrünte Stufe empor, dann gleich rechts, östl. durch eine steile Kaminrinne mit grünen Stufen. Oben Ausstieg unter einer großen Platte durch, rechts und links empor auf eine Grasstufe, über sie links westl. empor auf eine Schuttschulter, die man links westl. auf den Grat hinauf überquert. Nun gerade über die SW-Kante empor, in prächtiger Kletterei ausgesetzt zur Spitze.

● **179 Südwestwand,** III. Von der Oberen Gaflunaalpe (1942 m), siehe R 137, 3 st, über Alpweiden in die blockerfüllte Mulde unter dem W-Fuß des Turmes (hierher auch von der Reutlinger Hütte [siehe R 178] durch das Schafkar und um den S-Sporn des Turmes herum). Nun durch die Schlucht, die von der S-Scharte herabkommt. Halbrechts hinauf über Schutt in ein Schärtchen und in eine zweite Rinne rechts, die tief von S heraufkommt. Durch diese brüchige und steile Rinne empor, unter einer Riesenplatte durch auf einen Schuttplatz (Scharte), dann über einen begrünten Hang in eine grüne Rinne wenig schwierig um einen Turm. Bevor man die Scharte oberhalb des Turmes erreicht, aus der Rinne rechts heraus in einen engen Kamin und aus ihm rechts auf ein Rasenbändchen. Über dieses etwas abwärts, dann durch eine seichte Grasrinne wieder gerade hinauf in eine kleine Scharte. Nun in der glatten W-Wand empor, dann rechts über die S-Seite auf die Schuttschulter unter der SW-Kante, und weiter wie R 178.

● 180 **Nordwestwand,** aus der Nordscharte, III. Besser im Aufstieg. Von der Reutlinger Hütte (2 st) wie R 178 in das „Schafkar“ und aus diesem nordwestl. über steile Schrofenhänge in die Scharte ($1^{1}/_{2}$ st), gegen die der Reutlinger Turm in 3 ausgeprägten Stufen abfällt. Die 1. überhängende Stufe wird erklettert, indem man erst einige Schritte rechts in die W-Wand quert und sich dann durch einen Riß schwierig emporstemmt. Auf die 2. Stufe gelangt man mittels einiger weit auseinanderliegender Griffe in einem Spalt, der ebenfalls rechts in der W-Wand mit dem Grat gleichlaufend emporzieht. Bei der 3. Stufe sind erst in der scheinbar glatten Wand einige Meter zu steigen, dann greift man rechts oben in ein schwarzes Loch und zieht sich empor, wenig schwierig zum Steinmann ($^{1}/_{2}$ st).

● 181 **Übergang zur Östl. Eisentaler Spitze,** III, siehe R 180 und R 174.

c) Die Kaltenberggruppe

Der bedeutendste Teil der Westlichen Ferwallgruppe.

● 182 **Pflunspitzen,** 2912 m

Höchste Erhebung der Westlichen Ferwallgruppe, von W eine trotzige, reich gegliederte Felsenburg. Die Ersteigung ist nicht ganz einfach. — Man unterscheidet von S nach N zuerst die Südl. Pflunspitze, dann eine breite Scharte, die S-Scharte, worauf das gezackte Hauptmassiv beginnt. Auf den S-Gipfel (2869 m) folgt, durch eine Scharte getrennt, der Vorgipfel, der vom Hauptgipfel wieder durch eine kleine Scharte geschieden ist, welche aber, von der Reutlinger Hütte gesehen, kaum hervortritt, und dann der turmartige N-Gipfel. —
Der Name ist zusammengezogen aus Gaflun, welches aus dem mittellateinischen Caballus, romanisch cabalone, Roß oder Gaul stammt (Zösmair). Die Aussicht ist hervorragend schön. Glanzpunkt Küchelspitzmassiv und Patteriol. Dann Ötztaler (Kaunergrat), Ortler, Silvretta, Bernina, Piz Kesch, Piz d'Aela, Rätikon, Glarner und Berner Alpen, Klostertaler Berge und das übrige Ferwall. — 1. Ersteigung der Südl. Pflunspitze O. v. Pfister mit J. Litschnau 1879, sämtliche Spitzen erstieg Dr. W. Strauß mit

J. Strolz 1886, Aufstieg von NO, Abstieg nach S. Übergang zum Kaltenberg Volland und Gefährten 1898, Abstieg durch die S-Schlucht der W-Wand Hanns Biendl mit J. Ladner 1898, welchen Weg Hans Auer und Gustav Graf 1911 im Aufstieg begingen. Die NO-Kante des N-Gipfels Franz Malcher 1921. Die nördl. W-Wand-Rinne R. Imhof und Bentlin 1927. Die sehr schwierigen, aber prachtvollen W- oder SW-Anstiege auf die einzelnen Gipfel beging 1951 Toni Hiebeler mit Franz Filgertshofer oder mit Uli Wyß.

● 183 Von der **Reutlinger Hütte** über die Südscharte, I, zu welcher verschiedene Wege führen. Leichtester Anstieg, sehr lohnend. — Von der Hütte zur Schutthalde südwestl. der Pflunspitze. Nun drei Möglichkeiten:

1. Am längsten, aber am schönsten über die Schutthalde hinauf bis zum SW-Grat und über die Südl. Pflunspitze, manchmal links ausweichend in schöner Kletterei zur S-Scharte ($2^1/_4$ st).

2. Meist begangener Aufstieg: über die Schutthalde östl. bis in halber Höhe, dann nordöstl. durch die Rinne, die unmittelbar nördl. der Südl. Pflunspitze endet (2 st).

3. Mühsam durch die steile Felrinne, die beinahe schnurgerade längs der SW-Flanke des Hauptmassivs zur Scharte vor dem S-Gipfel emporführt (2 st).

Nun gemeinsam von der S-Scharte über den Süd- und den Vorgipfel in schöner Kletterei zum Hauptgipfel $^1/_2$ st. — Der Nordgipfel wird in 20 Min. über den gutgriffigen Grat, I, erstiegen.

● 184 **Südgipfel-Südwestgrat,** V, 3 st. Großzügige Gratkletterei. Der Anstieg benützt immer den markant aufgebauten SW-Grat; Einstieg etwa 60 m links vom Beginn der südlichen Rinne hinter einem kleinen Gratabsatz (links). — Durch die beginnende Verschneidung 12 m nach rechts empor, dann 3 m nach links und wieder 2 m über eine senkrechte Wandstufe (Haken) weiter in eine kurze Verschneidung, die zur Kante führt, auf deren linken Seite das Schartl nach dem ersten Gratturm erreicht wird. Einige Meter über Blöcke an der rechten Gratseite weiter zu einer Plattenrampe. Durch diese aufwärts zum Beginn einer Verschneidung, die auf grasdurchsetztem Fels mündet. Darauf, dicht unter der Kante verbleibend, zu einer kleinen Terrasse. Davon 5 m gerade an der Kante und weiter bis zu einer Blocknische; daraus über die Kante bis zum Gipfel des zweiten Turmes. Abstieg in die Scharte vor dem dritten Turm. Diesen rechts umgehend in eine weitere Scharte. Wieder direkt an der Kante durch eine Verschneidung empor; von ihrem Ende wenige Meter nach rechts auf die Kante. Über eine kurze Wandstelle (Haken) auf die Kante und an ihrer linken Seite zu einer kleinen Schulter. Von derselben über ein brüchiges Wandl auf den Gipfel des Bludenzer Turmes. Wieder Abstieg zurück zur Schulter und auf einem schräg nach rechts abwärts ziehenden Band in die Scharte. Direkt über die Gipfelkante zum S-Gipfel empor.

● 185 **Südliche Westwandschlucht** auf den Vorgipfel, II—III, 3 st. Achtung auf Steinschlag. Die W-Wand wird in der südl. Hälfte von einer großen Schlucht durchzogen, welche in der Scharte zwischen S-Gipfel einerseits und dem Vorgipfel andererseits ihren Anfang nimmt. In fast halber Höhe baut sich aus der W-Wand ein Pfeiler heraus, durch dessen südl. befindliche Steilrinne sich der Anstieg vollzieht.
Von der Hütte zur Schutthalde am Fuß der W-Wand und zum Einstieg in die kaminartige Rinne (3/4 st). Über mehrere schwierige, brüchige Überhänge bis zu einem Schartel, von dem sich der linksseitige Pfeiler loslöst (1 1/4 st). Nun nicht in die Hauptrinne, sondern rechts daneben in der Wand ganz leicht aufwärts, bis oberhalb eines blockgesperrten Überhanges. Dann links in die Rinne und durch eine Reihe von Kaminen hinauf auf die Scharte und über den Vor- zum Hauptgipfel.

● 186 **Vorgipfel-Südwestkante.** 1. Drittel III, 2. Drittel IV, 3. Drittel V, 2 1/2 st. Sehr schöne Urgesteinskletterei. Der Anstieg verläuft im untersten Drittel durch die W-Rinne, R 185, dann links der Schlucht über eine Kante, weiter durch den auffallenden Kamin, zuletzt wieder über die Kante des Vorgipfels. — Durch die W-Rinne über einige Sperrblöcke hinweg in eine Scharte. In einer links emporziehenden Rinne zum Beginn einer Kante, deren Anfang durch auffallenden, weißen Fels gekennzeichnet ist. Diese Kante wird bis unter einen Überhang erklettert, dem man nach rechts durch eine glatte Verschneidung ausweicht. Nach der Verschneidung Standplatz. Von diesem gerade über die Kante empor, dann rechts haltend in eine Verschneidung, die auf dem Gratabsatz unter dem mächtigen Kamin endet. Nun durch den Kamin eine Seillänge aufwärts zu einem großen Klemmblock (Haken, Standplatz). Weiter durch den Kamin (Haken) zu einem mächtigen Felsdach. Dieses wird links umgangen und eine kleine Scharte erreicht. Nun einige Meter absteigend zu einer zweiten Scharte. Daraus rechts von der Kante durch eine Verschneidung zu Stand. Jetzt wieder gerade an der

Kante empor zu Stand (Haken). Einen Meter nach links und über eine steile Platte gerade aufwärts (Standplatz und Haken). Von diesem etwas rechts haltend sehr ausgesetzt, an einem Überhang rechts vorbei, in eine Verschneidung, die auf den Kantenvorsprung führt. Einige Meter absteigend und über die letzte senkrechte Wandstelle (Haken) zum Vorgipfel hinauf.

● 187 **Vorgipfel — Direkte Westwand,** IV—V, 2¼ st. Stets guter Fels, eine der schönsten Kletterfahrten Vorarlbergs. Links von der vom Vorgipfel herabziehenden Kante befindet sich eine schwach ausgeprägte Verschneidung. Durch diese führt meist der Anstieg. Einstieg im rechten Winkel der Wandfußeinbuchtung, etwa 100 m rechts der nördlichen W-Wandschlucht. — Vom Einstieg im linken Riß etwa 10 m aufwärts zu einem Haken; von diesem 2 m nach rechts in den daneben befindlichen Riß, welchen man bis zu einem guten Standplatz (Haken) verfolgt. In der Verschneidung weiter, dann etwas nach links in eine Nische, welche von einem Überhang überdacht ist (Standplatz). Von der Nische 2 m nach rechts in einen Kamin, der auf einem grasdurchsetzten Bande endet. 50 m in wenig schwierigem, grasdurchsetztem Fels auf eine kleine Schulter. Quergang 7 m über eine Platte nach links in eine Rinne. Durch die folgende 90 m hohe Verschneidung (gute Standplätze) aufwärts und 3 m querend nach links in eine kleine Scharte. 20 m durch einen Riß gerade empor zum Standplatz. Über eine 4 m hohe Wandstelle nach rechts zu einem tiefen, breiten Felsspalt; an dessen linker Kante hinauf bis unter ein Felsdach. Dieses umgehend und abermals gerade empor auf einen Felskopf. (Hier zieht eine Rinne hinab in die nördl. Westwandschlucht.) 17 m gerade aufwärts zu gutem Stand. 5 m oberhalb beginnt eine stumpfwinkelige Verschneidung. Vorerst 12 m im rechten Riß der Verschneidung empor und nach weiteren 15 m zu Stand (Haken). Die Verschneidung 10 m weiter verfolgend und durch einen feinen Riß (Haken) schwach links haltend zu einem Stand. Wenige Meter rechts aufwärts in einen Kamin und durch diesen auf den Vorgipfel.

● 188 **Hauptgipfel—Direkte Westwand.** III—IV, 1½ st. Der Einstieg befindet sich rechts vom Beginn der Nördlichen Westrinne auf einem Absatz. Etwas rechts der Rinne 50 m empor auf ein Grasband. 10 m nach links in eine kurze Verschneidung; durch diese empor auf grasdurchsetzten Fels und über eine plattige Rampe weiter zum Beginn einer abermaligen kurzen Verschneidung. Durch diese aufwärts auf ein schmales Band und in der

Verschneidung weiter, dann etwas rechts haltend in einen großen Schuttkessel. Über eine links aufwärts ziehende Steilrampe 60 m empor zu einem abgesprengten Turm. Unter diesem Turm 5 m nach links in eine Verschneidung und diese einige Meter empor. Über eine Kante weiter und durch eine Reihe von Verschneidungen sowie Wandstufen gerade aufwärts zum Hauptgipfel.

● 189 **Nördliche Westwandschlucht,** III, die in die Scharte zwischen Nord- und Hauptgipfel führt (4 st). Sehr steinschlaggefährdet. Wie bei R 185 unter die W-Wand und unter die Wand nördl. querend zum Firnfeld am Ausgang der Rinne. Auf dem Firn oder in der linken oder rechten Randkluft empor und über den 1. Sperrblock bis unter den dachartigen 2., unter dem man durch ein Loch emporschlüpfen kann. Den 3. Block umgeht man links in der Wand (zeitig einsteigen). Später wird man in die schwierige rechte Wand (schwierigste Stelle) gedrängt, dann leichter empor zum Grat und links ausholend zum Gipfel.

● 190 **Nordgipfel-Südwestgrat,** IV—V, 3½ st, fester Fels. Der vom N-Gipfel herabziehende Grat hat zwei Grattürme. Der Anstieg geht durchwegs an der Kante der beiden Türme. Der Einstieg befindet sich beim tiefsten Fußpunkt des unteren Gratturms. — Vom Einstieg durch einen rißartigen Kamin zu Stand (35 m). Weiter 30 m gerade aufwärts zu Stand und etwas rechts haltend in eine Verschneidung und durch diese zu einem Stand. 10 m empor zum Beginn einer Kante, diese rechts umgehend in eine Blockverschneidung. 7 m in dieser aufwärts bis zu deren Gabelung und unter einem Felsdach nach rechts in eine weitere Verschneidung und empor zu Stand. Die folgende Kante 5 m gerade empor, dann links um die Kante und gerade aufwärts auf den ersten Gratturm. Abstieg in die folgende Scharte und links haltend in einen Felswinkel des zweiten Turmes. Die rechtsseitige Wand eine Seillänge gerade empor und auf eine Schulter und zum Beginn einer breiten Rinne. Weiter nach rechts zu einer Kante und an dieser zu einem Absatz. Nun die Kante direkt empor auf den zweiten Gratturm. Abstieg in die jenseitige Scharte und über das nun folgende waagrechte Gratstück zum Gipfelaufbau des N-Gipfels. Quergang 6 m nach rechts zum Beginn einer Verschneidung; in dieser 8 m empor. Das folgende mächtige Felsdach wird in seiner rechten Seite (Haken) erklettert und nach weiteren 10 m ein guter Standplatz erreicht. 2 m nach links und die folgende Kante direkt aufwärts zum N-Gipfel.

● **191** Von der **Reutlinger Hütte** und schließlich von NO, I, 3 st, lohnend, gut mit Führe R 183 als Übergang zu verbinden. Zur Schutthalde unter der W-Wand der Pflunspitzen und möglichst wenig an Höhe verlierend zur NW-Flanke. Durch eine steile Schuttrinne hinauf und über felsdurchsetzte Schutthänge (Schnee) zum flachen Grat unterhalb des N-Gipfels (2 st). Um letzteren und unterhalb der NO-Kante auf der O-Seite etwas absteigend quert man hinüber in eine steile Rinne, die zur Scharte zwischen Nord- und Hauptgipfel führt (40 Min.). Von der Scharte oder schon unterhalb derselben steigt man links östl. hinaus und erklettert den Hauptgipfel über seine steile, aber gutgriffige Kante.

● **192 Nordostkante des Nordgipfels,** III, 3/4 st, kurz, fester Fels. Vom N-Gipfel über die plattige NO-Kante immer schwieriger werdend hinab, bis die Kante in einen Steilabbruch mit abschüssigen Tritten und spärlichen Griffen übergeht. 20 m unterhalb mehrere Absätze einer weißgescheuerten Platte. Zu dieser Platte führt ein überhängender Riß, der mit ihr einen dreikantigen Ausbruch bildet; nun rechts südl. neben dem Riß schwierig hinab, bis es nicht mehr weiter geht, und um die hinausdrängende Kante in den Riß, der unterhalb des Überhanges erreicht wird, und hinab auf die Platte. Noch einige Meter hinab, dann nördl. hinüber zum flachen Grat unterhalb des N-Gipfels.

● **193** Von der **Konstanzer Hütte,** I, 4 1/2 st, zum Gafluner Winterjöchle (siehe R 44) und nördl. über steile Schutthalden auf den SW-Grat der Südl. Pflunspitze und weiter wie oben R 183 1.).

● **194** Von der **Konstanzer Hütte,** I—II, 4 1/2 st, auf dem Weg zum Gafluner Winterjöchle bis etwa 2100 m, dann nördl. in das Pflunkar und westl. über Felsen und Schutt zum Grat nördl. des N-Gipfels und wie vorher, R 186, zum Schluß durch eine steile Rinne zur Scharte zwischen Nord- und Hauptgipfel und auf letzteren. (Die O-Wand läßt sich an einigen Stellen durchklettern, ist aber nicht lohnend und empfehlenswert.)

● **195 Übergang zum Kaltenberg,** I—II, 2 st. Sehr schöne Gratkletterei. Vom Hauptgipfel der Pflunspitze zum N-Gipfel und wie oben R 191 zum N-Fuß desselben. Nun über den ebenen, breiten Kamm zum Beginn des scharfen Grates, über welchen in luftiger Kletterei der Gipfel erreicht wird.

● 196 Kaltenberg, 2896 m

Früher Maroi-Schneeberg. Name: Der Kalte Berg in naiver Verpersönlichung betrachtet (Finsterwalder). Sehr lohnend, wenig schwierig.

Aussicht: Ortler, Bernina, Glarner und Urner Alpen, Berner Oberland, Ferwall, Silvretta, Rätikon, Lechtaler Alpen. GB. — 1. Ersteigung gelegentlich der Vermessung um 1864 unter Führung von J. Schwarzhannes über den Gletscher. J. Specht mit Führer Pöll begingen die S-Seite 1864. Von N Weilenmann 1871. SO-Grat Dr. W. Strauß, Fr. und Dr. J. Wirth mit Josef Ladner 1888. Von der Pflunspitze her Dr. K. Blodig, B. Hämmerle und Jul. Volland 1887. Grat vom Albonakopf Fritz Eyth mit Jäger Rusch 1902. W-Wand Otto und Dr. W. Kissenberth 1907. SO-Grat Hans Püchler und N. Jirout 1929 (PM).

● 197 Südwestgrat, I—II. Sehr hübsche Gratwanderung, festes Gestein. Von der Reutlinger Hütte (3½ st) wie bei R 191 zur flachen Scharte nördl. des Pflunspitz-N-Gipfels (2 st). Hierher von der Konstanzer Hütte (siehe R 194), 3½ st. Weiter über den langen, breiten Verbindungskamm zum SW-Gratfuß und über den prachtvoll scharfen Grat, wenn nötig die letzten 20 m von O, zum Gipfel.

● 198 Westwand, II—III. Kaum lohnend. Von der **Reutlinger Hütte,** 4 st, wie unten, R 199, ins Kar westl. der Spitze. Der Einstieg in die Wand erfolgt etwa 70 m nördl. der Fallinie des Gipfels. Über steile, gut kletterbare Felsen zu einem glatten Kamin, der wenig nördl. eines auffallenden, mächtigen, von der Wand abstehenden Felsturmes ansetzt. Hinauf, schließlich rechts südl. heraus. Nun durch einen kurzen Kamin zu einem breiten Grasband. Mit ausgesetzter Querung nach links über eine Felsrippe zu einer brüchigen Rinne. Durch sie über zwei durch Blöcke versperrte Kamine zu einem Absatz und über grasdurchsetzte Felsen und Kamine leichter bis rd. 50 m nördl. unter den Gipfel und auf diesen.

● 199 Nordwestflanke, I. Lohnend, bez. Von der Reutlinger Hütte, 3st, auf dem Weg ins Nenzigasttal hinab, über die Wildebene, dann rechts an den Seen vorbei und in einer langen Schuttrinne nördl. hinauf, dann östl. gegen den obersten N-Grat und hinauf auf diesen. Weiter über den Grat in wenig schwieriger Kletterei oder — auf den obersten Teil des Gletschers und über ihn steil zur Spitze.

VII Kaltenberg, R 196, im Kreis die Kaltenberg-Hütte, R 49
Foto: Risch-Lau

● 200 Von **Langen,** I, 5½ st, über den Stubener Weg (siehe R 42) bis zum Seelein, dann über Weiden und Schutt südöstl. zur Gratsenke zwischen Satteinserspitze (2722 m) und dem Kaltenberg und entweder südl. über den anfangs breiten N-Grat in hübscher Kletterei zum Gipfel oder, falls es die Verhältnisse erlauben, östl. hinab auf den Kaltenberggletscher und über diesen; zum Schluß steil zum Gipfel (etwas kürzer).

● 201 Von der **Kaltenberghütte,** I, 3 st, südl. über die Weiden zum Krachel und südwestl. auf den von der Satteinserspitze nördl. streichenden Kamm und über ihn zum Hauptkamm; entweder jenseits hinab auf den Ferner und über ihn zur Spitze, oder länger in hübscher Kletterei über die Satteinser Spitze (2722 m) und den ganzen N-Grat zum Gipfel oder aber (leichtester Anstieg) hinab auf den Ferner, dann in die Scharte zwischen Satteinserspitze und Kaltenberg. Von dort über blockiges Gestein bis zum Vorgipfel, durch einen etwa 10 m hohen Kamin hinab auf den Gletscher, diesen überqueren und die letzten Meter auf schmalem Grat zum Gipfel.

● 202 Von **St. Anton,** I, 5½ st. Auf der Ferwallstraße (siehe R 55) bis vor die 1. Brücke (1 st) und rechts auf dem Alpweg über moorige Wiesen zur Maroialpe (1701 m, 1 st). Bald auf das rechte Bachufer und links südl. steil über einen erlenbewachsenen Abhang auf einen Absatz und auf diesem westl. fast waagrecht zur Kaltenberg-Almhütte (2006 m); schließlich südwestl. über Absätze und Mulden in das Kar östl. des Kaltenberges (1½ st). Westl. zum N-Ende des Kaltenberggletschers und wie oben R 201 zum Gipfel.

● 203 **Südostgrat,** II. Schöne Kletterei in festem Fels. Von der Konstanzer Hütte, 5 st, hinab zur Vorderen Branntweinhütte und auf dem Weg zum Gafluner Winterjöchle, bis nach rd. 20 Min. westl. vom Gaiskopf ein Bach herunterkommt. An dessen rechtem Ufer steigt man auf Wegspuren über die Grashänge nordwestl. zum Gstansjoch (2548 m, 3 st). (Hierher von St. Anton, 4 st, wie oben R 202 ins Kar östl. des Kaltenbergs und südl. auf das Joch.) Nun südwestl. über einige Zacken und über den mit groben Blöcken bedeckten P. 2693 und in die nächste Scharte, ½ st (hierher auch von der Konstanzer Hütte wie bei R 194 ins Pflunkar und herauf). Der sich nun jäh aufbäumende Grat wird von links her genommen, dann schwieriger über eine Scharte und den Grat verfolgend über kleine Türme, die sich auch, am besten nordwestl., umgehen lassen, und zur Spitze.

● 204 Die **Südhänge** sind an mehreren Stellen gangbar, eignen sich mehr zum Abstieg, sind aber wegen des brüchigen Gesteines nicht besonders zu empfehlen.

Übergänge:

● 205 Zur **Pflunspitze,** I—II, 2 st (siehe R 195).

● 206 Über die **Satteinser Spitze** (2722 m) und **Krachenspitze** (2886 m) zum Albonakopf (2654 m), I, 6 st (siehe R 212).

● 207 **Satteinser Spitze,** 2722 m

● 208 **Krachenspitze,** 2686 m

2 unbedeutende Erhebungen nördl. des Kaltenberggletschers, nur lohnend in Verbindung mit der Überschreitung zum Kaltenberg (siehe R 212).

● 209 **Albonakopf,** 2654 m

Wenig schwierig, lohnend, schöne Aussicht. Name wahrscheinlich von alpis bona, gute Alpe (Zösmair).

● 210 Von **Langen** oder **Stuben,** I, 4 st, über die Kaltenberghütte, 2½ st, und südwestl. auf das Joch (2455 m) zwischen Maroiköpfe und Albonakopf und über oder neben dem vielfach gezackten Grat wenig schwierig zur Spitze.

● 211 Von **St. Anton,** I, wie bei R 202 auf den Absatz, auf Steigspuren westl. bis an den Bach und nordwestl. zum Joch (2455 m) und wie oben R 210.

Übergänge:

● 212 Zur **Krachenspitze, Satteinser Spitze,** zum **Kaltenberg,** I, 7 st. Lang, aber ganz hübsch. Zuerst in eine Scharte, dann über oder um Felsköpfe und Türme bergauf-bergab über den langen Grat zur Krachenspitze, 2 st. Weiter über die Satteinser Spitze und den mit großen Blöcken bedeckten, zum Teil breiten Grat schließlich in wenig schwieriger Kletterei auf den Kaltenberg. Weniger mühsam ist es, wenn man von der Krachenspitze nach S auf den Kaltenberggletscher absteigt und über ihn oder den obersten N-Grat den Kaltenberg erreicht.

● 213 Zu den **Maroiköpfen,** I, ¾ st, wie R 210 und R 215.

● 214 **Maroiköpfe, Östl.** 2529 m; **Westl.** 2522 m

Breite Kuppen, unbedeutend. In Verbindung mit dem Albonakopf lohnend. Name von dem vordeutschen, wahrscheinlich keltischen mara, Sumpf, Morast, Gerölle, also Kot- oder Muralpe (Zösmair).

● 215 Von der **Kaltenberghütte,** 1¼ st, entweder südöstl. auf das Joch (2457 m) und nordöstl. hinauf oder östl. auf das obere Maroijöchl und von N zu den Gipfeln.

● 216 Von **St. Anton** (siehe R 202) zur **Maroialpe** (1701 m) und auf Steigspuren nordwestl. zu einem der beiden Jöcher und weiter wie oben R 215.

● 217 Von der Bergstation des Albonalifts (2358 m) südl. ohne Schwierigkeiten in ¾ st.

● 218 *Übergänge:*

a) Zum **Albonakopf,** I, ¾ st, wie R 210 und R 215.
b) Zum **Peischelkopf,** 1½ st, wenig schwierig.

● 219 Peischelkopf, 2412 m

Wenig schwierig, lohnend. Schöne Rundschau. Aus Augengneisen aufgebaut.

● 220 Von **St. Christoph,** 1¾ st, westl. dann südl. auf das Joch westl. des Peischelkopfes und südl. um oder über den Kamm auf den Gipfel.

● 221 **Von St. Christoph,** 2 st, südl. und auf den SO-Kamm des Wirts (2339 m), der oberhalb des Waldes betreten wird, und über diesen zum Gipfel.

● 222 Von **St. Anton,** 3 st, auf der Arlbergstraße zum Kaltenegg und bald dahinter auf einem Weg südl. über den Bach und auf den SO-Kamm des Wirts und über diesen zum Gipfel.

● 223 Von **St. Anton,** 3½ st (siehe R 202) zur Maroialpe (1700 m), dann zuerst nordwestl., schließlich nördl. über die Grashänge auf das Joch westl. und zum Peischelkopf.

● 224 **Übergang** zu den **Maroiköpfen** (2529 m), 1½ st, wenig schwierig.

● 225 Gstanskopf, 2730 m

Unbedeutend, schöne Talblicke. Name wohl vom Stanzer Tal. Ersteigung durch Dr. v. Ruthner mit Schwarzhannes 1864.

● 226 Vom **Gstansjoch** (2573 m), I, 20 Min. (siehe R 203), wenig schwierig über den Grat.

● 227 **Nordostgrat,** I. Vom Wildebnekopf, 1½ st, in eine breite Scharte und mit wenig schwieriger Kletterei auf den Gipfel.

● 228 **Übergang** zum **Kaltenberg** (2896 m), II, 2¼ st, wenig schwierig, hinab zum Gstansjoch und weiter wie bei R 203.

● 229 **Wildebnekopf,** 2571 m

Unbedeutender Gipfel.

● 230 Von **St. Anton,** I, 4 st (siehe R 202) zur Maroialpe (1700 m), 2 st, über den Bach und südl. auf den NO-Kamm und wenig schwierig über diesen zum Gipfel.

● 231 **Übergang** zum **Gstanskopf** (2730 m), I, 1½ st (siehe R 226).

d) Die Droßberggruppe

Wenig beachteter Kamm zwischen Gafluna- und Silbertal

● 232 **Gaflunakopf,** 2676 m

Höchste Erhebung der Droßberggruppe, wenig besucht, aber lohnend.

● 233 Von **Norden.** Von der Reutlinger Hütte, I, 2 st, zum Gafluner Winterjöchle und westl. des Kammes, der zum Gaflunakopf zieht, über Gras und Schutt zum Firnfeld nordwestl. des Gipfels. Nun südl. zu einer breiten Scharte im W-Grat des Berges, über welchen zum Gipfel aufgestiegen wird.

● 234 **Übergang** vom **Mutberg, I—II,** 2 st (siehe R 237).

● 235 **Muttberg,** 2551 m

Selten besucht. Name Mutt, motta, muotto ist ein rhätoromanischer Begriff für rundliche Bühel oder Hügel (Zösmair).

● 236 **Westgrat,** I—II. Von der Butzkammeralpe, 3½ st (siehe R 45), auf den langgestreckten Muttbergkamm zum „Im Zmutt" (2045 m, 1½ st) und über den begrünten Rücken, der sich später zum zerrissenen Felsgrat verwandelt, hinan. Über zahlreiche Erhebungen erreicht man in teilweise ausgesetzter Kletterei den Gipfel.

● 237 **Übergang** zum **Gaflunakopf,** I—II, 2 st, anfangs wenig schwieriger, später schwieriger und ausgesetzt über den langen Grat, schließlich hinab in eine breite Scharte, von der aus der Gaflunakopf erreicht wird.

● 238 **Pfannseekopf,** 2611 m

● 239 Von der **Reutlinger Hütte,** 2 st, zum „Wilden Boden" wie bei R 244 und südwestl. auf den Verbindungskamm zwischen Gaflunakopf und dem Pfannseekopf und östl. zum Gipfel.

● 240 Von der **Reutlinger Hütte,** 1¾ st, zum Gafluner Winterjöchle und südöstl. auf den Verbindungskamm zwischen Gafluna-kopf und Pfannseekopf und wenig schwierig auf letzteren.

● 241 **Südosthänge,** I. Von der Konstanzer Hütte, 4 st (siehe R 246), in das blockübersäte Kar und von SO zur Spitze.

● 242 **Übergang** zum **Droßberg** (2661 m), I, 1 st (siehe R 247).

● 243 **Droßberg,** 2661 m

Wenig schwierig und lohnend, kaum beachtet. „Trostberg" ist eine Verhunzung der Kartographen für „Droßberg", von räto-rom. drossa (draussa aus dralsuum, kelt. „Alpenerle", Finsterwalder). Aussicht besonders auf Kuchenspitze und Patteriol. Dr. W. Strauß erstieg den Droßberg 1888 über den NO-Grat.

● 244 **Westgrat,** I. Von der Reutlinger Hütte, 2 st, zum Gafluna-Winterjöchle, dann südöstl. an den Seen vorbei zum „Wilden Boden" (hierher von der Konstanzer Hütte, 3 st, auf dem Weg zum Gafluner Winterjöchle bis P. 2029 und südwestl. auf den „Wilden Boden") und zum Firnfeld nordwestl. des Droßberges und südl. auf den Grat, der östl. eines großen Turmes betreten wird. Über die scharfe Schneide zum Gipfel.

● 245 Von **Nordosten,** I. Von der Reutlinger Hütte, 2 st, von der Konstanzer Hütte, 3 st, wie vorher R 244 zum Firnfeld und östl. auf den NO-Kamm und über diesen zum Gipfel.

● 246 Von **Süden,** I. Von der Konstanzer Hütte, 4 st (siehe R 95) zur Seenhochfläche des Silbertaler Winterjöchles, dann nördl. steil über gutgestufte Grashänge zum P. 2273 und durch das blockübersäte Kar zum W-Grat, der am besten östl. eines großen Turmes betreten wird; und über den scharfen Grat zur Spitze.

● 247 **Übergang** zum **Pfannseekopf,** I, 1 st. Vom Gipfel westl. hinab über den scharfen Grat in die nächste Scharte und den großen Turm nördl. umgehend zur Spitze.

e) Der Hochjochstock

Aussichtsreiche Gruppe, die durch das Grasjoch vom Madererkamm getrennt ist.

● 248 **Kapelljoch,** 2469 m

Wenig schwierig und lohnend, prächtige Rundschau, ähnlich der vom Kreuzjoch (siehe R 251). Name von Gampellalpe, wie diese

1437 noch hieß, gamp, romanisch ebener Platz (Zösmair). Großes Holzkreuz.

● 249 Von der **Wormser Hütte,** 20 Min. auf bez. Weg südl. am Grat empor, dann links ausweichend auf den Grat, schließlich von rechts auf den Gipfel.

● 250 **Übergang** zum **Kreuzjoch,** I, 1/2 st. Vom Kapelljoch kurz rechts hinab, dann links auf den Gratsattel und auf Steigspuren in hübscher Gratwanderung, zuletzt steil auf den Vorgipfel. Nun weglos immer dem Grat nach bis unter den letzten Steilaufschwung, den man links in der NW-Flanke auf Grasbändern umgeht, bis man rechts durch eine Grasrinne auf den Grat und zur Spitze aufsteigen kann.

Von **St. Gallenkirch** über das Grasjoch (R 9) 4 1/4 st.

● 251 **Kreuzjoch,** 2395 m

Berühmter Aussichtsberg, wenig schwierig und lohnend. Herrliche Talblicke nach Schruns, ins Montafon- und ins Gargellen-, Gampadells-, Gauer- und Rellstal, Klostertaler Alpen (Rote Wand), Pflunspitzen, Kuchenspitze, Patteriol, Maderer Silvretta, Piz d'Aela, Rätikon.

● 252 Von der **Wormser Hütte,** wie R 250, I, 3/4 st.

● 253 Von der **Wormser Hütte** durch die „Braune Rinne", I—II, 1 st, wie R 259 auf den Grat und wie unten Übergang R 55 zum Gipfel.

● 254 Vom **Grasjoch,** wie R 85, I, 1 1/2 st.

Übergänge:

● 255 Zum **Hochjoch** (2522 m), I—II, 3/4 st. Sehr lohnend. Vom Kreuzjoch in prächtiger, erst wenig schwieriger, bald schwierigerer Schrofenkletterei über oder dicht rechts oder links vom Grat und über einige Höcker in den Sattel vor dem Hochjoch. Nun links neben dem scharf getürmten Grat entlang und empor, hinter den Türmen rechts auf den Grat und über ihn wenig schwierig an den Fuß des Gipfelblocks. Man quert 4 m rechts und steigt links steil durch eine Kaminrinne mit eingeklemmter Platte empor. Entweder links neben der Platte oder mit Spreizschritt rechts über die Platte (am Oberrand der Platte guter Griff). Nun wenig schwierig über den Grat zur Spitze.

● 256 Vom **Kreuzjoch** zur **Zamangspitze** (siehe R 270 und 271).

● 257 **Hochjoch,** 2520 m

Schroffer Hauptgipfel des Hochjochstockes. Sehr lohnend, aber nicht einfach. GB. Aussicht ähnlich wie die vom Kreuzjoch (siehe R 251), aber noch umfassender.

● 258 **Südwestgrat,** I—II. Von der Wormser Hütte über das Kreuzjoch, $1^1/_2$ st (siehe R 250 und 255).

● 259 **Westflanke, „Braune Rinne“,** II. Kürzester Zugang von der Wormser Hütte, 1 st, besonders als Abstieg geeignet. Die Rinne ist schon von der Hütte aus sichtbar. Sie zieht vom ersten begrünten Einschnitt rechts südl. vom Gipfel des Hochjoches gerade herab zum See. — Auf dem „Seeweg“ in 10 Min. hinab zum Herzsee, dessen Abfluß man überquert. Jenseits östl. zum Fuß der Braunen Rinne. In der Rinne oder in den grünen Pleisen rechts daneben gerade empor zum Grat, $^3/_4$ st. Nun am Grat und links neben ihm, die spitzen Türme rechts lassend, empor an den Fuß des Gipfelblockes und weiter (siehe R 255).

● 260 **Nordostgrat,** I. Leichtester Anstieg. Von der Hütte, $2^1/_2$ st. Auf dem „Seeweg“ hinab zum Herzsee, dessen Abfluß man nach O überschreitet, und schwach hinabsteigend jenseits über die Grasstufen nach N, an den Oberrand der zum unteren See hinabstürzenden Steilstufe. Hier nimmt man eine deutliche Wegspur auf, die rechts am Rand der Stufe nach O hinabführt zu der großen Schutthalde, die vom Hochjoch herabkommt. Auf Wegspur über diese Schutthalde nördl., dann über Gras noch etwas absteigend unter den untersten Schrofen hindurch (links unten der untere See) und rechts empor auf die unterste Schulter des NW-Grates des Hochjochs. Nun rechts auf breiten Grasstufen in der N-Flanke des Hochjochs ansteigend auf eine kleine Bergnase. Man erhält nun Einblick in die steilen Schrofen der Nordwand, dicht unter denen man etwas absteigend hindurchquert auf schwarzem, schiefrigem Schutt, bis man auf deutlicher Wegspur erst über Schutt, dann über Gras, zuletzt steil emporsteigen kann zum Platinafürkele, 2275 m, zwischen Hochjoch und Mittagsjoch. Vom Fürkele rechts nach SW über Schrofen und Schutt am NO-Grat des Hochjochs empor auf dessen nördl. Grasgipfel. Nun auf dem Grat hinab und rechts um einen Zwischenkopf wenig schwierig hinauf zum felsigen Hauptgipfel.

● 261 **Ost- und Südostflanke,** I. Von der Alpe Platina (1868 m) kann man wenig schwierig über Gras und Schrofen in je $1^1/_2$ st auf den nördl. Grasgipfel aufsteigen und über den Grat wie

R 260 zum Hauptgipfel übergehen. Die Alpe Platina ist von Schruns, 4½ st, durch das Silbertal auf R 11 zu erreichen.

● 262 **Übergang** zum **Kreuzjoch** (2395 m, siehe R 255), I—II, ¾ st, sehr lohnend.

● 263 **Mittagsjoch,** 2362 m

Unbedeutender Gipfel.

● 264 Von der **Wormser Hütte,** I, 2 st. Wie R 260 zum Platinafürkele (2275 m) und nordöstl. zum Gipfel.

● 265 Von der **Platinaalpe** (1868 m), 1½ st. Von Schruns durch das Silbertal wie R 11 zur Platinaalpe, 4½ st, und nordwestl. auf Steigspuren zum Platinafürkele und nordöstl. wenig schwierig zum Gipfel.

● 266 **Übergang** zum **Hochjoch,** I (2520 m), 1 st, zum Platinafürkele und Hochjoch siehe R 260.

● 267 **Zamangspitze,** 2386 m

Wenig schwierig, sehr lohnend, besonders mit dem Übergang zum Kapelljoch.
Aussicht ähnlich wie vom Kapelljoch, Blick ins Gargellental. Name 1610 und 1783 Samang, vielleicht von St. Magnus, dem Gefährten des St. Gallus, Gallenkirch (Zösmair).

● 268 **Von Süden.** Von St. Gallenkirch, 4½ st, bez., nördl. zum Blenischau, dann zum Danafreida-Maiensäß und zur Zamangalpe (1849 m) und schließlich von SW auf den Gipfel. Bis knapp unter den Gipfel guter, alpiner Steig (er führt westlich weiter zum Kreuzjoch und zur Wormser Hütte).

● 269 **Von Osten.** Vom Grasjoch, 1 st (hierher von St. Gallenkirch, 3½ st (siehe R 9), von Silbertal, 3½ st (siehe R 11), westl. über die sanften Almböden bis zu dem Punkt des N-Grates, wo er sich schärft und der von der Wormser Hütte kommende Weg den Grat verläßt, und weiter wie unten R 270 oder R 271.

● 270 Von der **Wormser Hütte** über das Kapelljoch (2469 m), 1¼ st, bez. Weg. Wie R 250 auf das Kapelljoch, ½ st. Jenseits nach SO auf dem Weg zum Grasjoch hinab, bis zur ersten Kehre, 2 Min. Man biegt rechts nach S ab und quert absteigend östl. unter dem vom Kapelljoch zur Zamangspitze ziehenden Grat entlang. Nach einigen Min. erreicht man einen niedrigen Parallelgrat, über dessen Rücken der Weg entlang auf- und absteigend führt. Schließlich wird der zur Zamangspitze hinaufziehende N-Grat (Hauptkamm) erstiegen und auf ihm entlang geschritten, bis er sich schärft. (Weiter siehe auch R 271.) Nun rechts in der W-Flanke der Zamangspitze erst über Grashalden etwas absteigend zu einer kleinen Scharte westl. des Gipfels (gute Geher können von hier links an der Gratrippe gerade zum Gipfel steigen, 1/4 st, I, wenig schwierige Kletterei). Weiter links in die S-Flanke der Zamangspitze einbiegend und nahezu waagrecht an ihr entlang, bis nach einigen Min. die Wegteilung nach St. Gallenkirch erreicht wird. Scharf links nach N durch die SW-Flanke empor zum Gipfel.

● 271 **Nordgrat,** I. Hübsche Schrofenkletterei. Wie oben R 270 auf dem Weg von der Wormser Hütte, bis der N-Grat sich schärft und der Weg ihn nach rechts verläßt. Nun den Grat entlang, wobei man sich den Aufstieg je nach Einhalten des Grates oder Ausweichen in der wenig schwierigen W-Flanke erschwert oder erleichtert, bis zum Gipfel, 1/2 st.

f) Der Madererkamm

Durch den Wormser Weg (siehe R 85) wird die Ersteigung der früher selten besuchten Berge des langen Kammes sowohl von der Wormser und der Heilbronner Hütte, als auch aus dem Montafon bedeutend erleichtert.

● 272 **Scheimersch,** 2420 m

Auch Geisterspitze. Besuchenswert. Name von Scheimer, Schember aus Pinus cembra, Zirbel, also Zirmelspitz (Zösmair). Aussicht besonders schön auf die Täler Montafon und Gargellen. Auf dem Südgipfel Kreuz.

● 273 **Von Nordwesten,** I. Vom Furkla (Grasjoch), 1975 m, 1 1/2 st (hierher von St. Gallenkirch, 3 1/2 st, siehe R 9; von Silbertal, 3 1/2 st, siehe R 11; von der Wormser Hütte, 3/4 st, siehe R 11) über weite Wiesenflächen, dann über unschwierige Felsen zum Gipfel.

● 274 **Von Osten,** I. Auf dem Wormser Weg (siehe R 85) in das Kar zwischen Roßberg und Scheimersch (vom Grasjoch, 3/4 st) und durch eine steile Rinne auf den Grat zwischen Pizzeguter Grat und Scheimersch, 1/2 st, und über einen steilen Grashang, zuletzt unschwierigen Felsgrat, zum Gipfel, 1/2 st.

● 274 a **Von Süden** (leichtester Anstieg). Vom Wormser Weg über die Südgratrippe zum Südgipfel, etwa 2390 m, 1/2 st. Abzweigung bei auffallendem Felszacken, an dem der Wormser

Weg direkt nördl. vorbeiführt. Hierher vom Grasjoch etwa 35 Min.

● 275 **Übergang zum Pizzeguter Grat,** II—III, 1½ st, wie oben R 274 und R 277.

● 276 **Pizzeguter Grat,** 2480 m

Name von piz acut, also Scharfspitzengrat (Zösmair). 1. W-Grat Dr. K. Blodig 1897; 1. O-Grat Sepp Zweigelt und Eugen Huber 1924.

● 277 Von **Westen,** I—II. Aus der Scharte gegen den Scheimersch, 1 st (siehe R 274) entweder über den Grat, eine Reihe abenteuerlich geformter Nadeln und Türme südl. umgehend, oder (schwierige Kletterei, II—III, länger), stets am Grat und nur zwei Türmchen nördl. umgehend zu einem begrünten Kopf im Grat und dann wenig schwierig zur Spitze.

● 278 **Ostgrat,** I—II, Von Schruns, 6 st, durchs Silbertal (siehe R 283) zum Seelein westl. vom Dürrekopf, dann westl. und schließlich von S durch eine steile, begrünte Plattenrinne auf den Grat, der oberhalb eines großen Gratabbruches erreicht wird, und über den plattigen Grat zur Spitze.

● 279 Von **Süden,** I. Vom Nördl. Roßbergjoch zwischen Roßberg und Pizzeguter Grat (siehe R 85, 1¼ st vom Grasjoch, hierher auch von Schruns, 5½ st, durchs Silbertal, siehe R 283) und durch eine steile, begrünte Rinne zur Spitze, ½ st.

Übergänge:

● 280 Zum **Scheimersch,** I—II, 1½ st, wie vorher R 277 und R 274.

● 281 Zum **Roßberg,** I, ¾ st, wie vorher R 279 und R 283.

● 282 **Roßberg,** 2381 m

Wenig schwierig, lohnend. Knapp am Wormser Weg, der nördl. und östl. vorbeiführt.

● 283 Von **Norden.** Wenig schwierig in ½ st vom Nördl. Roßbergjoch, zwischen Pizzeguter Grat und Roßberg (hierher über den Wormser Weg, siehe R 85, vom Grasjoch, 1¼ st, oder von Schruns, 5½ st, durch das Silbertal zur Ronnenalpe (1445 m), 3 st, dann südl. über die Alpgreßalpe (1795 m), 1 st, zum kleinen See, westl. vom Dürrekopf, und westl. zum Joch), oder über die Hänge zwischen beiden Roßbergjöchern.

● 284 **Ostgrat.** Der Wormser Weg (siehe R 283) führt knapp östl. des Roßbergs über den Grat (Östl. Roßbergjoch), von wo der Berg wenig schwierig in wenigen Minuten erreicht wird.

● 285 Von **Süden.** Von St. Gallenkirch oder Gortipohl, 4 st (siehe R 306) zum Netzner Maiensäß, 1722 m, nordöstl., dann nördlich auf Wegspuren zu einem kleinen Seelein und über die Grashänge zum Gipfel.

Übergänge:

● 286 Zum **Pizzeguter Grat,** I, 3/4 st, wie vorher R 283 und Führe 279.

● 287 Zum **Dürrekopf,** I, 3/4 st. In einigen Min. hinab zum Östl. Roßbergjoch, wenig schwierig zum Dürrekopf.

● 288 **Dürrekopf,** 2407 m

Doppelgipfel, dessen östl. höher ist.

● 289 **Westgrat.** Vom Roßberg, I, 3/4 st (siehe R 283).

● 290 **Ostgrat,** I. Von St. Gallenkirch oder Gortipohl, 4 1/2 st, wie R 306 zur Netzenalpe (1840 m), und wie R 294 über den Wormser Weg, schließlich nw. über wenig schwierige Gras- und Schutthänge zu einer Scharte zwischen Luterseeberg und Dürrekopf und eine Reihe von kühnen Türmen südl. umgehend, über eine hübsche Felsschneide zum Gipfel.

● 291 **Übergang** zum **Luterseeberg,** I, 1 st. Wie oben R 290 zur Scharte, dann über den flachen, teils schrofigen, teils begrünten Grat zum Luterseeberg.

● 292 **Schermschteberg,** 2358 m

Felsberg im kurzen Kamm, der vom Dürrekopf südwestl. zieht. Der Sattel zwischen beiden Spitzen ist von beiden Seiten über grasige Hänge leicht erreichbar. Die Ersteigung bietet keine Schwierigkeiten.

● 293 **Luterseeberg,** 2480 m

● 294 **Südgrat,** I. Von St. Gallenkirch oder Gortipohl, 4 st, wie R 306 zur Netzenalpe (1840 m), 2 1/2 st, dann nordöstl. in die östl. Mulde des zweiteiligen, seengeschmückten Netzenkares auf Steigspuren den Wormser Weg querend und weiter den Spuren folgend zur Scharte, südl. nahe des Luterseeberges und über den Schrofenkamm wenig schwierig auf diesen.

● 295 **Südgrat,** I. Von Schruns, 6 1/2 st, wie R 45 zur Unteren Gaflunaalpe (1392 m), 3 1/4 st, und weiter zur Dürrwaldalpe

(1461 m), 1/2 st. Nun südöstl. auf Alpweg durch Wald steil zur Oberen Dürrwaldalpe (1866 m), 1 st. Über die sanften Almhänge südl., zum Schluß über Schutt südwestl. zur Scharte unmittelbar südl. der Luterseespitze und weiter wie R 294.

Übergänge:

● 296 Zum **Dürrekopf,** I, 1 st, wie R 291.

● 297 Zur **Tälispitze,** I, 3/4 st. Über den Schrofenkamm hinab zur Scharte und in hübscher Kletterei zum Gipfel.

● 298 **Tälispitz,** 2616 m

Wird öfter in Verbindung mit dem Maderer besucht.

● 299 **Nordgrat,** I. Aus der Scharte zwischen Luterseeberg und Tälispitz, 1/2 st (hierher von Schruns, siehe R 295, 6 st; von St. Gallenkirch und Gortipohl, siehe R 294, 3 1/2 st) und südl. in anregender, hübscher Kletterei zum Gipfel.

● 300 Von **Nordosten,** I. Von Schruns, 6 1/2 st, wie R 281 zur Oberen Dürrwaldalpe (1966 m), 4 3/4 st. Weglos südl. in das zwischen Maderer und Tälispitz gegen N streichende Kar und steil in wenig schwieriger Kletterei auf letztere.

● 301 **Südostgrat,** I. Aus der Scharte, zwischen Maderer und Tälispitz 20 Min. (hierher wie R 309) und in wenig schwieriger Kletterei zum Gipfel.

Übergänge:

● 302 Zum **Luterseeberg,** I, 3/4 st, siehe R 297.

● 303 Zum **Maderer,** I, 3/4 st, wie R 299 und R 309.

● 304 **Valschavieler Maderer,** 2769 m

● 305 Auch Kleinmader. Keckes Horn, Hauptgipfel des Madererkammes, mit großartiger Rundsicht. Wenig schwierig. GB. Rundschau: Pflunspitzen, Patteriol, Silvretta, Piz d'Aela, Rätikon, Glarner Alpen, Berner Alpen, Säntis, Klostertaler Berge. — Frühzeitig erstiegen, auch gelegentlich der Vermessung, wahrscheinlich auch von J. A. Specht, der alle kühneren Spitzen in diesem Gebiet anging, aber darüber ein Schweigen bewahrte. Der Frühmesser Battlog beging 1867 den NW- und den SW-Grat. Weilenmann nahm den Abstieg nach N. Die Gratwanderung zum Kapelljoch führte **Dr. Blodig** 1897 aus, wobei er den Luterseeberg auf der S-Seite umging, 7 st vom Maderer.

● 306 **Südwestgrat,** II. Von Gaschurn, 5 st, auf dem Rücken zwischen Valschaviel- und Netzental über Caldaver hinan, den

Zapfkopf und das Madererjöchl links lassend über die obersten Weidehänge der „Lascheden" (hierher auch von Gaschurn über die Bizulalpe, siehe unter R 313 zum Fuß eines mit Felsabsätzen durchsetzten Grashanges im SW-Grat. Über den Grashang nördl. hinauf zu einer deutlich ausgeprägten Scharte im SW-Grat, 4 st, und weiter nordöstl. über den Grat; man umgeht ihn links, sobald er schroffer wird, zum Sattel vor dem Gipfelaufbau. Weiter über den Grat; ein senkrechtes Plattenpaar mit tiefer Kluft dazwischen wird rechts umgangen, bald darauf der Gipfel erreicht.

● 307 Von **St. Gallenkirch** oder Gortipohl, 5¼ st, auf der Straße bis zu den Häusern von Gant und nordöstl. auf den Rücken zwischen Hüttentobel und Balbierbach über Netzen-Maiensäß, dann östl. zur Netzenalpe (1840 m), 2½ st, und südöstl. talein zum Madererjöchl (2214 m), 1 st. Nordwestl. zum nächsten Sattel im Kamm, über den der Wormser Weg führt (siehe R 85, hierher von der Wormser Hütte, 3½ st). Weiter den Weg überquerend zu einer deutlich ausgeprägten Scharte, ½ st, im SW-Grat und weiter wie R 306.

● 308 **Westwand**, II. Oberhalb der drei kleinen Seen (siehe R 310) weiter nach N und durch eine breite Rinne, die aus einer Scharte südwestl. des Gipfels herabzieht, zum obersten SW-Grat und zum Gipfel.

● 309 **Nordwestgrat**, leichteste Anstiege, I. Von Gaschurn, 5¼ st, wie R 306 zur deutlich ausgeprägten Scharte im SW-Grat. Jenseits über einen steilen Schutthang zu einer Schulter, nach der man etwa 25 m steil absteigen und ein kleines Schneefeld sowie Schutt und Felstrümmer zu überqueren hat, ¾ st. Nun auf den Grat, der von der Tälispitz herüber zum Maderer führt, und teils auf, teils rechts neben dem Grat über gutgestuftes Gestein auf den Gipfel, ½ st.

● 310 Von **St. Gallenkirch** oder **Gortipohl** wie R 306, 307 gegen das Madererjöchl, doch vor Erreichen desselben den Wormser Weg überquerend in das von drei kleinen Seen geschmückte Kar unmittelbar westl. des Maderers und hinter den dem SW-Grat vorgelagerten Schrofengürtel. Entweder gegen die Madererspitze bis zu den Schutt- und Felstrümmern und weiter wie R 309 — oder am Schrofengürtel vorbei, weiter nördl. über die Steilhänge zur Scharte zwischen Tälispitz und Maderer und über den NW-Grat einige Türme links umgehend über kleine Stufen und Bänder und mit R 309 zur Spitze.

● **311** Von **Schruns,** I, 7½ st, über die Tälispitz wie R 300 und über den Verbindungsgrat (siehe Übergang R 318).

● **312** **Abstieg** von der Scharte im NW-Grat ins Silbertal, I. Man hält sich von der Scharte rechts (östl.) dicht unter den Wänden des Gipfelaufbaues und steigt auf Schuttbändern nach rechts (östl.) hinunter, bis man leicht gangbare Rinnen findet, die in das Schneekar am N-Fuß des Maderers führen. Weiter nördl. zur Oberen Dürrwaldalpe (siehe R 295).

● **313** **Nordostgrat,** I—II. Von Gaschurn, 5½ st. Wie R 306 zu den „Lascheden". Wo der Weg nach W biegt, über die Grashänge bergan zum Wormser Weg und auf ihm östl., dann nordöstl. zum „Im Giamp". Bei etwa P. 2215 verläßt man den Weg und steigt nordwestl. über Gras und Schutt zur Scharte am Fuß des NO-Grates des Maderers, der von der Bizulspitze kommt, an. Südwestl. über P. 2579 und den weiterhin begrünten Grat zum dreitürmigen Vorgipfelaufbau (links ausweichen), weiter gegen den Gipfel empor und bei einem Gratüberhang links in der SO-Flanke ausbiegend, bis man leicht rechts zum Gipfel ansteigen kann.

● **314** **Südostflanke,** II. Von Gaschurn, 5½ st, wie oben R 313 zum Wormser Weg, 3 st, und zu den Schrofen des SO-Grates. Neben diesen Schrofen in der SO-Flanke über ein breites grünes Dreieck empor und oben links durch eine grüne Rinne empor in ein Schuttkar unter dem Gipfelaufbau. Nun links haltend über Schutthalden empor in die Scharte zwischen dem Gipfelbau rechts und der SO-Schulter links und wie nachstehend R 315 zum Gipfel.

● **315** **Südostgrat,** II. Landschaftlich sehr schön. Von Gaschurn, 5 st, wie oben R 313 zum Wormser Weg, 3 st, und zum Fuß der Schrofen des SO-Grates. Nun über die Schrofen und Felsköpfe des Grates empor zur SO-Schulter und zur Scharte vor dem Gipfelbau. In mäßig schwieriger Kletterei über die Wandstelle und wenig schwierig zum Gipfel.

● **316** **Südwand,** II. Steile, mit Rasen durchsetzte Platten führen in mäßig schwieriger, nicht besonders schöner Kletterei durch die Flanke zum Gipfel.

Übergänge:

● **317** Über den Madererkamm bis zur **Wormser Hütte,** wenn man sich nicht immer an den Grat hält, kann der Übergang in 7 st gemacht werden.

● 318 Zur **Tälispitz,** I, 3/4 st, wie R 309, einige Türme werden rechts nördl. umgangen und nach Erreichen der Scharte wird in wenig schwieriger Kletterei der Gipfel erstiegen.

● 319 Zur **Bizulspitze,** I—II, 1 1/2 st. Wie R 313 zur Scharte am Fuß des NO-Grates und am besten den scharf gezackten Verbindungsgrat ganz im S umgehend, indem man von der Scharte südl. absteigt und erst im letzten Teil wieder auf den Grat zurückkehrt und zur Bizulspitze ansteigt.

● 320 **Zapfkopf,** 2488 m

Ein dem Madererkamm südl. vorgelagerter Berg, lohnend mit der Besteigung des Maderers zu verbinden.

● 321 Von **St. Gallenkirch,** 4 st, wie R 306 zum Madererjöchle (2214 m), 3 1/2 st, und westl. über den Kamm zur Spitze.

● 322 Von **Gaschurn,** 4 st, wie R 306 zum Beginn der Weidehänge der „Lascheden“ und nordwestl. über Gras zum Gipfel.

Übergänge:

● 323 Zum **Maderer,** II, 2 st. Hinüber zum Madererjöchle und weiter wie R 307.

● 324 Zum **Grappeskopf** (2203 m), 1/2 st, wenig schwierig über den Kamm.

● 325 **Grappeskopf,** 2206 m

Gipfel südwestl. des Zapfkopfes. Schöner Blick auf das innere Montafon.

● 326 Von **Gortipohl,** 4 st, am linken Ufer des Balbierbaches durch Wald steil zum Manigg-Maiensäß und entweder — weiter zum NW-Kamm des Grappeskopfs und über ihn zum dreiköpfigen Gipfel, oder zum Sarsaschen-Maiensäß und nordöstl. über felsdurchsetzte Grashänge zum Gipfel.

● 327 **Übergang** zum **Zapfkopf,** 3/4 st, wenig schwierig über den Kamm.

● 328 **Bizulspitze,** 2571 m

Scharfer Felsgrat mit spitz aufgesetztem Dreikant. Wenig schwierige Kletterei.

● 329 Von **Süden** von Gaschurn, I, 5 1/2 st, wie R 314 zum Wormser Weg, dann östl. zu P. 2215 und nördl. über Gras, Schutt und Schrofen in eine Scharte im SW-Grat der Bizulspitze und über Schrofen auf die Spitze.

● 330 **Ostgrat,** I. Wie R 329 auf den Wormser Weg und bis ins hinterste „Im Giamp“ im Frastanzfällertäle. Nördl. über Gras und Schutt wenig schwierig auf das Giampjoch zwischen Giampspitze und Bizulspitze und wenig schwierig über den O-Grat zum Gipfel, der von S erreicht wird.

Übergänge:

● 331 Zum **Maderer,** I—II, 1½ st, siehe R 319.

● 332 Zur **Giampspitze,** I, ½ st, wie oben R 330 und in wenig schwieriger Kletterei zur Giampspitze.

● 333 **Giampspitze,** 2538 m

Breiter Schrofenkopf.

● 334 **Westgrat,** I. Von Gaschurn, 5½ st, wie bei R 314 zum Wormser Weg und östl. wie R 330 zum Giampjoch und über den W-Grat in wenig schwieriger Kletterei zum Gipfel.

● 335 **Ostgrat.** Von Gaschurn, 5½ st nördl. zum Eingang des Valschavieltales und durch eine malerische Felsenge über den Baketta-Maiensäß zum Valschavieler-Maiensäß (1581 m), 2 st, und talein am Valschavielbach entlang bis zur Talgabelung und nördl. über die Grashänge in das Kar südöstl. der Giampspitze und wenig schwierig auf das Fräschjoch zwischen Schwarzer Wand und Giampspitze und über den wenig schwierigen, breiten Schuttgrat zur Spitze.

● 336 Von **Süden,** I. Wie R 335 in das Kar südöstl. der Giampspitze und wenig schwierig über steile Gras- und Schutthänge zum begrünten Zwischengipfel im Grat zum Giampkopf (2470 m) und über den scharfen Gras- und Schrofengrat mit leichten Umgehungen zur Spitze.

Übergänge:

● 337 Zur **Bizulspitze,** I, ½ st, wie R 332.

● 338 Zur **Schwarzen Wand,** I, ¾ st, wie oben R 335 und R 342.

● 339 **Giampkopf,** 2470 m

Steile Pyramide aus senkrecht aufgestellten Schichten. Steiler S- und N-Grat. O-Flanke steil und plattig. Der Grat zur Giampspitze, I—II, erfordert kleine Umgehungen.

● 340 **Schwarze Wand,** 2592 m

Scharfer Grat. Die doppelgipfelige S-Spitze ist höher als die O-Spitze.

Die S-Wand über das grüne Band begingen Frl. Ullrich und S. Zweigelt 1920, welche auch die Wanderung über die Giampspitze und die Bizulspitze fortsetzten. PM.

● **341** Von **Süden,** I. Von der Heilbronner Hütte, 3½ st, auf dem Wormser Weg (siehe R 85) bis ins Kar unter der S-Wand der Schwarzen Wand, 2½ st. Nun über die dem Berg vorgelagerte Rundbuckelfläche zu dem die ganze Wand von rechts unten nach links oben durchziehenden breiten Grasband bis zum obersten W-Grat **und über diesen zum Hauptgipfel.**

● **342** **Westgrat,** I, ½ st. Wie R 335 zum Fräschjoch zwischen Giampspitze und Schwarze Wand und östl. über den begrünten Vorgipfel der Schwarzen Wand und den nordöstl. streichenden Grat mit Umgehung einiger Zacken zum Hauptgipfel.

● **343** **Ostgrat,** I, ½ st. Von der Heilbronner Hütte, 3½ st, wie R 341 in das Kar und über Schuttfelder und Rundbuckelschrofen zur Schwarzwandscharte zwischen Westl. Faneschklakopf und Schwarzer Wand und über den breiten, langen Grat auf den O-Gipfel.

● **344** **Übergang** vom Hauptgipfel zum Ostgipfel, I. Über ein Blockband links neben der Schneide, dann über sie und das erste Drittel bis zur Scharte über den Grat. Im zweiten Drittel links nördl. auf einem Grasband in die Scharte vor dem letzten Drittel, das man rechts umgeht in die Scharte vor dem O-Gipfel. Nun entweder — links über Schutt (Schnee) wenig schwierig zur Gratfortsetzung östl. des Gipfels oder — über den Grat (III) dicht rechts neben der Kante über Plattenrisse und Rinnen auf den Grat und rechts auf grünen Bändern über den Vorgipfel in die grüne Scharte vor dem O-Gipfel. Nun links, nördl., Einstieg auf die Gratkante und an ihr empor bis unter einen Überhang, rechts um ihn und dahinter auf den Grat und zum O-Gipfel.

Übergänge:

● **345** Zur **Giampspitze,** I, ¾ st, wie oben R 342 und R 338.

● **346** Vom O-Gipfel der **Schwarzen Wand** zum **Westl. Faneschklakopf,** I, ¾ st, wie oben R 343 und R 348.

● **347** **Faneschklakopf,** Östl. 2539 m; Westl. 2592 m

Übergang von der Valschavieler Plattenspitze zum Faneschklakopf Ida Bammert und Sepp Zweigelt 1928. PM.

● **348** Von **Westen** auf den Westl. Faneschklakopf, I, ½ st. Von der Heilbronner Hütte (siehe R 343) zur Schwarzwandscharte über Blöcke und eine begrünte Schulter auf den Vorgipfel und über den gutgestuften Blockgrat zum W-Gipfel.

● 349 **Westflanke** auf den Östl. Faneschklakopf, I. Von der Heilbronner Hütte, 3 st, auf dem Wormser Weg, wie R 85 bis unter das Kar, das zwischen den beiden Faneschklaköpfen südl. eingebettet ist, 2 st. Nun gegen die Scharte zwischen beiden Köpfen und vorher rechts über eine große, schöne Grashalde unter der Wandmitte empor und steil in den rechten oberen spitzen Auslauf (rechts ein schwarz überronnener Überhang). Wo er endet, auf Grasbändchen erst gerade hinauf, dann rechts oberhalb des Überhanges auf eine Grashalde und rechts über sie, mit rotem Kopfturm, zu ihm hinauf und links neben ihm empor in die Scharte und links in wenigen Schritten zum Gipfel.

● 350 **Ostgrat** auf den Östl. Faneschklakopf, I. Von der Heilbronner Hütte, 3 st, auf dem Wormser Weg (siehe R 85) bis unter das südöstl. des Östl. Faneschklakopfes eingebettete Kar, 2 st, dann nördl. zum rechten, östl., der beiden Grasjöcher, die östl. von der Östl. Faneschklaspitze liegen, das über Grashalden und Grasschrofen wenig schwierig erreicht wird, und einen kleinen Zackengrat links südl. umgehend zum westl. Joch und über und neben dem Grat zur Spitze.

● 351 **Übergang** vom **Westl.** zum **Östl. Faneschklakopf,** I, 1/2 st. Von der W-Spitze links ausweichend, dann in wenig schwieriger Schrofen- und Blockkletterei zur Scharte zwischen beiden Spitzen. Grat zur O-Spitze schwierig; es empfiehlt sich in die Grasflanke rechts südl. zu steigen und dann links zurück auf den Vorgipfel und zur Spitze zu klettern.

● 352 *Übergänge:*

a) Vom **Westl. Faneschklakopf** zum O-Gipfel der Schwarzen Wand, I, 3/4 st, wie vorher R 348 und R 346.
b) Zur **Valschavieler Plattenspitze,** I, 1/2 st, wie oben zum ersten Grasjoch und in wenig schwieriger Kletterei zur Spitze.

● 353, 354 frei für Ergänzungen.

● 355 **Valschavieler Plattenspitze,** 2561 m

Südostwand, I. Von der Heilbronner Hütte, 3 st, auf dem Wormser Weg (siehe R 85) bis unter das Kar südl. der Valschavieler Plattenspitze und nördl. ins Kar und zur SO-Wand. Durch diese auf einem breiten, grünen Band von rechts unten weit nach links oben, auf Rippen dicht unter dem Gipfel und über Schrofen zur Spitze.

● 356 **Übergang** zum **Östl. Faneschklakopf,** I, 1/2 st. Wenig schwierige Kletterei zum ersten Grasjoch und weiter wie R 352 b.

● 357 Torkopf, 2638 m

S-Wand mit steilen Platten und Grasschrofen.

● 358 Von **Südwesten,** II. Von der Heilbronner Hütte, 2½ st, auf dem Wormser Weg (wie R 85) bis jenseits des Valschavieler Jöchles (2439 m) und zuerst etwas absteigend, dann nördl. unter die Felsen durch in das Trümmerkar südwestl. des Torkopfes. Hinauf zum W-Grat, doch vorher unter ihm, schließlich über Gras und Platten zum Gipfel.

● 359 Valschavielkopf, 2696 m

Prächtiger Aussichtsberg, wenig schwierig, sehr lohnend. Schöner Einblick in die Ferwallgruppe, Silvretta, Tödi, Berner Oberland, Rätikon. Name dürfte von vallis cavalli, Roß- oder Gaultal kommen (Zösmair).

● 360 **Südostgrat,** I, schöner als R 361. Von der Heilbronner Hütte, 1¾ st, auf dem Wormser Weg gegen das Gaschurner Winterjöchle und vor dem ersten See nördl. auf den P. 2501 und über den felsigen Grat über kleine Kamine und Platten zum Gipfel.

● 361 **Südhänge,** I. Mühsam. Von der Heilbronner Hütte, 1¾ st, wie R 360 zum See und nördl. über die oben steilen Grashänge zur Spitze.

● 362 **Nordwestgrat,** I. Von der Heilbronner Hütte, 2½ st. Wie R 358 in das Trümmerkar und östl. zum Joch des Eisernen Tores. Um die Felstürme des Tores herum und südl. über den Blockgrat empor. Nun rechts über den schärfer gebauten Grat, mit Umgehung eines großen Plattenblockes rechts, westl., zum Fuß des Gipfelaufbaues (aus der Scharte davor Schuttreisen nach O und W) und erst rechts, dann links über Schrofen und Blöcke zur Spitze.

● 363 **Nordostgrat,** I. Von der Konstanzer Hütte, 4 st, zur Fraschhütte, über den Bach und südwestl. ansteigend zur verfallenen, hinteren Branntweinhütte, 1¾ st, südwestl. über die Hänge zum Fraschkopf (auch Wannenkopf, 2354 m, 1 st) und über den anfangs breiten Grat zur Spitze.

● 364 Valschavieler Albonakopf, 2482 m

Vom **Valschavieljöchl** wenig schwierig über den O-Kamm, ¼ st. Auch über die steilen Grashänge der S-Seite.

g) Der Valschavielkamm

Breiter, aussichtsreicher Kamm

● 365 **Versalspitze,** 2462 m

Fälschlich Versailspitze. Sehr leicht, hervorragend schöne Rundschau und Talblicke.

● 366 Von **Gaschurn** auf den Wegen R 16—18 zum Versailhaus, 3—4 st und östl. in 1/2 st auf die Versalspitze.

● 367 Von **Partenen,** 3 1/2 st (siehe R 26), zur Verbella-Alpe, 2 st (hierher vom Zeinisjoch, 3/4 st, siehe R 27). Nun über den Bach, dann nordwestl. auf die Stufe und südwestl. zum Versaljöchle, 2414 m, und südl. zum Gipfel.

● 368 Von der **Heilbronner Hütte,** 2 1/2 st. Wie R 24 und oben R 367.

● 369 **Übergang** zum **Augstenberg,** 1 1/2 st. Nördl. hinab zum Versaljöchle und über die Hänge zur Spitze.

● 370 **Augstenberg,** 2489 m

Unbedeutender Gipfel. „Berg, der erst im August abgeweidet wird" (Finsterwalder).

● 371 Vom **Versailhaus,** 1/2 st, östl. auf das Versaljöchle und nördl. zum Gipfel.

● 372 Von der **Heilbronner Hütte,** 2 st. Auf dem Weg der R 25 zum seengeschmückten Joch „Auf der Furkla" (2212 m), 1 1/2 st. Nun südwestl. auf den Augstenberg.

● 373 **Übergang zur Versalspitze,** 1/2 st, wenig schwierig über den Kamm.

● 374 **Verbellakopf,** 2581 m

Fälschlich Strittkopf. Unbedeutend.

Von Westen, I. Von der Ibaualpe (1861 m), 2 st, siehe R 25, bis fast auf das Joch „Auf der Furkla" und nordöstl. zu den W-Hängen und durch eine große Rinne zwischen zwei Gratrippen zum Gipfel.

● 375 **Übergang** zum **Westl. Valschavielberg** (2546 m), I, 1 st. In schöner Kletterei über den gutgestuften Felsgrat.

● 376 **Valschavieler Berg, Östl.** 2623 m; **Westl.** 2546 m

Wenig schwierig, lohnende Aussicht: Ferwall, Silvretta, Berner Oberland, Rätikon. Den Verbindungsgrat zum Verbellakopf beging W. Flaig 1929. PM.

● 377 Von der **Heilbronner Hütte,** I, 1 st. Westl. über Wiesenhänge und kleine Felsabsätze wenig schwierig zur östl. Spitze.

● 378 Von der **Östl.** zur **Westl. Spitze,** I, 1 1/2 st. Zuerst über Gras und Blöcke, dann wird der Grat schärfer und bietet hübsche Kletterei.

● 379 **Übergang** von der **Westl. Spitze** zum **Verbellakopf** (2581 m), I, 1 st. Schöne Kletterei über den gutgestuften Felsgrat.

● 380 **Stritkopf,** 2604 m

Wenig schwieriger, sehr lohnender Aussichtsberg. Rundschau ähnlich der R 376.

● 381 Von der **Heilbronner Hütte,** 3/4 st, wenig schwierig über die SO-Hänge.

● 382 Von **Norden,** I. Von der Heilbronner Hütte, 2 st, auf dem Wormser Weg zum 1. Valschavielsee. Dann westl. und vor Erreichen des 2. Sees südl. über die Hänge hinauf, schließlich von O auf den Gipfel.

● 383 **Übergang** über den ganzen **Valschavieler Kamm** zur **Versalspitze, I—II,** je nachdem man sich an den Grat hält, 6 st. Landschaftlich sehr schöne Tour. Eugen Rein um 1930 PM.

● 384 frei für Ergänzung.

h) Die Fluhgruppe

Die südlichste Gruppe des Ferwalls, mit prächtigen Aussichtsbergen.

● 385 **Jöchligrat,** 2626 m, und **Grüner Grat,** 2708 m

Unbedeutende begrünte Erhebungen, in die der Schrottenkamm gegen N ausläuft, von allen Seiten wenig schwierig erreichbar.

● 386 Von der **Heilbronner Hütte** südöstl. auf den Jöchligrat, 1 1/4 st, über den Kamm zum Grünen Grat, 1/2 st.

● 387 Von der **Heilbronner Hütte,** 1 1/4 st, wie R 389 zum flachen Sattel (2685 m) nördl. des Schaftälers, 1 st, und über den Kamm zum Grünen Grat.

● 388 **Schaftäler,** 2819 m

Der runde Vorbau des Schrottenkopfes.

● 389 **N-Grat,** I. Von der Heilbronner Hütte, 1 1/4 st, südöstl. in das Trümmerkar nordwestl. des Schaftälers, dann östl. zum flachen Sattel (2685 m), nördl. des Schaftälers, 1 st. Südl. in wenig schwieriger Kletterei über den N-Grat auf diesen.

● 390 Kammwanderung vom **Jöchligrat,** I. Von der Heilbronner Hütte, 2¼ st, auf den Jöchligrat (2626 m), 1¼ st, über den Kamm zum Grünen Grat, ½ st, hinab zum Sattel (2685 m), 5 Min. und wie R 389 weiter.

● 391 Von **Süden,** I. Von der Heilbronner Hütte, 1½ st, südl. ins Kar und um den W-Fuß des Schaftälers herum in die Scharte südl. des Schaftälers und in wenig schwieriger Kletterei nördl. zum Gipfel.

● 392 **Übergang** zum **Schrottenkegel,** III, 1 st, wie oben R 391, dann wie R 395.

● 393 **Schrottenkegel,** etwa 2886 m

Ein allseitig in Steilwänden abfallendes, keckes Horn, knapp neben dem Schrottenkopf. In seinem NO-Grat befindet sich ein zweites kleineres Horn, der **Schrottenturm.**
Rundschau wie vom Schrottenkopf (siehe R 397). — Wie ein in einer Flasche erhalten gebliebenes Notizbuchblatt berichtet, wurde der Schrottenkegel vom bergbegeisterten, aber schweigsamen J. A. Specht mit Franz Pöll am 28. September 1872 erklettert. Durch die O-Wand stieg Dr. E. Gretschmann 1921 auf, der die Scharte nördl. vom Schrottenkegel erreichte und dann diesen erstieg. — Der Schrottenturm wurde von Walther und Hermine Flaig, Dr. K. Andersen, O. Bühler, J. Eichhorn, R. Herrmann und W. Zimmermann 1928 über die N-Wand erstiegen, wobei der ganze Schrottenkamm vom Jöchligrat bis zur Östl. Fluhspitze überschritten wurde. PM.

● 394 Von **Süden** vom Schrottenkopf her, II, 20 Min. Vom Schrottenkopf in wenig schwieriger Kletterei über plattigen Fels zur Scharte vor dem Schrottenkegel. Nun entweder — kurz, aber mäßig schwierig hinauf auf die Spitze oder — leichter (I—II), von der Scharte einige Schritte östl. hinab und auf einem gut gangbaren, waagrechten Band in die O-Flanke des Gipfels und über Felsplatten und Schuttbänder hinauf zum NO-Grat zu einer tiefeingerissenen Scharte und über den scharfen, aber festen Grat zur Spitze.

● 395 **Nordostgrat** über den Schrottenturm, III. Von der Heilbronner Hütte, 2½ st, wie R 39, 1½ st zur Scharte südl. des Schaftälers. Nun über den Felsgrat zur N-Wand des Schrottenturmes. Über diese, schwierig, zuerst gerade bis zur Mitte der Höhe, dann links hinaus auf ein Band und auf die Spitze des Schrottenturmes, ½ st. Jenseits in kurzer Kletterei, II, in die nächste Scharte. (Hierher auch von der Heilbronner Hütte wenig schwierig über die Platten, auch von O.) Nun über den plattigen Grat in eine tief eingerissene Scharte vor dem Schrottenkegel. (Hier kann man östl. über ein Band in die Scharte zwischen Schrottenkegel und -kopf gelangen, siehe oben R 394.) Weiter über den scharfen, steilen, aber festen Grat, I—II, zur Spitze des Schrottenkegels, 1/2 st.

● 396 **Ostwand,** 2 1/2 st (vom Einstieg). Sehr schwierig, IV. Von der Heilbronner Hütte, 4 st, auf dem Weg zum Muttenjoch bis nördl. von P. 2505 und über diesen, Gras und Schutt, zum Einstieg in der Fallinie des Schrottenkegels. Zuerst durch eine Steilrinne, die oben in eine Wandstufe übergeht, empor. Durch eine Nebenrinne links, südl., dann im Zickzack rd. 10 m gerade hinauf. Dann wieder in die Schlucht, in deren unterstem Teil sich der Einstieg vollzog, zurück. Schwach rechts querend gelangt man zu Wandstufen, die im Zickzack emporgeklettert werden, bis das Gelände ungegliedert und fast senkrecht in die Höhe zieht. Hier Quergang nach rechts und durch einen kurzen Riß mit Überhang zu einer Rinne, welche sehr steil zur Scharte unmittelbar nördl. des Gipfels führt. Über den steilen Grataufschwung zum Gipfel.

● 397 **Schrottenkopf,** 2890 m

Ein rundlich geformter Berg, der massigste und höchste der Fluhgruppe, dem nördl. ein fast gleich hoher Zacken, der Schrottenkegel, vorgelagert ist. Wenig schwierige Kletterei, lohnend. Rundschau: Valschavieler Maderer, Pflunspitzen — Kaltenberg, Patteriol, Silvretta, Wildspitze, Ortler, Piz Kesch, Berner Oberland, Tödi, Rätikon. Triangulierungszeichen.

● 398 **Südflanke,** I. Von der Heilbronner Hütte, 1 3/4 st, südl. über Weiden ins Kar westl. des Schrottenkopfes und um den W-Grat herum auf den flachen Sattel, 1 1/2 st, und in wenig schwieriger Kletterei über die gutgestufte S-Seite zum Gipfel.

● 399 **Südflanke,** I, vom Zeinisjochhaus, 3 1/2 st, über das „Rote Eck“ (oder Fluhereck). Auf dem Weg gegen Galtür rd. 5 Min., dann nordöstl. auf bez. Weg, der zur Fädnerspitze führt, über die steile Hangstufe. Nun weiter nordöstl. in das Schuttkar unterhalb der Fluhspitzen und nördl. durch eine steile Schuttrinne zu einer flachen Mulde, dem „Roten Eck“, 2 1/2 st, westl. der Östl. Fluhspitze. Nordöstl. über die Hochfläche zum Sattel, 1/2 st, und wie R 398 zum Gipfel.

● 400 **Südflanke,** I, vom Zeinisjochhaus, 4 st, über die Fädnerscharte (rd. 2640 m), wie vorher R 399 auf die Hangstufe. Nun nordöstl. über steiles Gras und lockeren Schutt auf die Fädnerscharte, 2½ st, und nordwestl. entweder über oder östl. um die Östl. Fluhspitze (rd. 2641 m), herum zum Sattel, 20 Min., und weiter wie oben R 398.

Übergänge:

● 401 Zum **Schrottenkegel** (rd. 2870 m), II, 20 Min., siehe R 394.

● 402 Zur **Östl. Fluhspitze** (rd. 2641 m), I, 20 Min. Über den gutgestuften S-Hang zum Sattel und etwas ansteigend über den flachen Kamm zur Spitze.

● 403 **Fluh,** 2473 m

Wenig schwierig, schöner Tiefblick ins unterste Verbellnertal und nach Partenen.

● 404 Vom **Zeinisjochhaus,** I, 2 st, über die steilen Rasenhänge von SO.

● 405 Vom **Zeinisjochhaus,** 3 st, auf dem Weg zur Heilbronner Hütte wie R 27 bis oberhalb der Talstufe P. 2065 und südöstl. ohne Schwierigkeiten.

● 406 **Übergang** zu den **Fluhspitzen,** I, 1½ st, immer über den Kamm.

● 407 **Fluhspitzen, Östl.,** 2641 m; **Westl.,** 2512 m

Nach N sanft abgedachter, nach S steiler, abstürzender Felskamm. Wenig schwierig. Aussicht auf Silvretta (Jamtal) und ins oberste Montafon. Name: Fluh ist der Schweizer Ausdruck für eine „Flucht von Felswänden".

● 408 Vom **Zeinisjochhaus,** I, 3¼—3¾ st, wie R 399 zum „Roten Eck" und östl. zur Östl. Fluhspitze, oder über den Kamm westl. zur Westl. Fluhspitze.

● 409 Vom **Zeinisjochhaus,** 3¾ st, wie R 400 über die Fädnerscharte (rd. 2640 m) und westl. in wenig schwieriger Kletterei, I—II, auf die Östl. Spitze oder nordwestl. um die Felsen zum Sattel 2762 und südl. zur Östl. Spitze.

● 410 Von der **Heilbronner Hütte,** 1¾ st, wie R 398 zum Sattel und südl. zum Gipfel, oder schon vorher südl. oder südwestl. auf eine der beiden Spitzen.

Übergänge:

● 411 Von der **Östl.** zur **Westl. Fluhspitze,** I, ³/₄ st, immer über den Kamm und weiter zur Fluh (2473 m), 1 st Kletterei zum Gipfel.

● 412 Zum **Schrottenkopf,** I, 1¹/₂ st, nördl. wenig schwierig zum Sattel und über die gutgestufte S-Seite in wenig schwieriger Kletterei zum Gipfel.

● 413 Zur **Fädnerspitze,** I, ³/₄ st, wie R 409 zur Fädnerscharte und über den gut gangbaren Grat zur Spitze.

● 414 **Fädnerspitze,** 2788 m

Nach drei Seiten scharf abfallender Gipfel, besteht aus granatführendem Glimmerschiefer. Wenig schwierig. Sehr lohnend. Im Paznaun sagt man „auf die Fäde". Schweizerisch: Die Fäde = Rasenstreifen in den Felsen (Wörterbuch der schweizerdeutschen Sprache). Rundschau: Silvretta, besonders Jamtal mit Fluchthorn, Zeinisjoch und oberstes Montafon.

● 415 **Westgrat.** Vom Zeinisjochhaus, I, 3 st, bez., wie R 399 auf die Hangstufe und zum W-Grat und schließlich von S wenig schwierig zur Spitze.

● 416 **Nordgrat.** Vom Zeinisjoch, I, 3¹/₂ st, wie R 400 zur Fädnerscharte (rd. 2640 m) und südl. über den gut gangbaren Grat zum Gipfel.

● 417 Von der **Heilbronner Hütte,** I, 2 st, auf dem Weg zum Muttenjoch in das hinterste Ochsental, nun entweder südwestl. zur Fädnerscharte und über den gut gangbaren N-Grat zum Gipfel oder über den westl. Teil des Ferwallferners zur Spitze.

● 418 Von der **Friedrichshafener Hütte,** I, 3 st, auf das Muttenjoch (wie R 88), dann fast eben an einem kleinen See vorüber auf den Ferwallferner und südwestl. zur Spitze. (Schöner über den Grieskopf, siehe R 421.)

● 419 Von **Süden,** I. Mühsam, kaum lohnend. Von Galtür, 4 st, auf dem Weg zum Zeinisjoch bis zur letzten Brücke und die S-Hänge hinan über die Schichtenköpfe zur Spitze.

Übergänge:

● 420 Zur **Östl. Fluhspitze,** I—II, ³/₄ st, über den gut gangbaren Grat zur Fädnerscharte und (wie R 409) wenig schwierig zur Spitze.

● 421 Zum **Grieskopf,** I, 1³/₄ st, sehr hübsch, in wenig schwieriger Kletterei über den Kamm.

● 422 Grieskopf, 2754 m

Auf manchen Karten Grieskogel. Lohnend. Blick auf Silvretta und Paznauntal. Von S Anna und Gustav Beyrer 1924.

● **423** Vom **Zeinisjochhaus,** I, 3 st (siehe R 400), zur Fädnerscharte (rd. 2640 m), südöstl. hinüber auf den Ferwallferner und von N wenig schwierig zum Gipfel.

● **424** Von der **Heilbronner Hütte,** I, 2 st, auf dem Weg zum Muttenjoch (siehe R 88) in das hinterste Ochsental, dann südl. über Schutt zum Ferwallferner und über ihn zur Spitze.

● **425** Von der **Friedrichshafener Hütte,** I, 3 st (siehe R 418) auf den Ferwallferner und südl. zur Spitze.

● **426** **Nordostgrat,** I. Von der Friedrichshafener Hütte, 2½ st (siehe R 431), zur Scharte nordöstl. von P. 2689 und südwestl. über den Grat, wobei ein plattiger Felshöcker halbwegs zum Gipfel am besten nahe der Gratkante, dann einem Bande auf der S-Seite, zuletzt durch einen kurzen Kamin nach abwärts überschritten wird.

● **427** Von **Süden,** I. Von **Galtür,** 3¾ st, auf dem Zeinisjochweg bis P. 1777 nördl., dann durch das Tal östl. zu der das Tälchen abschließenden südl. des Grieskopfes vorgeschobenen Ecke (rund 2400 m), 3 st. Nordöstl. hinan an den Fuß der rd. 200 m hohen S-Abstürze. Durch eine begrünte, gutgestufte Rinne, dann auf Platten und Gras- und Schuttbändern gegen ein Schartel. Über gutgriffige Schrofen zum Gipfel.

● 428 Geißspitze, 2779 m

Ein breiter Kegel. Wenig schwierig, lohnend, beim Übergang von der Heilbronner zur Friedrichshafener Hütte nicht zu versäumen.

● **429** **Südostkamm,** I. Von der Friedrichshafener Hütte, 1¾ st, auf dem Weg zum Muttenjoch bis unter die Hohen Köpfe, dann südwestl. auf den breiten, begrünten Rücken, der vom **Adamsberg,** 2486 m (leicht zu erreichen) zur Geißspitze zieht und dann in einen felsigen Grat übergeht. Über ihn zu einer Scharte im Hauptkamm und nördl. zum Gipfel.

● **430** **Nordwestseite.** Vom Muttenjoch, 20 Min. (hierher von der Friedrichshafener Hütte, 1½ st; von der Heilbronner Hütte, 2 st; siehe R 88) und auf bez. Weg zum Gipfel.

● **431** **Südwestgrat,** I. Von der Heilbronner Hütte wie vorher R 429 auf den Rücken des Adamsberges und westl. über Schutt, zum Schluß über wenig schwierige Felsen zur Scharte nordöstl. des P. 2689, 1 1/2 st, links westl. neben dem Grat hinan und zur Spitze.

● 432 **Übergang** zum **Grieskopf,** I, 1 st. Sehr lohnend wie R 431 zur Scharte und weiter wie R 426.

II. Die östliche Ferwallgruppe

a) Der Fasulkamm

Im S sanft anschwellende Gletscher mit wenig ausgesprochenen Gipfelgestalten, im N als Ausgleich der Patteriol, der gewaltigste und formschönste Berg der Ferwallgruppe.

● 433 **Glatter Berg,** 2866 m

Prächtiges, zum Teil plattiges Urgestein (Hornblendegesteine). Die oberen zwei Drittel des W-Grates begingen W. Flaig, J. Eichhorn, J. Hermann und W. Zimmermann 1928, den ganzen W-Grat die obigen und Dr. R. Anderson, O. Bühler und K. Kühlken am folgenden Tag, mit Übergang zum NO-Gipfel. PM.

● 434 **Südgrat,** I—II. Vom Muttenjoch, 3/4 st (hierher von der Friedrichshafener Hütte, 1 1/2 st, von der Heilbronner Hütte, 2 st, siehe R 88), wenig schwierig, zuerst nordöstl. empor, dann bei einer Gratbiegung nördl. in wenig schwieriger Kletterei auf den Hauptgrat zwischen W- und Mittelgipfel. Diesen zunächst östl. unter den Zacken durch an die Plattenstufe des Hauptgipfels. Kurz links und über die gutgestuften Felsen auf das Plattendach — das man auch gerade an der Kante ersteigen kann — oder links querend zu einem Blockfeld und über dieses zur Spitze.

● 435 **Westgrat,** III—IV. Eine der schönsten Urgesteinskletttereien der Ferwallgruppe. Vom Muttenjoch, 2 st, nordöstl. zu der Biegung im S-Grat und kurz nachher links über Schutt hinüber gegen den W-Grat, zu dem ein meist breites, steiles, nicht zu verfehlendes Schuttband hinaufzieht, in eine Scharte. Hier beginnt die Kletterei. Dicht an der Plattenkante gut zwei Seillängen bis auf den Kopf einer großen, rechts von der Kante losgelösten Platte. Nun nicht weiter an der oben überhängenden Kante, sondern auf schmalem Bändchen etwas absteigend, dann waagrecht nach links zu einem Riß, der 2 m rechts neben dem linken überhängenden Rand der Platte gerade emporzieht. In ihm empor in eine Scharte, dann rechts um ein Türmchen und links hinauf durch eine Rinne auf die nächste Scharte. Der folgende große Turm ist gerade nicht ersteigbar. Man steigt auf breitem Band nach N rd. 10 bis 12 m ab und dann schwierig rechts über eine kleine Steilstufe auf das riesige Plattendach, das man auf ganz schmalem Bandstreifchen waagrecht quert, bis nahe zum jenseitigen Rand, wo ein Riß durch die Platten emporzieht. Durch ihn hinauf und über eine fast senkrechte, gutgestufte Stufe in die Fortsetzung des Risses oberhalb, die auf den Grat ausmündet.

Kurzer Quergang links, dann rechts auf den Grat. Der nächste Grathöcker wird rechts in der S-Seite auf Blöcken umgangen und kurz links der Grat wieder erreicht vor einer riesigen Platte. Auf waagrechtem Band links 10 bis 12 m hinüber in eine Rinne, in ihr rechts empor auf den Grat, der fortab über Platten und Blöcke verfolgt wird zum W-Gipfel. In ihm biegt der Grat im rechten Winkel nach S um. Man folgt der Schneide bis sie abbricht und im O drunten die Gratfortsetzung mit einer Scharte anschließt. Auf gutem Bande wenig schwierig in der O-Seite des Grates hinab und zur Scharte. Die übrigen Türme werden stets nordseitig umgangen, bis man an den Fuß der Plattenstufe des Hauptgipfels gelangt. Weiter wie R 434.

● 436 **Südostpfeiler,** II. Vom Muttenjoch, 1 st, zum Pfeiler und über ihn bis unter die rote Wand hinan. Über diese auf einem Band, links, dann rechts zurück. Schwierig dicht rechts (etwas überhängend) neben der Kante (nicht durch den Kamin links von der Kante) 2 m, dann links neben ihr, zuletzt über eine graue senkrechte Steilstufe auf die Kanzel. Im Winkel, rechts gelbe Platte, empor und links hinauf zur Spitze.

Übergänge:

● 437 Zur **Geißspitze,** I—II, I st, wie vorher R 434 zum Muttenjoch und wenig schwierig auf die Spitze.

● 438 Zum **Vertinesberg,** I, 3/4 st, über den NO-Gipfel des Glatten Berges in wenig schwieriger Kletterei.

● 439 **Vertinesberg,** 2855 m

Wenig schwierig und lohnend. Rundschau: Ötztaler, Silvretta.

● 440 **Südostgrat,** I. Von der Friedrichshafener Hütte, 2½ st, westl. auf den Sattel nördl. der Hohen Köpfe, dann nordwestl. quer über ein Schuttfeld und der W-Seite des Vertineskopfes, 2685 m, und über ein Band und durch eine kurze Rinne auf eine

Stufe im Grat zwischen Vertineskopf und -berg. Nun nordwestl. über Schneefelder, Felsabsätze und Schuttstreifen zum Gipfel.

● 441 Von **Nordosten,** I. Von der Konstanzer Hütte, 5 st, auf dem Weg zum Schafbüheljoch (siehe R 102) bis zum P. 2439, dann zum Schottensee (Schotten = Käsewasser = excoctum, Finsterwalder) im hintersten Fasultal und westl. über den südlichsten Teil des Südl. Fasulferners wenig schwierig zur Spitze.

● 442 Von der **Heilbronner Hütte,** I, 3 st, auf dem Wege zum Muttenjoch (siehe R 88) bis ins hinterste Ochsental, dann nordöstl. um den W-Grat des Glatten Berges herum auf den kleinen Gletscher, welcher diesem nordwestl. vorgelagert ist, und durch eine Schutt- und Schrofenrinne auf eine Scharte zwischen Glattem Berg und Vertinesberg und wenig schwierig auf den Gipfel.

● 443 Die **Scharte** zwischen Brüllerköpfen und Vertinesberg ist von W her unschwierig über Schutt und Schrofen erreichbar. Die Spitze wird dann über den Fasulferner erstiegen.

Übergänge:

● 444 Zum **Glatten Berg,** I, 3/4 st, siehe R 438.

● 445 Zu den **Brüllerköpfen,** I, 1/4 st. Am besten nach N auf den Ferner und die unbedeutenden Graterhebungen links lassend über den Firn und schließlich wenig schwierig auf den höchsten Brüllerkopf.

● 446 Zum **Vertineskopf,** 2685 m, I, 1/2 st, wie oben R 440 und öfter nördl. ausweichend zur Spitze.

● 447 **Brüllerköpfe,** 2876 m

Unbedeutende Erhebungen im Fasulkamm. Wenig schwierig.

● 448 Von der **Konstanzer Hütte,** I, 4 1/2 st, auf dem Weg zum Schafbüheljoch bis zum P. 2269 und entweder 1. westl. zum nördl. Teil des Südl. Fasulferners und südwestl. zum höchsten Kopf, der wenig über den Ferner ragt und wenig schwierig zu ersteigen ist, oder 2. südwestl. zum südl. Teil des Südl. Fasulferners und westl. zum höchsten Kopf.

● 449 Von der **Friedrichshafener Hütte,** I, 2 1/2 st. Nordwestl. durch eine Rinne auf einen Sattel zwischen Vertineskopf (2685 m) und Vertinespleiskopf (2706 m), dann quer hinüber über Rippen und plattige Schrofen zum NO-Grat des Vertinesberges und unterhalb des steileren Grataufbaues hinüber zum Südl. Fasulferner und nördl. zur höchsten Spitze.

● **450** Von der **Heilbronner Hütte,** I, 3 st, wie R 442 in die Scharte zwischen Vertinesberg und Brüllerköpfe und über den Fasulferner zur Spitze.

● **451** **Übergang** vom höchsten Kopf zum Vertinesberg, I, 1/4 st, siehe R 446.

● **452** **Fasulzwillinge,** 2880 m

Kleine, kühne Zacken, unbedeutend.

● **453** Von der **Konstanzer Hütte,** I—II, 4 1/2 st; wie R 448 zum nördl. Teil des Südl. Fasulferners und westl. zum Fuß der Zwillinge (Randkluft), die in kurzer, nicht ganz einfacher Kletterei erstiegen werden.

● **454** Von der **Heilbronner Hütte,** I, 2 1/2 st, auf dem Bruckmann-Weg über den Rosannabach und östl. gegen die Scharte nördl. der Fasulzwillinge. Über Schutt zum Beginn der Rinne und über begrünten Schrofen links daneben zur Scharte und über den Grat mit Ausweichen zur Spitze.

● **455** **Vollandspitze,** 2928 m

Der bemerkenswerteste Gipfel des Südl. Fasulkammes. Hornblendegestein.
Frühzeitig erstiegen (Ruthner nennt ihn Fangen- oder Fankenspitze), wurde er von J. Volland und B. Hämmerle 1886 besucht, welche ihn Fasulfernerkopf benannten, doch bürgerte sich trotz Sträubens Vollands der Name Vollandspitze ein. O. v. Bülow stieg mit Josef Ladner 1886 über den Nördl. Ferner auf und nach NW ab. Den Grat vom Talliger über die Mitterspitze begingen L. Purtscheller und Fritz Drasch 1887. Durch die W-Wand Ing. H. Ascher, H. Hofmann und G. Schwäzle 1924.

● **456** Über den **Südl. Fasulferner,** I. Von der Konstanzer Hütte, 4 1/2 st, im Fasultal aufwärts (siehe R 102) bis zu P. 2269 m, wo von W der Abfluß des Südl. Fasulferners herabkommt. An seinem Ufer aufwärts zum Gletscher und über diesen zum Schluß steil zu einer breiten Einsattelung im obersten O-Grat, knapp unter dem Gipfel. Nun über den Grat, dann nach rechts in die NO-Flanke des Berges und durch eine Rinne in wenig schwieriger Kletterei zum Gipfel.

● **457** Über den **Nördl. Fasulferner,** I. Von der Konstanzer Hütte, 4 st, bis zur 2. Brücke im Fasultal, dann südwestl. ansteigend ins Talligertälchen und auf den Ferner und zum Schluß steil über Firn zur breiten Einsattelung im obersten O-Grat und weiter wie R 456.

● **458** **Westwand,** II. Besser im Abstieg. Vom Gipfel 20 m über den N-Grat hinunter, dann in der W-Wand rd. 30 m über Fels hinab in eine Felskehle, in der man 30 m absteigt. Nun nördl. über eine Rippe in eine zweite Rinne und durch sie an den Fuß der Wand. Über Schutt zum Bruckmann-Weg und zur Heilbronner Hütte, 2 st.

● **459** Von **Nordwesten,** I. Von der Heilbronner Hütte, 2½ st, auf dem Bruckmann-Weg über den Rosannabach und zu dem aus dem Kar nordwestl. der Vollandspitze herabkommenden Bach, 1 st. Östl. über Gras und Schutt ins oberste Kar und südöstl. über wenig schwierige Felsen durch ein Felsfenster auf den Sattel nördl. der Vollandspitze und über den N-Grat zum Gipfel (siehe R 460), oder auf den Nördl. Fasulferner und wie R 457 zum Gipfel.

● **460** **Nordgrat,** II—III, ¾ st. Von der tiefsten Scharte (Mitterscharte) zwischen Mitterspitze und Vollandspitze (hierher von der Konstanzer Hütte am besten über die Mitterspitze, siehe R 463), von der Heilbronner Hütte wie R 459 über den breiten Grat an den Fuß des Plattenaufschwunges (kleine Scharte), wo die scharfe Schneide an den Berg anschließt, einige Meter rechts, dann links auf den Rücken einer vom Berg losgelösten Platte empor bis auf ihre Spitze. Von dort gerade durch eine plattige Verschneidung und deren Riß hinauf, bis man rechts aussteigen kann. Über steile, aber gutgestufte, griffige Platten und Blockwerk immer am Grat empor, bis er sich schärft. Die Gratkante bleibt gewöhnlich dicht zur Linken. Von der plattigen Gratschärfe rechts etwas absteigend in eine Schuttrinne, in ihr steil empor und sobald als möglich auf die rechte begleitende Rippe, die wieder auf den Grat führt. Nun über und meist rechts neben dem Grat, zuletzt links ausweichend zur Spitze.

● **461** **Übergang** zur **Mitterspitze,** II—III, 1 st, wie oben R 460 und in teils ziemlich schwieriger Kletterei zur Spitze.

● 462 **Mitterspitze,** 2870 m

Unbedeutender Doppelgipfel, dessen S-Gipfel etwas höher ist.

● **463** Von der **Konstanzer Hütte,** I, 4 st (siehe R 456) auf den Nördl. Fasulferner und zum Firnhang, der hoch in die O-Flanke des Berges hinaufzieht. Über sie, dann über wenig schwierige Felsen zum Gipfel.

● 464 Aus dem **Schönferwalltal,** I. Von der Heilbronner Hütte, 3 st, auf dem Bruckmann-Weg wie bei R 459 in das Kar nordwestl. der Vollandspitze. Nun gegen die Scharte (Fernerscharte) zwischen Schönferwallkopf und Mitterspitze sich wendend, steigt man über eine etwas begrünte, nach oben spitz verlaufende, steile Schutthalde empor. In halber Höhe links über Grasbänder und Schutt auf eine Blockstufe und rechts durch eine Blockrinne und kurzen Kamin auf die Fernerscharte, 2½ st. Eine etwas tiefere Scharte bleibt links. In wenig schwieriger Kletterei über den Verbindungsgrat zum N-Grat der Mitterspitze und über den N-Gipfel mit Umgehung eines Turmes auf der O-Seite wenig schwierig zur höchsten Spitze.

● 465 Aus dem **Schönferwalltal,** I. Von der Konstanzer Hütte, 4 st, über den Bruckmann-Weg (siehe R 87) auf das Wannenjöchl und etwas auf dem Weg westl. hinab, dann südl. unter den Westwänden der Fasulspitze zum kleinen Ferner, dem Mittelferner, hinüber. Über ihn zur Fernerscharte, 3½ st, und wie R 464 zur Spitze.

Übergänge:

● 466 Zur **Vollandspitze,** II—III, 1 st. Vom Gipfel rechts westl. auf Grasschrofen den plattigen Gipfelaufbau umgehen und über den Grat wenig schwierig, meist rechts westl. ausweichend, zur Mitterscharte und weiter wie bei R 460.

Übergänge:

● 467 Zum **Schönferwallkopf,** II, 1¼ st, wie oben R 464 zur Fernerscharte und weiter wie bei R 470.

● 468 Zum **Talliger,** I, ¾ st. Wie bei R 477.

● 469 Schönferwallkopf, 2742 m

Ein aus steil aufgerichteten Platten aufgebauter mehrgipfeliger Turm.

1. Ersteigung wahrscheinlich durch Ing. Ludwig Bröll und Sepp Zweigelt am 13. November 1913. PM. Durch die NO-Flanke stiegen Walther und Hermine Flaig 1928 ab. PM.

● 470 **Südostgrat,** II. Von der Fernerscharte, 1 st (hierher von der Heilbronner Hütte wie bei R 464, 2½ st, von der Konstanzer Hütte wie bei R 465, 3½ st). Rechts neben dem Grat etwas absteigend zur tiefsten Scharte. Über einen Kopf vor dem spitzen Turm, der dem Grasgrataufbau vorgelagert ist. Man umgeht ihn rechts und steigt in die Scharte dahinter auf. Nun in dem schön gestuften Fels rechts neben der Kante in einer steilen Rinne oder beliebig rechts neben ihr empor auf den 1. Gratturm. Über ihn und über einen 2. Turm in die Scharte vor dem doppelten 3., den man auf einem begrünten Band der S-Seite ab- und wieder aufsteigend auf seine zweite Spitze umgeht. Einige Meter über der Schneide und links über die Platte hinab in die Scharte vor dem letzten, rot gefärbten Turm, den man links umgeht, und wenig schwierig rechts zur Spitze hinauf.

● 471 **Nordostflanke,** II. Von der Fernerscharte, 1/2 st, siehe R 470, auf Schutt unter der Wand entlang, bis links eine breite, schuttbestreute Plattenrinne in die Scharte vor dem letzten Turm hinaufzieht. Durch die Rinne auf den Grat und nach rechts den vorgelagerten Turm links umgehend auf die Spitze.

● 472 **Übergang** zur **Mitterspitze,** II, 1 1/2 st, wie oben R 470 zur Fernerscharte und weiter wie R 459.

● 473 **Talliger,** 2845 m

Ein massiger Stock. Lohnend.

Irrtümlicherweise erhielt die Fasulspitze den Namen Talliger, so daß lange Zeit eine große Unklarheit über diesen Teil des Kammes herrschte. O. v. Bülow stieg 1886 mit J. Ladner von N auf (fand eine Stange vor) und nach SO ab. Den Gratübergang zur Vollandspitze über die Mitterspitze führten L. Purtscheller und F. Drasch 1887 aus.

● 474 **Nordgrat,** I. Von der Konstanzer Hütte, 4 st, wie bei R 457 ins Talligertälchen und westl. über Schutt und Firn zur Fasulscharte nördl. des Gipfels, 3 1/4 st. Über den N-Grat bis zur nächsten Scharte und über die steile Bergkante nicht ganz leicht zum waagrechten Gipfelkamm.

● 475 **Nordgrat,** I. Von der Heilbronner Hütte, 2 3/4 st, auf dem Bruckmann-Weg (siehe R 87) bis zum Bach, der vom Mitterferner (westl. des Talligers) herabkommt, 2 st. Über Gras und Schutt wenig schwierig in die Fasulscharte und weiter wie R 474.

● 476 **Südflanke,** I. Von der Konstanzer Hütte, 4 st (siehe R 457) auf den Nördl. Fasulferner und um den vorspringenden SO-Pfeiler herum in die S-Hänge und wenig schwierig auf den obersten SO-Grat und nach rechts, schließlich von N auf den Gipfel.

● 477 **Übergang** zur **Mitterspitze** (2870 m), I, 3/4 st, in wenig schwieriger Kletterei über den S-Grat mit Ausweichen nach links, östl.

● 478 **Fasulspitze,** 2835 m

In den Karten früher fälschlich als Talligerspitze bezeichnet. Ein trutziges, dunkles Felsgebilde, das sich vom Wannenjöchl in einer einheitlichen Linie emporschwingt, um sich auf der Höhe in 4 fast gleich hohe Zacken aufzulösen, welche an Wildheit in der Ferwallgruppe nicht mehr ihresgleichen finden. Auf die wenig schwierigere Nördl. Fasulspitze (2830 m) folgt eine tief eingerissene Scharte, dann die turmartige Mittl. Fasulspitze (rund 2832 m), durch eine rd. 20 m tiefe Spalte von der Südl. Fasulspitze getrennt. Schließlich die Fasulnadelscharte und die überaus kühne Fasulnadel, als höchster Punkt (2835 m). Südwestl. sind noch die untergeordneten Fasulzähne und das Fasulhorn und südl. im Hauptgrat ein südl. Vorbau zur Vervollständigung des Bildes des Aufbaues anzuführen.
Die Nördl. Fasulspitze dürfte schon besucht worden sein, bevor G. Herold und Max Pflanz 1898 aus der Scharte vor der Mittl. Spitze anstiegen. Die Überschreitung führte Viktor Sohm 1902 aus (PM). Die Mittl. Fasulspitze erstiegen V. Sohm, Karl Huber und Hugo Rhomberg 1904, welche auch die Zähne besuchten. Die Fasulnadel wurde 1913 von Werner Schaarschmidt und Hannes Schneider von S erklettert. 1932 fand Hugo Gantner einen neuen Aufstieg von N auf die Nadel.

● 479 **Nördl. Fasulspitze,** rd. 2830 m

● **480** Von **Norden,** II. Vom Wannenjöchl, 1 st (siehe R 87), südöstl. zur NO-Wand der Fasulspitze, einem markanten Kamin zu, durch ihn mäßig schwierig über gutes Gestein, in der Mitte ein Überhang, hindurch und weniger schwierig zum Gipfel.

● **481** Von **Süden,** II. Von der Fasulscharte, 3/4 st (siehe R 456, 457). Zuerst auf die breite Scharte zwischen südl. Vorbau und den Fasulspitzen, dann in schöner Kletterei an das vierzackige Massiv und längs oder rechts des von der Scharte zwischen Nördl. und Mittl. Fasulspitze hindurchziehenden Spaltes mit 2 eingeklemmten Blöcken zur Spitze.

● 482 **Mittlere Fasulspitze,** rd. 2832 m

● **483** Von der Nördl. Fasulspitze, III, nach S absteigen in die Scharte vor der Mittl. Fasulspitze, dann quert man (brüchig) zur Fasulnadelscharte zwischen der Südl. Fasulspitze und der Fasulnadel. Aus der Scharte über die fast senkrechte, aber gut erkletterbare, etwa 20 m hohe Wand, einem tiefen, engen Riß entlang nach rechts in die schmale Gipfelscharte und zwischen den glatten

Wänden stemmend auf die ebene Schulter (4 m). Nun über die freie, nahezu senkrechte Schlußwand (8 m), schwierig und ausgesetzt zur Spitze.

● 484 Etwas leichter, aber ebenfalls schwierig und ausgesetzt dürfte die Mittl. Fasulspitze direkt von dem obersten Block der Schlucht, welche sie von der Nördl. Fasulspitze trennt, zu erklettern sein.

● 485 Von W ist die **Fasulnadelscharte** in kurzer, reizender Kletterei durch einen Kamin zu erreichen, II.

● 486 **Fasulnadel,** 2835 m

● 487 Von **Süden** aus der breiten Scharte zwischen dem Südl. Vorbau und dem Stock der Fasulspitzen, V, 1/2 st. Zur Scharte wie R 481, dann an die S-Wand der Fasulnadel und ungefähr 30 m hoch, sehr schwierig, durch eine brüchige Wand mit kleinen Abstufungen, dann eine Traverse nach rechts, ausgesetzt auf eine Kanzel in der S-Seite. Von hier in einer Verschneidung sich hochstemmend (6 m), dann durch einen anfangs engen, mit einem Stein verkeilten, später breiter werdenden Riß und überhängend auf den Gipfel (letztes Stück sehr anstrengend und besonders schwierig).

● 488 Von **Norden** aus der Fasulnadelscharte, V, 1/2 st, Führe Gantner. Aus der Scharte (siehe R 483) führt ein rd. 1 m breites Band zur N-Wand der Fasulnadel. Bei einem Steinmann gerade empor etwa 5 m, dort Überhang (V); nach dessen Überwindung nach rechts Quergang zu einem Riß und über diesen bis zum hoch oben sichtbaren letzten Überhang. Dort sehr gute Sicherungsmöglichkeit. Dieser letzte Überhang ist noch, da griffarm, sehr schwierig; dann wenig schwierig zum nahen Gipfel. Höhe der Wand rd. 34 m.

● 489 **Wannenkopf,** 2766 m

Unbedeutende Erhebung am Ende des langen SW-Grates des Patteriols, der durch den Weg über das Wannenjöchl Bedeutung und Namen gewann. Lohnend in Verbindung mit diesem.

● 490 Vom **Wannenjöchl,** I, 1/2 st (siehe R 87) schwach links über Grasstufen empor unter die Mitte des W-Grates, den man über Schutt und Schrofen erklimmt und rechts zum Gipfel verfolgt.

● 491 **Übergang** zum **Patteriol** (3056 m), IV, 6 1/2 st (siehe R 504).

● 492 **Rosannagrat,** 2680 m

Endpunkt des vom Wannenkopf fast waagrecht nach W ziehenden Kammes.

● 493 Von der **Heilbronner Hütte,** III, auf dem Bruckmann-Weg (siehe R 87) bis zum Wannensee, 2½ st. Nun unter den dunklen Schrofen des Verbindungsgrates über Schutt und Gras schwach links nach W ansteigend, dann quert man hinaus auf den W-Grat, über den man in wenig schwieriger Kletterei nach rechts zum Gipfel steigt.

● 494 **Patteriol,** 3056 m

Auch Platriol. Der formenschönste und gewaltigste Berg der Ferwallgruppe. Ersteigung sehr lohnend, aber nicht einfach. Man unterscheidet den am weitesten nach N vorgeschobenen Hauptgipfel, den S-Gipfel und eine SW-Schulter, das Horn, von der nordwestl. und südöstl. die Rinnen der am wenigsten schwierigen Anstiege herabstreichen. Hornblendegestein.
Rundschau: Vor allem der Blick in die Tiefe nach N, Kuchen- und Küchelspitze, Pflunspitzen — Kaltenberg sind die Glanzpunkte. Ötztaler, Silvretta, Ortler, Piz Kesch, Tödi, Rätikon, Allgäuer und Lechtaler Alpen. — Die 1. Ersteigung vollführten in den sechziger Jahren bei Gelegenheit der Landestriangulierung Ingenieure mit den drei Gemsjägern aus dem Stanzer Tal Engelbert Rauch, Josef Reich, Auer und einem Passeyrer Kaiserjäger, beladen mit Latten zum Aufstellen eines Signals von NW über die Felsen neben der Eisrinne. 1874 folgte Specht mit Pöll. 1877 Volland und Madlener, welche die erste Beschreibung lieferten. Die S-Wand beging Bauwerker mit A. Tschiderer 1891, Wegänderungen dazu Winkelmann, Bauer, Madlener. 1900 durchkletterten Heinz von Ficker, Hans Kremser und Fritz Miller die O-Wand, denen Karl Mayr und Eduard Pichl noch im selben Jahr mit der N-Wand folgten. Den langen SW-Grat vom Wannenjöchl her überkletterten 1905 Michael Pfannl und Franz Malcher. Den prächtigen, nicht zu schwierigen Verbindungsweg N-Wand—O-Wand eröffneten Karl Gruber und Viktor Sohm 1906. Die gerade N-Wand bezwangen Emanuel Strubich und Martin Wächtler im August 1921, den NW-Pfeiler Roman Szalay und Kurt Haustein im Oktober 1921: Wegänderung dazu durch Dr. R. Skubravy und Dr. B. Streitmann 1934. Den SO-Pfeiler begingen Walter Stößer und Fritz Kast 1931.

● 495 **Südwand,** II. Der heute übliche Anstieg, der W-Rinne weit vorzuziehen. Schön und nicht zu schwierig. Von der Konstanzer Hütte, 4½ st, auf dem Weg zum Schafbüheljoch, ¾ st, talein, bis „Beim großen Stein“ der Bruckmann-Weg beginnt und bis unter die S-Wand des Patteriols führt. Nun nördl. zu den Schutthalden am Fuß der Wand (Schnee), 1¾ st. — Beim Anmarsch zur S-Wand beachte man: Zur Linken hat man den SW-Gipfel des Patteriols, das Horn, 3003 m. Rechts von ihm, oben in der Wand, ein Schuttkar, das „Hochkar“, und rechts über ihm den S-Gipfel. Der Hauptgipfel ist nicht sichtbar. Vom linken unteren Rand des Hochkares zieht eine Rinne herab, kenntlich an zwei Überhängen, die „Wasserfallrinne“. Weiter rechts zieht eine helle, plattige Rinne, die „Plattenrinne“, durch die Wand empor und mündet links vom S-Gipfel in eine Gratscharte.

● 496 Die heute übliche Führe durch den unteren Wandteil bis zum „Hochkar“: Vom Wandfuß quert man weit nach Westen über Schnee zu einer noch weiter links befindlichen großen Rinne, steigt in ihr oder daneben einige Meter an und quert dann über einen Plattenschuß leicht nach rechts zurück (Steinschlag), wodurch man das Hochkar beim oberen Ende der Wasserfallrinne erreicht.

● 497 Es bieten sich nun mehrere Anstiegsmöglichkeiten, doch ist die nachfolgende die beste. (Wenn viele Seilschaften am Berg sind, werden gute Kletterer, wegen Steinschlaggefahr in der Rinne, den obersten SW-Grat [R 501] benützen.)

● 498 Vom unteren Ende des Hochkars zuerst waagrecht nach rechts, östl., und dann schräg aufwärts querend den vom SW-Grat abstreichenden, das Hochkar und die weiter östl. befindliche Plattenrinne trennenden Vorbau hinan. Im allgemeinen rechts haltend (Steinmänner) bis zum obersten Ansatz der Plattenrinne, den man überschreitet. Auf Bändern unterhalb des SW-Grates rechts gehend in die kleine Gratscharte südwestl. des S-Gipfels, 1 st vom Hochkar. Weiter, siehe nachstehend.

● 499 Oder: wie vorhergehend vom unteren Ende des Hochkars waagrecht nach rechts, östl., und etwas ab- und wieder ansteigend durch die gut gebänderten Schrofen in die „Plattenrinne“. Man steigt und klettert in der Rinne oder am besten stets auf den Felsen dicht neben ihrem Schuttgrund empor. Man lasse sich durch die scheinbar schlecht, in Wirklichkeit aber gut kletterbaren Plattenstufen nicht rechts abdrängen, sondern bleibe in der Rinne, bis etwa 20 m unterm Grat. Nun rechts auf schönen Bändern etwa 2 Seillängen unter dem Grat entlang empor und links nordwestl. in eine kleine Gratscharte südwestl. des S-Gipfels (der

VIII Patteriol vom Schafbüheljoch
I = Horn, II = Südgipfel, III = Hauptgipfel;
1 = R 503, 2 = R 496, 3 = R 498, 4 = R 500, 5 = R 512, 6 = R 515

Foto: Risch-Lau

rechts bleibt und nicht erstiegen wird), 1 st. Der Hauptgipfel wird jetzt im N sichtbar. Jenseits über Platten und Schuttbändern etwa 1½ Seillängen hinab, dann kurz rechts auf einem breiten Band empor, bis links ein schmales Rißband steil, doch gut kletterbar hinabführt über die Platten. Vom Bandende kurz rechts in die Scharte. Östl. um den Schartenturm und nun wenig schwierig am Grat und dicht rechts südöstl. neben ihm empor zur Spitze, 20 Min., oder

● 500 Vom Hochkar über den SW-Grat des S-Gipfels, III, jetzt meist begangene Führe, da steinschlagsicher. Man geht vom Rande des Hochkars gerade über Schutt und Geröll empor in die Scharte zwischen S-Gipfel und Horn (links). Nun über den schönen SW-Grat des S-Gipfels empor; schwierige Stufen kann man teils links, teils rechts dicht am Grat umklettern. Man erreicht so den blockigen Grathöcker vor dem S-Gipfel, von dem man rechts (südl. und südöstl.) hinabsteigt über brüchige Blockbänder in die Plattenrinne, die hier heraufkommt.

● 501 Oder: Vom Grathöcker geradeaus hinab und links vom Grat durch steile, aber griffige Plattenschüsse direkt in die Führe, die von der kleinen Gratscharte aus (siehe R 500) den S-Gipfel umgeht.
In der Rinne hinan, bis man jenseits die übliche R 499 aufnehmen und auf guten Bändern unter dem Grat ansteigen kann, etwa 1½ Seillängen, dann links in eine kleine Gratscharte sw. des S-Gipfels und weiter wie R 499 zum Hauptgipfel, 1¼ st, oder

● 502 über den S-Gipfel, III, ebenfalls im Notfall zum Ausweichen aus der Plattenrinne geeignet, sonst kaum lohnend. Wie bei R 499 in die Plattenrinne, aber nur halb in ihr empor bis über die erste Plattenstufe, dann auf einem guten Band rechts empor nach O auf den SO-Grat des S-Gipfels und ihm nach auf dessen Spitze, zuletzt rechts um den Gipfelblock. Jenseits links nordwestl. über Platten hinab auf die Schuttbänder der üblichen Führe und weiter wie dort unter R 499.

● 503 **Südwestgrat,** IV. Lange, sehr schwierige Gratkletterei, fast durchwegs fester, prächtiger Fels. Vom Wannenjöchl, 7 st, wenig schwierig auf den Wannenkopf, jenseits senkrecht hinab auf eine Platte und schwierig in die Scharte. Über den nächsten Turm wieder schwierig in die Scharte vor einem senkrechten, kühnen Gratturm, dem kühnsten des Grates. Nach rechts ansteigend umgeht man ihn in der S-Wand auf schmalen Bändern bis zu seinem östl. Absatz. Wieder schwierig in die Scharte.

Auf den nächsten Zacken; hier überraschender Blick auf den nun folgenden Gratturm, der sich ungefähr 100 m, als ein kaum zu durchkletternder, breiter Plattenschuß erhebt. Hinab in die Scharte vor diesem Turm. Über eine kleine Stufe in die Wand, welche sich nun wunderbar auflöst und nicht schwierig ist. Erst oben links eine schwierige Stelle. Über sie, den Gipfel rechts lassend und wieder schwierig hinunter in die nächste Scharte. Die folgenden kleinen Graterhebungen umgeht man links über Schuttbänder bis in die Scharte vor dem Horn (2996 m), 4³/4 st. (Dieser, von S gesehen ein senkrechter Absturz, fußt nicht am Grat, sondern nordwestl. davon.) Über Schutt auf die linke der beiden kleinen Gratrippen, schließlich nach rechts in eine Rinne, die sich später verengt und oben als überhängende Kamine mit losen Blöcken sehr schwierig auf den Gratturm führt, 1 st (das Horn bleibt links). Über das kleine Plateau (Schutt) und in prächtiger, schwieriger Kletterei über den SW-Grat wie R 500 auf den S-Gipfel und auf den Hauptgipfel (1 st).

● 504 Die **Westwand-Anstiege** sind alle steinschlaggefährdet und daher sehr selten begangen, um so mehr, als die S-Wand kaum schwieriger ist.

Von **Westen,** I—II, durch die zwischen dem Horn (2996 m) und dem S-Gipfel herabziehende Eisrinne, die in der Mitte aus der anfänglichen W-Richtung in eine nordwestl. umbiegt und zu Tal führt. — Von der Konstanzer Hütte, 4¹/2 st, auf dem Weg ins Fasultal, über den Bach und auf einem Steiglein nordwestl. unterhalb der Felspartien des N-Kammes des Kleinen Patteriols über Gras und Erlengebüsch in den Roßboden und, die NW-Flanke des Patteriols auf Trümmerhalden umgehend, zur schluchtartigen, schnee- oder eiserfüllten Rinne, 2¹/2 st. In dieser Rinne (Steinfallgefahr!) steil empor, bis sie aus einer südöstl. Richtung in eine östl. umbiegt. An dieser Stelle wendet man sich links, erklettert eine vom Hauptgrat herabziehende Rippe, verfolgt diese, erreicht den Hauptgrat und über diesen den höheren N-Gipfel, 2 st.

● 505 Von **Westen** durch die **Eisrinne.** Führe Ladner, I—II. Man steigt in der Rinne wie R 504 empor, bis etwa 100 m unterhalb des Grates, ungefähr 1 st vom Einstieg; die nächsten Felszacken rechts lassend, steigt man in eine nach links ziehende, teilweise schutterfüllte Rinne, die in ¹/2 st zu einer kleinen Scharte führt, von der man in 1 st, östl., teilweise über Platten, in die Scharte zwischen S- und N-Gipfel und von dort über den Grat auf den N-Gipfel gelangt, ¹/4 st.

● 506 Die **Westwand** zwischen der Eisrinne und dem NW-Pfeiler durchkletterte Bernhard Trier mit Hannes Schneider 1911, PM; III, sehr brüchig. Näheres unbekannt.

● 507 **Nordwestpfeiler,** V. Führe Szalay-Haustein. Vom Einstieg 6—7 st. Durchwegs sehr schwierige, anstrengende Kletterei in festem Fels mit einigen besonders schwierigen Stellen. Der rund 650 m hohe NW-Pfeiler teilt sich in halber Höhe nach unten in zwei Äste, die in ihrer unteren Hälfte einen sehr steilen Plattenschuß, im oberen Teile eine weite, weniger geneigte Schlucht einschließen. Der Anstieg vollzieht sich über den nördl. Teil der Platten und durch die Verschneidung, die den Plattenschuß durchzieht und dann in die Schlucht übergeht, und in dieser selbst. — Von der Konstanzer Hütte westl. um den Kleinen Patteriol herum zum Beginn der Schlucht, die zur Scharte zwischen Patteriol und dem südl. Patteriolturm zieht. Nun südl. 50 m gegen den ersten Pfeiler. Links oben unter dem Absturz des nördl. Astes eine rote Erdstufe; dort der Einstieg durch einen grasigen Riß. Rechts vom Ast über die Platten im Zickzack empor, dann ganz rechts durch einen plattigen Kamin sehr schwierig zu einem kleinen Schuttplatz. Nun mit einer Umgehung nach links schwierig auf einen großen Block 4—5 m oberhalb des Schuttplatzes. Waagrecht auf einem Band 15—20 m nach rechts, dann gerade aufwärts zu drei großen abgesprengten Platten (gute Sicherung). Auf einem Band ungefähr 6 m zu einem Kamin; jenseits 4—5 m empor und auf einen in den Kamin vorspringenden Block. Die nun folgenden 12 m bis zum Beginn einer mächtigen Plattenverschneidung über die schlecht geschichteten Platten sind außergewöhnlich schwierig und ausgesetzt. In der Verschneidung über eine eingeklemmte Platte wenige Meter weiter, dann links über brüchigen Fels heraus und wieder zurück in die Verschneidung und in dieser in schöner Kletterei weiter, bis sie in die eingangs erwähnte Schlucht übergeht. In der Schlucht anfangs links gegen den schon ausgeprägteren nördl. Ast. Nach ungefähr 180 m wendet sich die Schlucht scharf nach rechts und man erreicht bei einem bequemen Schuttplatz den südl. Ast. Die Erstbegeher wandten sich nach rechts abwärts in eine Schlucht; diese wird oben rechts durch einen Plattenkamm in zwei Verschneidungen geteilt. Wegänderung siehe unten! Durch die rechte wenig schwierig zu einem überhängenden Kamin, vor ihm links durch einen kurzen Kamin zu einem zweiten überhängenden Kamin, der rechts sehr schwierig erklettert wird. Weiter durch einen Riß, später Kamin, der mit einem Loch den Hauptpfeiler erreicht. Vor dem Loch nach rechts hinaus und auf eine Schuttstufe. Nun immer knapp südl. der Kante des NW-Pfeilers. Durch einen Kamin und verschiedene Risse und Verschneidungen nach ungefähr 60 m wieder zur Kante, die man durch einen sehr schwierigen Kamin erreicht, und auf dieser die letzten 200 m in herrlicher Kletterei zum Gipfel.

● 508 **Wegänderung,** V. Von der durch einen Plattenkamm geteilten Schlucht scharf rechts zu einer Scharte in dem die Plattenschlucht rechts (südl.) begrenzenden Grat. Eine zur Rechten endende Schlucht querend auf den nächsten Gratast, der sich wenige Meter höher mit dem die Plattenschlucht des Weges der Erstersteiger südl. begrenzenden Grat vereinigt. Über ihn in prächtiger Kletterei aufwärts. Später in eine Rinne knapp rechts des Grates und in dieser bis zu einer scharfen, viereckigen Scharte. Von hier, wenig absteigend, in eine Schlucht zur Rechten und durch diese in teilweise sehr schwieriger Kletterei bis zum S-Grat (die letzten Meter rechts von der Schlucht), den man eineinhalb Seillängen unterhalb des Gipfels erreicht. Schwierigkeit wie am unteren Teil des NW-Pfeilers. Höhe der Wegänderung 300 m. Empfehlenswert bei nassem Fels.

● 509 **Direkte Nordwand.** Führe Strubich-Wächtler, 7 st vom Einstieg. Besonders schwierig, V. Von W gegen die Scharte zwischen N-Wand und dem nördl. vorgelagerten Südl. Patteriolturm. Ein kleiner blockversperrter Kamin vermittelt den Zugang. Ungefähr 50 m unterhalb der Scharte Einstieg in eine weiße Rinne, welche in einer Rißfolge endet. Den ersten rechten Riß empor, dann die folgende, kaum gangbare Fortsetzung rechts in der Wand umgehen, sehr schwierig. Dann in den Riß zurück und gerade hoch gegen den großen weißen Gratausbruch (von der Konstanzer Hütte aus sichtbar). In dessen linkem Teil in steiler Rinne etwa 40 m äußerst brüchig hinauf zum Ausstieg auf einen kleinen Schuttfleck. Den Gratausbruch verlassend, links auf schmalem Band zu einem kurzen Riß und darauffolgender Verschneidung, welche in eine tiefe Rinne führt. Nicht in der steinfallgefährdeten Rinne, sondern an ihrer linken Begrenzungswand anfangs über schwierige Platten, dann etwas unschwieriger noch ungefähr 70 m empor (wenig links oben ein Schneefeld). Den nächsten steilen Abbruch durch eine kleine Rinne und auf Bändern westl. umgehend, gelangt man zu einer unmittelbar neben diesem turmartigen Abbruch befindlichen Verschneidung, deren erste überhängende Hälfte an der rechten Begrenzungsrippe umgangen werden kann. Ein leichter Quergang führt in die Rißfolge des oberen Teiles, welcher auf breitem, plattigem Band endet. Über dieses und darauffolgende steile Platten südl. zum Gipfel.

● **510 Nordwand** und **Nordostgrat.** Führe Mayr-Pichl. Sehr schwierig (IV) und ausgesetzt. Steinschlag. Von der Konstanzer Hütte 6½ st. Wie R 512 zum untersten der fünf steilen, steinfallgefährdeten Schneefelder, die in der N-Wand eingebettet sind, das erste überquert man, das zweite wird rechts über schwarze, glatte Platten sehr schwierig umgangen, ebenso das dritte, und schließlich, stets in der Fallinie des Gipfels emporkletternd, erreicht man durch einen seichten Riß die zwei obersten Schneeflecken unter der schwarzen Gipfelwand. Zwischen beiden Flecken nach links und mit strenger Kletterei (Steinfall) über Platten bis etwa 80 m unter der Spitze. Nun in brüchigem Schiefer über nasse, steile, trittarme Platten auf den NO-Grat (3 st) und über ihn bis unter einen überhängenden, gespaltenen Turm. Weiter wie R 513.

● **511** Quer durch die **Nordwand** zum **Nordostgrat,** III, über diesen (IV) oder über die oberste Ostwand (III). Führe Gruber-Sohm. Für gute Kletterer schöner Anstieg in festem Fels, aber doch auch sehr steinschlaggefährdet. Besser R 513.
Von der Konstanzer Hütte, 5½ st, über den Kl. Patteriol (2590 m) und von W in die Scharte zwischen den beiden dem Patteriol nördl. vorgelagerten Türmen (2668 m). Von der Scharte nach O kurz hinab durch eine Rinne bis nach S, rechts, ein grünes Band erst waagrecht, dann steil und steiler abfallend 2 Seillängen hinab und um den S-Turm herumführt. Jenseits in der meist schneeerfüllten (plattigen) breiten Rinne empor, schräg in die N-Wand hinein und über eine plattige Rippe auf den untersten der „5 Schneeflecke", die in der N-Wand eingebettet sind. An seinem Unterrand entlang und anschließend durch eine moosige Rinne über eine Rippe in eine 2. glatte Rinne. In dieser empor und links 2 bis 3 Seillängen über wenig schwierige Felsen auf den Grat (Steinmann). Nun dem Grat nach, kurz rechts oder links (besser rechts) ausweichend, bis unter einen überhängenden, gespaltenen Turm, 3½ st. Von hier in die O-Wand; leichter Weg, siehe R 516. Über den NO-Grat, IV, schwieriger, aber weit schöner: R 513.

● **512 Nordostwand** (Walter Kubik, Manfred Wursthorn, 1959). Zwischen O-Wand und N-Wand befindet sich die dreieckige NO-Wand, die aber nur etwas über die Hälfte des Bergmassivs emporragt und dann vom NO-Grat abgelöst wird, der bis zum Gipfel

IX Patteriol von Nordosten
1 = R 513, 2 = R 511, 3 = 512

Foto: Risch-Lau

führt. Eine tief eingerissene Kaminreihe vermittelt im allgemeinen den Durchstieg, V—VI.
Von der Konstanzer Hütte auf dem Weg zum Schafbüheljoch bis zu der Schlucht, die zwischen dem Kleinen Patteriol und dem Hauptgipfel des Berges herabzieht. Durch sie empor, bis sie sich verengt. Hier links in die Schrofen und ein wenig rechts hinauf zum eigentlichen Fuß der Wand. Nach rechts um eine Ecke zu einer wuchtigen, plattigen Verschneidung. Nicht durch sie empor, sondern nach rechts in die schon genannte tiefe Kaminreihe. Man verfolgt sie bis zu einem Dach, das rechts überwunden wird. Weiter im Kamin empor bis zu einem Standhaken. Durch die glatte Verschneidung hinauf und durch ein Loch auf eine schöne Terrasse. Kurze Querung nach rechts und in dem schluchtartigen Kamin aufwärts bis zu Stand auf einem großen Klemmblock. An der linken Begrenzungskante des Kamins empor und nach rechts in eine Höhle. Weiter mittels eines engen Durchschlupfs in eine tiefe Nische. Wieder durch ein Loch zu einem Standplatz empor. Durch eine kurze Verschneidung aufwärts, nach rechts hinaus und etwas links haltend weiter zu einem Stand auf Rasenpolster. Ein wenig aufwärts, auf steiler, überdachter Rampe nach links und weiter hinauf in eine Schlucht (erste gelbe Wand). Etwa 60 m in der Schlucht empor, dann Querung nach links in eine plattige Verschneidung; durch sie in den nächsten Kessel (zweite gelbe Wand), unter abnehmenden Schwierigkeiten aufwärts und auf die Schulter des NO-Grates empor, über den man den Gipfel erreicht. Vom Einstieg etwa 7 st.

● **513 Ostwand** und **Nordostgrat,** IV. Heute die gebräuchlichste und schönste der schwierigen Führen auf den Patteriol. Kürzer als R 511 und steinschlagsicherer. — Von der Konstanzer Hütte, 5 st. Man verfolgt den Weg zum Schafbüheljoch ungefähr 20 Min. und steigt über steile, grasdurchsetzte Felsen zu einem Schneefeld (etwa 2300 m), 1½ st, unter der eigentlichen O-Wand an. Vom Schneefeld aus schräg rechts (nördl.) aufwärts auf den NO-Grat, der etwa 100 m über dem Steinmann erreicht wird, der das Einmünden der Führe Gruber-Sohm in den NO-Grat kennzeichnet. Nun dem schönen Grat nach bis unter einen überhängenden, gespaltenen Turm. Vor dem Turm schwierig in die N-Flanke 4 bis 5 m hinab (plattige Rinne), dann Überstieg über eine Rippe und Platte in den dahinter liegenden Kamin, in ihm und in der anschließenden Rinne empor bis an deren Ende. Dann links auf den Grat zurück und an ihm empor, bis er sich — nach links überhängend — nach einer kleinen Scharte zusehends schärft und steil aufschwingt. Es folgen zwei scharfe Schneiden, die ziemlich gerade erklettert werden, die zweite rechts neben ihrer plattigen Kante, sehr schwierig. Ein glatter Felsblock unterbricht hier den Grat. Man umgeht den Felsblock sehr schwierig kurz nach links, um durch einen kurzen Kamin auf den Gipfelgrat zu gelangen, der in prächtiger Kletterei bis zum Gipfel führt.

● **514** **Varianten:** Nicht so schwierig, III, aber auch lange nicht so schön und nicht so leicht zu finden: Vor dem glatten Felsblock auf ein auffallendes, horizontales Band um einen Wandvorsprung auf die S-Seite des Grates, hinter dem es steil, aber gut gangbar gegen die schmale Plattenrinne in der O-Wand abfällt. Die Überschreitung dieser Rinne erfordert Vorsicht. Das folgende breite Schuttband und die gutgestuften Felsen bis zum Gipfel bereiten keine Schwierigkeiten mehr.

● **515** Die Erstbegeher der O-Wand benützten vom Schneefeld weg die steinschlaggefährdeten Felsen rechts neben dem kleinen Wasserfall, erreichten dann, über eine Schutterrasse einen Plattenschuß, von dem sie durch einen 25 m hohen Kamin und über ein 40 m langes Band nach rechts auf den NO-Grat gelangten. — Vor dem überhängenden gespaltenen Turm stiegen sie 12 m (besser abseilen) hinab auf ein gutes Grasband in der O-Wand. Über dieses nach links etwas absteigend zu einer heiklen plattigen Rinne, nach deren Überquerung das breite Schuttband betreten wurde, das die ganze O-Wand durchzieht. Über wenig schwierige Felsen gerade zum Gipfel hinauf, III—IV.

● **516** **Südgipfel-Ostpfeiler** (E. P. Müller, W. v. Späth, 1971), IV+. Sehr lohnende, abwechslungsreiche Kletterei in fast durchwegs festem Fels. Länger und schöner als der Nordostgrat. Von den 4 geschlagenen Zwischenhaken wurden 2 belassen. Vom E. bis P. 2893 etwa 5 st Kletterzeit. Zum Südgipfel dann noch 3/4 st.

Der plattige Sockel des O-Pfeilers wird links der Kante von einem auffallenden Riß durchzogen. Links des Risses E. bei einem abgespaltenen Block, etwa 10 m über dem Schutt.

1. Seillänge: Über eine Stufe nach rechts, dann links durch einen kurzen Riß, den man nach rechts über grasiges Gelände zu Stand verläßt.

2. Seillänge: Die folgende Rinne 35 m hinauf zu Stand.

3. Seillänge: Gerade einen plattigen Riß 20 m hinauf, dann Quergang nach links zur Kante (IV+) und gerade hoch zu Stand.

X Patteriol vom Kuchenjoch
1 = R 514, 2 = R 516, 3 = R 515, 4 = R 512, 5 = R 511, 6 = R 513
Foto: Risch-Lau

4. Seillänge: Über die folgende Platte empor und nach rechts in die Fortsetzung des Risses zu Stand unter Überhang.
5.—7. Seillänge: Der Riß wird nun 3 SL bis zum Grat hinauf verfolgt.
8.—9. Seillänge: Zwei SL folgt man dem leichten Grat und erreicht den steilen Aufschwung des sehr scharfen Plattengrates.
10.—12. Seillänge: Von rechts her erreicht man die Gratschneide, der man zu einer Scharte vor dem nächsten Aufschwung folgt.
13. Seillänge: Der folgende Riß (IV, 1 H) führt auf eine steile, plattige Rampe.
14.—17. Seillänge: Dieser folgt man 4 SL bis zu einer Gratscharte.
18.—19. Seillänge: 2 SL auf dem Grat bis zu einem Spalt (Stand-H.) im steilen Gipfelaufbau.
20.—21. Seillänge: Aus dem Spalt nach rechts oben heraus auf ein Band, dem man 2 SL folgt (1 Stand-H.).
22. Seillänge: Am höchsten Punkt des Bandes nach rechts um eine Kante und nach 5 m durch einen Riß gerade empor zu einem aus großen Blöcken gebildeten Felsentor.
23.—24. Seillänge: Wenige Meter nach rechts und in gutgestuftem Fels in 2 SL zum Pfeilerkopf (P. 2893).
Von hier wie bei R 517 zum S-Gipfel (III), oder man verläßt den Blockgrat nach etwa 200 m und quert nach Süden hinaus zum Normalanstieg auf den Patteriol.

● **517 Südostpfeiler.** Führe Stößer-Kast. Besonders schwierig, V. Vom Einstieg 5 st.
Auf dem Weg zum S-Wand-Einstieg bis auf die trümmerbedeckten Schutthalden. Nun über Firn und Fels nach rechts zum Einstieg bei einem auffallenden Schneefleck gerade unterhalb des plattigen Pfeilers. Oberhalb des Schneeflecks halblinks durch eine Rinne mehrere Seillängen hoch. Kurz vor ihrem Ende nach rechts in eine Nebenrinne (schwieriger Überhang). Ein Band führt leicht ansteigend wenige Meter nach rechts und ein zweites ebenfalls ansteigend wieder nach links. Weiter gerade hoch zum Beginn einer Rißreihe. Diese wird nach etwa 30 m nach rechts verlassen. Nun ziemlich rechts haltend über Bänder und Platten, schließlich durch einen Kamin in eine Gratscharte. Über den Grat zum P. 2893. Über den fast waagrechten, ziemlich zersägten Grat des Pfeilers weiter zur SO-Kante des S-Gipfels, die mit plattigen Türmen emporstrebt. Erst etwas rechts, dann links haltend, über gut gangbaren Fels in die Scharte hinter dem 1. Turm. Schwach links haltend zu einem kurzen Kamin, dann wieder nach rechts

in die nächste Scharte und über den Grat zum S-Gipfel des Patteriols.

● 518 Südl. Patteriolturm, etwa 2720 m;
Nördl. Patteriolturm, 2668 m, und **Kleiner Patteriol,** 2590 m

Trotz ihrer Höhe und ihrer kühnen Formen kommen die Patterioltürme hier nicht zur Geltung. Sie lohnen höchstens einen Besuch, um in die gewaltigen N-Abstürze des Patteriols zu schauen. Den Nördl. Turm erstieg B. Trier 1908 (Hüttenbuch der Konstanzer Hütte). — Der Kleine Patteriol, eine breite Kuppe, läßt sich wenig schwierig über die W-Seite wie auch etwas schwieriger über die Wandstufen des N-Kammes ersteigen.

● 519 Vertineskopf, 2685 m

Wenig schwierig, in Verbindung mit einer Kammwanderung lohnend.

● 520 **Südostgrat,** I—II. Von der Friedrichshafener Hütte, 2 st, nordwestl., dann südwestl. zum flachen Sattel zwischen den Hohen Köpfen und dem Vertineskopf und in etwas schwierigerer Kletterei über den Grat zum Gipfel.

● 521 **Nordostgrat,** I. Von der Friedrichshafener Hütte, 2 st. nordwestl. durch eine Rinne auf eine Scharte im Grat und auf oder neben dem Grat zur Spitze.

● 522 Von **Norden.** Von der Konstanzer Hütte, 4 st, auf dem Weg zum Schafbüheljoch (siehe R 102) bis ins hinterste Fasultal und beim Abschluß des Schottensees weglos zu diesem und südwestl. über die wenig schwierigen Hänge zur Spitze.

Übergänge:

● 523 Zum **Vertinesberg,** I, 3/4 st, über den Grat zur Scharte weiter (siehe R 440).

● 524 Zum **Vertinespleiskopf,** I, 1 st, auf oder nordseitig neben dem Grat.

● 525 Zu den **Hohen Köpfen,** I—II, 1/2 st, wie oben R 520 zum Sattel und wenig schwierig zur Spitze.

● 526 Vertinespleiskopf, 2706 m

Unbedeutend, allseitig wenig schwierig zugänglich.

● 527 Vom **Schafbüheljoch,** 1/4 st (hierher von der Friedrichshafener Hütte, 1 1/2 st, von der Konstanzer Hütte, 3 1/2 st, siehe R 102) wenig schwierig über Schutt.

● 528 Von der **Friedrichshafener Hütte,** I, 2 st, durch eine Rinne auf den SW-Grat und zur Spitze.

● 529 **Übergang** zum **Vertineskopf** (2685 m), I, 1 st, auf oder nordseitig neben dem Grat in wenig schwieriger Kletterei.

● 530 **Hohe Köpfe,** 2608 m

Höckerartiger Felsrücken, nach S steile durchsetzte Rasenhänge. Hüttenberg der Friedrichshafener Hütte. Wenig schwierig und sehr lohnend. Blick auf die Silvretta.

● 531 Von der **Friedrichshafener Hütte,** 1 1/4 st, nordwestl. in die Mulde und südwestl. über die Schutthalde zum Gipfel oder bis zum flachen Sattel zwischen ihm und dem Vertineskopf (2652 m) und südl. zum Gipfelkamm.

● 532 **Ostgrat,** I. Von der Friedrichshafener Hütte, 1 1/4 st, in ganz hübscher Kletterei auf oder neben dem Grat.

● 533 **Übergang** zum **Vertineskopf** (2685 m), I—II, 3/4 st, nach N zum flachen Sattel und in etwas schwierigerer Kletterei zum Gipfel.

b) Die Karkopfgruppe

Mangels hervorragender Gipfelgestalten von geringer Bedeutung.

● 534 **Grauer Kopf,** 2793 m

Der N-Gipfel ist höher als der S-Gipfel. Lohnend.

● 535 Von der **Friedrichshafener Hütte,** I, 2 st, in 1 1/2 st auf das Schafbüheljoch und nordwestl. auf den S-Gipfel, der von S erreicht wird, und über den vielfach getürmten Grat mit Ausweichen zum N-Gipfel.

● 536 **Ostkamm,** I. Von der Friedrichshafener Hütte, 2 st, auf dem „Ludwig-Dürr-Weg" zum Joch im O-Kamm, R 89, und wenig schwierig zum Gipfel.

● 537 **Südgrat,** I. Von der Friedrichshafener Hütte, 2 1/2 st, auf dem „Ludwig-Dürr-Weg" zu den obersten Hängen der Muttenalpe, dann westl. und über den Grat nördl. mit Ausweichen nach O zum S-Gipfel und weiter wie R 535.

● 538 Von **Norden,** I. Von der Konstanzer Hütte, 4 st, auf dem Weg zum Schafbüheljoch (siehe R 102) bis zum Abfluß des Schottensees, dann östl. und von N auf die Spitze.

● 539 **Übergang** zur **Grafspitze,** wenig schwierig in 20 Min.

● 540 **Grafspitze,** 2885 m

Breite Pyramide, wenig schwierig, lohnend.

● 541 Von **Südwesten.** Von der Friedrichshafener Hütte, 2½ st, zum Schafbüheljoch, 1½ st, dann nordöstl. über Schutt und entweder über den S-Grat wenig schwierig zur Spitze, oder auf eine Scharte im W-Grat und wenig schwierig zum Gipfel.

● 542 Von **Südosten,** I. Von der Friedrichshafener Hütte, 2½ st, wie R 536 zum Joch im O-Kamm des Grauen Kopfes und nordwestl. zur Scharte zwischen diesem und der Grafspitze und wenig schwierig über den S-Grat.

Übergänge:

● 543 Zum **Grauen Kopf,** 20 Min., wenig schwierig.

● 544 Zum **Südl. Matnalkopf,** I, ¾ st (siehe R 549).

● 545 **Matnalköpfe**

Südlicher, rd. 2880 m; **Mittlerer,** 2901 m; **Nördlicher,** rd. 2920 m

Als Gratüberschreitung lohnend. Hübsche, nicht ganz leichte Gratkletterei. 1. Überschreitung der 3 Köpfe und 1. Ersteigung des Nördl. Kopfes 1924 durch G. Herold und Schwaiger.

● 546 Von der **Friedrichshafener Hütte,** I, 3¼ st, am besten über die Grafspitze, R 542, wie zum Südl. Matnalkopf.

● 547 Von der **Friedrichshafener Hütte,** I, 3½ st, wie R 555 in die Scharte zwischen Südl. Karkopf und Nördl. Matnalkopf und wie R 552 auf letzteren.

● 548 Von der **Konstanzer Hütte,** I, 4½ st, zum Bach, der vom Schönpleisjoch herabkommt (siehe R 103) und südöstl. ins Schuttkar, schließlich über Firn zu einer gut gangbaren erdigen Rinne, die auf den Verbindungsgrat zwischen Mittl. und Nördl. Kopf führt, und wie unten bei R 551 zu einem der beiden Köpfe.

Übergänge:

● 549 Von der **Grafspitze** auf den **Südl. Matnalkopf,** I—II, ¾ st, auf Schutt abwärts wenig schwierig zum Sattel. Erst über Schutt, dort wo er am höchsten hinaufreicht, dann durch eine Verschneidung 6—8 m empor, bis sie senkrecht abgeschlossen ist, und rechts auf den Grat. Schräg halbrechts einige Meter empor, bis links ein Steilband hinaufzieht. Über dieses und eine Rippe rechts auf den begrasten Südl. Matnalkopf.

● 550 Vom **Südl.** zum **Mittl. Matnalkopf,** II, ½ st. Zuerst ein schwarzer Turm. Man steigt über eine Platte, dann über Schuttschrofen links westl. neben dem Grat hinab, quert schwierig ab- und wieder ansteigend auf Grasschrofen in die Scharte hinter dem Turm. Nun auf schmalen Grasbändern waagrecht links westl. 8—10 m hinaus, dann rechts über Gras empor auf den Grat und dicht links neben ihm in die Grasrinne hinauf bis vor eine 2 bis 3 m hohe Platte, die man links umgeht, und leicht rechts auf den Mittl. Matnalkopf, 2901 m.

● 551 Vom **Mittl.** zum **Nördl. Matnalkopf,** I—II, 1/2 st. Den nächsten Turm umgeht man nach kurzem, steilem Abstieg links über ein Blockband, steigt über eine Platte bis vor dem nächsten Turm, eine scharfe Schneide, die man überklettert, dann leicht rechts neben dem Grat auf den Nördl. Matnalkopf.

● 552 Vom **Nördl. Matnalkopf** zum **Westl. Karkopf,** I, 1/2 st. Scharf rechts durch eine grüne Steilrinne der SO-Flanke zwischen aufgestellten Plattenrippen hinab bis zu einem eingekeilten Block, dann entweder — links auf einem Grasband querend und absteigend und über glatte Platten in die Karscharte, oder — links nach kurzem Grasquergang wieder rechts hinab über Grasschrofen und wenig schwierig zur Scharte empor. — Nun wenig schwierig über den Schuttgrat und rechts südl. daneben um oder über einen Vorkopf in einen breiten Sattel und über und links neben dem Grat zum Westl. Karkopf.

● 553 **Karkopf,** 2948 m

Wenig schwierig und sehr lohnend. Die östl. Spitze ist höher als die westl. Umfassende Rundschau. Prächtig die Vesulspitze im SO. — Specht dürfte mit Pöll 1878 die Ersteigung durchgeführt haben. Von N, O. v. Bülow mit Jos. Ladner 1886. NO-Grat Alex. Burckhardt 1895. SW-Grat G. Herold und Schwaiger 1924.

● 554 Von **Süden.** Von der Friedrichshafener Hütte, 3 st, auf dem Ludwig-Dürr-Weg, R 89, bis in das Kar südl. des Karkopfes und über wenig schwierige Schrofen und breite Schuttstreifen in die Scharte zwischen beiden Gipfeln und leicht westl. oder östl. auf diese.

● 555 **Südwestgrat,** I. Von der Friedrichshafener Hütte, 3 st, wie R 554 in das Kar südl. des Karkopfes, dann auf Felsbändern zur Scharte zwischen diesem und dem Nördl. Matnalkopf und über den Grat zum Westl. und zum Hauptgipfel des Karkopfs.

● 556 Von der **Friedrichshafener Hütte,** I, 3 st, bester Zugang, auf dem Ludwig-Dürr-Weg (siehe R 89) bis zum Grat mit der

Tafel, 2½ st. In 5 Min. auf den Hauptkamm und in ½ st südwestl. auf den Karkopf.

● 557 Von **Norden,** I. Von der Konstanzer Hütte, 4½ st, gegen das Schönpleisjoch wie R 103 und vor Erreichen desselben südöstl. auf den dem Karkopf nördl. vorgelagerten kleinen Gletscher und über ihn mäßig steil zu dem nur wenig aus dem Firn aufragenden NO-Grat und über den sanft geneigten Blockgrat zur höchsten Spitze.

● 558 Von **Mathon,** I, 5 st. Mühsam. Nördl. ins Matnaltal und steil am Kamm westl. des Tales zu den Hütten der Muttenalpe (rd. 1900 m), 1½ st. Nun nordöstl. am Hang entlang ins schmale Matnaltal und durch dieses nördl., schließlich westl. zum Ludwig-Dürr-Weg und wie R 556 auf den Karkopf.

Übergänge:

● 559 Zum **Nördl. Matnalkopf,** I, ½ st, wie R 552.

● 560 Zum **Südl. Schönpleiskopf,** I, ¾ st, wie R 557 über den obersten NO-Grat zum Gletscher und wie R 569. Die ganze Gratbegehung, wobei 2 trutzige Türme in reizvoller Kletterei (III) überschritten werden, ist lohnend, 1½ st.

● 561 **Madleinkopf,** 2907 m

Auch Grasspitze, Graftalspitze, Muttnalspitze. Hauptgipfel 2907 m, Südgipfel 2825 m. Abseits stehender, nicht sehr lohnender Gipfel. Blick ins Paznaun, Silvretta, Vesulspitze.
Erste Ersteigung unbekannt. Von N über die O-Seite Ernst Czermak und Georg Künne 1922 (als Graftalspitze): S-Grat — NO-Grat G. Herold und Schwaiger 1924.

● 562 Von **Südwesten** über die steilen, grasdurchsetzten Schrofenhänge ohne besondere Schwierigkeiten, I.

● 563 **Südgrat,** III, brüchiger Fels. Von der Friedrichshafener Hütte, 3½ st, über die Weidehänge der Oberen Muttalpe zu P. 2354 und etwas oberhalb die Steilhänge querend zu P. 2256. Dann Quergang auf deutlichem Schafsteig durch die W-Seite des Berges zum Beginn des S-Grates und in 1 st über den S- zum Hauptgipfel. — Von Mathon, 4½ st, nördl., dann nordöstl. steil zur Matnalalpe (1943 m), 1½ st, und zum Beginn des S-Grates.

● 564 **Nordostgrat,** II, Abstieg. Er hat zwei Abseilstellen. Man gelangt dann auf den Madleiner Ferner, steigt über eine Scharte im NW-Kamm auf die S-Seite und durch eine Rinne hinunter zu P. 2256. Weiter wie R 563 oder südl. hinab nach Mathon.

● **565** Von **Norden** über die Ostseite, II. Von Ischgl, 5½ st. Durch das Madleintal wie R 103 in den Talhintergrund und auf den östl. Teil des Madleiner Ferners (4 st). Über diesen und eine steile Firnrinne zu einer Scharte im NO-Grat (rd. 2800 m), 1 st. Nun quer durch die oberste O-Wand auf ungünstig geschichteten Platten zu einer Einbuchtung und wenig schwierig zum obersten S-Grat und in mäßig schwieriger Kletterei zum Hauptgipfel, ½ st.

● **566** **Südlicher Schönpleiskopf,** 2920 m

Unbedeutend. In Verbindung mit dem Übergang über das Schönpleisjoch aber sehr lohnend.

● **567** Vom **Schönpleisjoch,** 20 Min., siehe R 103, wenig schwierig über den Schuttkamm zum Gipfel.

● **568** Von **Süden,** I. Von der Friedrichshafener Hütte, 3¼ st, auf dem „Ludwig-Dürr-Weg" (siehe R 89) bis zur Tafel, 2½ st, dann über den Grat mit Ausweichen zum Gipfel, ¾ st.

● **569** Von **Süden,** I. Von der Konstanzer Hütte, 4½ st, wie R 557 zum Gletscher nördl. des Karkopfs und schließlich von S über Grasbänder links erst steil, dann waagrecht, dann wieder steil auf den SW-Pfeiler oberhalb eines schlanken Turmes, über ihn in eine Grasrinne und in und rechts neben ihr zum Grat und zur Spitze links.

● **570** *Übergänge:*

a) Zum **Karkopf,** I, ¾ st, wie R 560.

b) Zum **Nördl. Schönpleiskopf,** ½ st, wie R 567 und R 572, I.

c) Die Kuchenspitzgruppe

Dieses Gebiet, das Herz der Ferwallgruppe, gehört zum gewaltigsten und formschönsten, was unsere Gruppe zu bieten vermag.

● **571** **Nördl. Schönpleiskopf,** 2943 m

Unbedeutend, aber mit dem Übergang über das Schönpleisjoch lohnend zu verbinden.

● **572** Vom **Schönpleisjoch** (2809 m), 20 Min., siehe R 103, über Schutt zu einem Vorkopf halbrechts auf seine Schrofen und links zum Gipfel.

● **573** **Westgrat,** I. Von der Konstanzer Hütte, 4 st, wie R 576 ins Kar unter dem Kleinen Küchelferner südwestl. der Küchelspitze und südl. auf eine Scharte im kurzen W-Grat und über ihn zur Spitze.

● 574 **Übergang** zum **Südl. Schönpleiskopf,** 1/2 st, wie R 572, dann wie R 545 wenig schwierig zur Spitze.

● 575 **Küchelspitze,** 3147 m

Ein stolzer, schlanker Dreikant, der nach SW durch einen vielzackigen Grat in achtunggebietender Höhe mit der Kuchenspitze verbunden ist. Etwas weniger schwierig als diese, sehr lohnend, aber nur für sehr erfahrene Bergsteiger.

Der Gipfel besteht aus Gneis, der S-Abhang aber aus Hornblendegesteinen. Aussicht kaum der Kuchenspitze nachstehend, siehe R 591. Prachtvoller Tiefblick ins Moostal. — Erste Ersteigung gelegentlich der trigonometrischen Vermessung unter Führung eines Paznauner Gemsjägers von SW. Volland erreichte die Spitze 1877. Erstmals N-Wand Ludwig Kichler mit Josef Ladner und Gottlieb Lorenz 1889, SO-Wand O. Winkelmann mit Alois Tschiderer 1892, der O-Grat wurde merkwürdigerweise erst 1900 von Adolf und Gustav Schulze überklettert. Die NO-Wand beging Fritz Gutmann mit Josef Ladner 1902, die O-Wand Karl Gruber mit Josef Ladner 1902.

Über die **Südwestwände.** Diese sind an vielen Stellen gangbar.

● 576 **Führe Volland,** I—II. Die gebräuchlichste, mäßig schwierig. Von der Konstanzer Hütte, 5 1/2 st, südl. durch das Fasultal und nach 1 st über den Bach. Nun an der nördl. Seite eines Bächleins auf einem Fußweg östl. über Grashänge, Felsstufen und zum Schluß Moränenschutt zu einem kleinen See (etwa 2590 m), 1 1/2 st. Diesen nördl. umgehend gelangt man östl. ansteigend über Schutt zu dem der Küchelspitze südwestl. vorgelagerten kleinen Gletscher, 1 st (Kleinen Küchelferner), über welchen man bis zu zwei Drittel seiner Höhe ansteigt. Nun sieht man links in der Wand eine Felsstufe, zu der aus einer Scharte westl. von der Küchelspitze eine lange Felsrinne herabzieht, durch welche sich der Anstieg vollzieht. Um zu der Felsstufe zu gelangen, wird der steile Absatz über einen Lawinenkegel und eine nach NW ziehende, gut gangbare Felsleiste erstiegen. Nun mühsam, aber wenig schwierig durch die lange Rinne über Schutt und Felsstufen zur Scharte unmittelbar nordwestl. der Spitze, 1 3/4 st (prachtvoller Tiefblick auf den Küchelferner und in das Moostal) und in 1/4 st über festen Fels in schöner Kletterei zur Küchelspitze.

● 577 **Führe Blodig,** I—II. Vielleicht etwas einfacher als R 576. Von der Konstanzer Hütte (5 st) wie R 576 zum Kleinen Küchelferner und zum Lawinenkegel (4 st). Nun noch weiter nach rechts um den Felssporn herum, wo Felshänge mit Grasbändern durchsetzt bis zum Gletscher herab reichen. Wenig schwierig durch die Hänge bis zum obersten NW-Grat und zum Gipfel.

● 578 **Führe Hahn-Meisenheimer,** II. Von der Konstanzer Hütte (5½ st) zur Scharte im S-Grat (siehe R 579, 4¼ st). Nun westl. etwa 80—100 m schräg aufwärts und nach Überschreitung einer Seitenrippe in die eigentlichen Hänge des Hauptgipfels der Küchelspitze und nach W traversierend in eine der Rinnen und durch diese empor zum obersten NW-Grat und zum Gipfel (1¼ st).

● 579 **Führe Strauß-Lorenz,** II. Von der Konstanzer Hütte, 5½ st, wie R 576 auf den Kleinen Küchelferner und durch eine Rinne zu einer Scharte im S-Grat, welche durch eine menschenähnliche Felsnadel gekennzeichnet ist, 4¼ st. Nun links in die Wand über Kamine und kleine Wände, schließlich 20 m über dem rotgelben südl. Vorgipfel stark links und dann auf diesen, 1 st. Nun links etwas absteigend bis zu den Wänden des Hauptgipfels, welcher schließlich nach rechts zum Grat durch einen von einer großen Platte versperrten Kamin und wenig schwierige Felsen erklettert wird, ¼ st.

● 580 Von **Norden** mit Benützung des NW-Grates, II. Von der Darmstädter Hütte (3 st) auf dem „Ludwig-Dürr-Weg" (R 89) zur O-Seite des Küchelferners und durch eine kleine Firnkehle (wenn aper, Wandstufe) zum obersten Gletscherkessel, wo eine steile Firnrinne auf den NW-Grat führt. Nun entweder schwierig (III) in festem Fels über den breit und steil aufschwingenden Grat und eine Scharte zur Spitze, oder leichter über die westl. Schrofen des Massivs aufwärts gegen S hin traversierend und von SW zum Gipfel.

● 581 **Direkt von Norden,** III, steinschlaggefährdet und sehr abhängig von den Schneeverhältnissen. Von der Darmstädter Hütte, 3 st, wie R 583 zum obersten Gletscherkessel und durch die von der Spitze herabziehende Fels- und Firnrinne in zum Teil schwieriger Kletterei zum Gipfel.

● 582 **Nordostwand,** III. Von der Darmstädter Hütte (3 st) wie R 580 durch die kleine Firnkehle, die zum obersten Gletscherboden führt, und nun in der NO-Wand zuerst über loses Gestein und Platten empor zum oberen Ende der von W heraufziehenden Eisrinne. Dann nach links über Schrofen, Rinnen und Absätze, einen Kamin links lassend zur Höhe des Grates. Über eine Platte abwärts in die O-Wand und über diese auf Wandstufen steil und schwierig zum Gipfel.

● 583 **Ostwand,** II—III, brüchig. Von der Darmstädter Hütte (3 st) wie R 580 auf den Küchelferner. Statt nun die kleine Firnkehle, die zum oberen Ferner führt, zu benützen, steigt man links davon über steile Felsen in die Höhe, immer an der linken Seite des eingebetteten Ferners bis zur O-Wand. Nun über die steile, aus lockeren Blöcken zusammengesetzte Wand, links einer flachen Mulde gegen den O-Grat in die Höhe und knapp vor Erreichen desselben quer durch die Mulde zu seinem ebenen Teil und über diesen zum Gipfel.

● 584 **Ostgrat,** II. Schönster und bester Zugang von der Darmstädter Hütte, 3 st. Zum Teil schlechter Fels. Auf dem „Ludwig-Dürr-Weg" gegen das Rautejöchl, doch vorher über die felsige Begrenzungswand, welche sich am östl. Rand des der Küchelspitze ostnordöstl. eingebetteten kleinen Ferners herabzieht. Über zum Teil lockeres Blockwerk auf den obersten Teil des kleinen Ferners und auf den O-Grat, den man unterhalb zweier Gratzacken, knapp vor seinem Aufschwung erreicht. Nun stets am Grat, hin und wieder links oder rechts ausweichen; später in prächtiger Blockkletterei gegen den ersten steileren Turm hinauf, der rechts in der N-Flanke durch eine Blockrinne aufwärts umgangen wird. Über einen Blockgrat und einen anschließenden hübschen Turm gerade in die Scharte vor dem nördl. Vorgipfel, dessen brüchige Wand weißgrau ist. Quergang rechts zu einer Rinne; in dieser (schlechtes Gestein!) zwei Drittel empor, bis man rechts vor sich eine Grateinschnürung (Durchblick) hat. Man wechselt rechts über diese Gratrippe und quert in der wenig schwierigen N-Flanke schräg unterm Grat empor in eine breite Gratsenke. Der Anschlußturm, wo der Grat zum Hauptgipfel links nach S umbiegt, bleibt rechts, ebenso ein vor dem Hauptgipfel liegender Höcker. Dann am Grat des Hauptgipfels einige 10 m empor (mäßig schwierig) und links in die NO-Flanke, über deren grobe Blockstufen man halblinks empor Grat und Spitze erklettert. — Für die Begehung des zum Teil brüchigen Grates vom Rautejöchl bis zum Aufschwung des O-Grates siehe bei R 613.

● **585 Ostsüdostrinne, Führe Gutmann,** III, Abstieg. Je nach den Verhältnissen oft gefährlich. Steinschlag, nicht zu empfehlen; am besten als Abstieg. Die Rinne beginnt in der Scharte dicht nördl. des Gipfels und zieht von dort südl. neben dem O-Grat, ostsüdöstl. hinab. — Durch die Rinne hinab. Im untersten Drittel steigt man vor einem plattigen Abbruch nach links auf eine felsdurchsetzte steile Rasenterrasse hinaus und verfolgt dieselbe so weit abwärts, bis es wieder möglich ist, an geeigneter Stelle in die Fortsetzung der Rinne zu gelangen und sie bis zum Schutt zu verfolgen (1 st). — Weiter durch das Madleintal nach Ischgl oder auf dem „Ludwig-Dürr-Weg" zum Rautejöchl und zur Darmstädter Hütte.

● **586 Südostwand,** Führe Winckelmann, II—III. Langer Anstieg, besser als Abstieg. Von Ischgl, 6 st, wie R 103 ins Madleintal und über Schutthalden und Firn zu einer langen Rinne, die gerade gegen das Gipfelmassiv hinaufzieht, und die man bis zu ihrem sehr steilen Ende verfolgt. Hier nach links schwierig über eine 6 m hohe, senkrechte Felsstufe empor und weiter, scharf links aufwärts traversierend, über sehr bröcklige, unsichere Felsen und Schutt zur Einsattlung des Gipfelgrates zwischen höchster Spitze und südl. Vorgipfel und von hier in wenigen Minuten zum Hauptgipfel. — Im Abstieg wendet man sich aus der Scharte zwischen Haupt- und Südl. Vorgipfel nach links (nordöstl.) und erreicht, etwas über 100 m schräg abwärts steigend, die vom Gipfelmassiv herabziehende Rinne.

● **587 Südostwand,** Führe Mittermaier-Ganahl, hält sich weiter südwestl., verfolgt die aus der Scharte zwischen Haupt- und Südl. Vorgipfel herabziehende, mehrfach geknickte Rinne ein Stück aufwärts und erreicht links über eine plattige Wand und die Trennungskante die nächste Rinne, und wieder links haltend die S-Kante der Küchelspitze. Über diese ein Stück, dann auf die W-Seite und zum Gipfel, 2 st vom Einstieg.

● **588 Südwestwand,** II. Von Ischgl, 6¼ st, wie R 103 ins hinterste Madleintal und in das Kar unterhalb der Küchelspitze. (Von der Friedrichshafener Hütte auf dem „Ludwig-Dürr-Weg", R 89, hierher, 4 st.) Durch eine Firnrinne ohne Schwierigkeiten in eine Scharte im S-Kamm der Küchelspitze. Über den Kamm zur Scharte im S-Grat der R 558 und weiter wie dort.

Übergänge:

● **589** Zur **Kuchenspitze,** IV, 5 st, wie R 603.

● 590 Zu den **Rauteköpfen,** III, 2 st, wie R 584, dann wie Führe 613.

● 591 **Kuchenspitze,** 3170 m
(höchster Berg der Ferwallgruppe)

Eine riesenhafte, fünfzackige Felsmauer, die sich über blendendem Firn erhebt. Man unterscheidet den nach N vorgeschobenen N-Gipfel, oder 5. Gipfel, unmittelbar südl. des Kuchenjochs. Südl. davon steht der NW Gipfel oder 1. Gipfel (3105 m) und nach SO anschließend der 3. Gipfel, dann der 2. Gipfel, welcher der Hauptgipfel ist (3170 m) und schließlich der südöstl. Vorgipfel, bei dem man wieder einen 1. und einen 2. südöstl. Vorgipfel unterscheidet.

Aus Hornblendegestein aufgebaut, bietet die Kuchenspitze wunderbare, aber nicht einfache Kletterwege, verbunden mit einer Rundschau, die sich bis zu den Walliser Bergen erstreckt. Berner Oberland, Bernina, Rätikon, Nördl. Kalkalpen, Ötztaler, Ortler und Silvretta schließen sich an.

Von allen Hauptbergen des Ferwalls wurde die Kuchenspitze als letzte erstiegen. Volland und Madlener waren 1877 auf der zweithöchsten Spitze die Ersten. Höchste Spitze W. Strauß mit Gottlieb Lorenz und Josef Ladner 1884. Aus dem Moostal Karl Stedefeld mit Franz Osterer. S-Grat: Herm. Attensamer mit Martin Draxl 1900. O-Grat: Viktor Sohm und Karl Huber 1902. W-Grat mit Ersteigung der zwei westl. Gipfel: V. Sohm 1903. Den Verbindungsgrat zur Küchelspitze: Michael Pfannl und Franz Malcher 1905 (M 35, 101). Die gewaltigen NO- und NW-Wände, das Schaustück vom Scheibler, wurden an vielen Stellen durchstiegen. Neun solche, als neu bezeichnete Durchstiege. wurden gemeldet, die sich zum Teil decken, zum Teil aber, da keine Beschreibungen vorliegen, nicht einreihen lassen. Den Reigen eröffnete schon im Juli 1887 Josef Ladner, als er in einer gewaltigen Leistung C. v. Lichtenberg über die NO-Wand hinab führte. Dieser Weg dürfte sich nach der kargen Beschreibung mit jenem decken, den Kuno Baumgartner und Luis Huber 1928 im Aufstieg begingen, ohne von der Führe Ladner Kenntnis zu haben, und da sie keine Beschreibung veröffentlichten, erscheint sie wieder bei Dr. Richard Hechtel, der sie mit seinem Gefährten Alfons Höger im September 1941 durchführte. — Vom Kuchenjoch stiegen 1901 Ingenuin Hechenbleickner und Othmar Sehrig zum N-Gipfel auf, lieferten aber keine Beschreibung. Der Anstieg, den Dr. Hechtel und Höger 1941 über den N-Grat machten, kreuzt sich mit dem

XI Küchelspitze (I), R 575, und **Kuchenspitze** (II), R 591. Im Kreis die Darmstädter Hütte, R 60; 1 = R 598, 2 = R 599 Foto: Risch-Lau

von Albert Figl und Albert Breit 1946 (PM). Die Gebrüder Adolf und Gustav Schulze legten einen neuen Anstieg durch die NW-Wand 1900 und Paul Gasteiner stieg 1912 vom NW-Gipfel durch die N-Wand ab (ohne Beschreibung). Der Anstieg von Otto Blaschek und Zeno Skala-Muik 1952 deckt sich zum Teil mit den Führen Ladner, Baumgartner und Hechtel (PM). Siehe Anstiegsskizze.

● 592 **Südwestwand,** II. Von der Konstanzer Hütte, 5 st. Auf dem Weg zum Schafbüheljoch, 1 st, und aufs andere Ufer. Nun östl. auf einem Steiglein (Wegtafel) an der nördl. Talseite eines kleinen Baches aufwärts und über die Moräne auf den Kleinen Kuchenferner, südwestl. der Kuchenspitze. Das Massiv der Kuchenspitze zwischen NW- und Hauptgipfel durchziehen drei Rinnen. Die mittlere zieht aus der scharf eingerissenen Scharte zwischen beiden Gipfeln herab. Die östlichste Rinne wird in etwa 120 m Höhe von einem senkrechten Wandabbruch unterbrochen. Durch sie bis unter den Abbruch empor, dann über eine Felsrippe links nordwestl. in die mittlere Rinne, die oberhalb eines Abbruches erreicht wird und durch sie ohne besondere Schwierigkeiten empor, dann rechts davon auf den obersten O-Grat und nach kurzer Kletterei zum Hauptgipfel. —
Man kann auch die mittlere Rinne bloß zur Hälfte durchsteigen, dann nach rechts über plattige Felsen herausklettern und gerade zum Hauptgipfel ansteigen. — Oder man kann, viel schwieriger (III—IV) die östl. Rinne bis unter den Wandabbruch verfolgen und dann rechts in schwieriger Kletterei über glatte, steile Platten gerade zum Gipfelgrat ansteigen.

● 593 **Oberster Süd- und Ostgrat,** II. Wie R 592 zum Kleinen Kuchenferner und weiter wie R 601.

● 594 **Westgrat,** III. Schwierige, aber sehr schöne, lohnende Felsfahrt. Von der Konstanzer Hütte, 7—8 st. Auf dem Kuchenjochsteig bis etwa 2500 m Höhe, dann Quergang südl. zu dem Wasserfall, der aus dem Kar zwischen Kuchenspitze und Fasulwand herabkommt. Über gute Bänder durch die wasserüberronnenen, steilen Platten zum Fuß des W-Grates, 2 st. Nun gerade aufwärts zu einem breiten, langen Band und über dieses absteigend nach N gegen die steile Runse auf der NW-Seite des Grates. Vor dieser Runse über eine Felsrippe steil hinauf. Man verläßt die Rippe bald auf einem schmalen Band, das auf die S-Seite des Grates führt. Nach einer senkrechten, 3 m hohen Unterbrechung (vorzügliche Griffe) gelangt man zu gut kletterbaren Felsen, über die wenig schwierig der Gratrücken erreicht wird. Auf dem Grat mit kurzen Abweichungen weiter, dann Quergang in der S-Seite des Grates auf schmalen Bändern zu einer sehr steilen Plattenrinne, durch die wieder der Gratrücken erklettert wird. Nun auf diesem bis zu den plattigen Gipfelfelsen des P. 3105 (4. Gipfel der Kuchenspitze), 3 st. Hier links ausweichen und durch eine seichte, steile Rinne direkt zum Gipfel. Beim Übergang zum nächsten (3.) Gipfel nach wenigen Schritten auf dem O-Grat durch die S-Wand hinab, erst steil und plattig, dann über wenig schwierige Stufen und Bänder zur Scharte zwischen 4. und 3. Gipfel. Gerade über Platten hinauf, dann rechts ausbiegend auf den 3. Gipfel und ähnlich wie beim 4. weiter durch die S-Wand hinab und auf waagrechtem Band in die nächste Gratscharte. Nun nochmals nach S ausweichend, dann stets auf dem Grat weiter (es kommt noch eine schwierige Stelle: senkrechter Abbruch) zum Hauptgipfel, 2 st.

● **595 Nordwestwand,** Anstieg Gebrüder Schulze. Vom Kuchenjoch 6 st. Sehr schwierig, IV. Etwa 200—300 m westl. des Kuchenjoches durchzieht eine große Rinne, die oben in Eishalden verläuft, die N-Wand. Man hält sich anfangs links der Rinne aufwärts, steigt jedoch bald, da die Felsen ungangbar werden, über eine Platte in dieselbe ein. Der folgende, wasserüberronnene Absturz der Rinne wird etwas rechts über eine schwierige Wandstufe umgangen. Eine wenig geneigte, schneebedeckte Partie würde nun ein leichtes Zurückkehren in die anfangs schneegefüllte Rinne gestatten, die sich jedoch bald als ungangbar erweist. Man wendet sich deshalb weiter rechts einer seichten, rißartigen Verschneidung zu, die parallel der großen Rinne die Platten bis zu den oberen Eishalden durchzieht. Nach links, oberhalb der Rinne querend, gewinnt man nun über Eis die nördlichste, scharf eingerissene Scharte des Kuchenspitzkammes. Nun auf den 4. Gipfel des Kuchenmassivs (P. 3105) und weiter wie R 594.

● **596 Nordgipfel, Nordgrat,** Führe Hechtel-Höger. IV—V. Schöne Fahrt in vorwiegend festem Fels. Vom Kuchenjoch, 4 st, wenige Schritte südl. zum Einstieg, unmittelbar rechts der Gratkante (links davon eine auffallende Verschneidung). Ohne nennenswerte Schwierigkeiten gerade empor, bis man nach links an die Kante gedrängt wird (etwa ½ st vom Einstieg). Nach links in eine Rinne. Durch diese und über eine Wandstufe wieder auf den Grat, den man längere Zeit verfolgt. Ein spitzer Turm wird rechts umgangen. Von der engen Scharte hinter dem Turm auf einem

Band in die O-Seite zum Fuß des senkrechten Gipfelaufschwungs. Rechts davon etwa 15 m empor und bei einem Spalt waagrecht nach links zu einem kleinen Schuttkessel an der Kante. Ausgesetzt nach rechts um einen Block auf ein Band, das 40 m schräg aufwärts verfolgt wird, bis wenig schwieriger Fels links auf den Grat zurückführt. Der nächste ungangbare Aufschwung wird über die steile Wand zur Linken umgangen (schwierigste Stelle). Weiter über den Grat zum N-Gipfel. Weiter zum NW-Gipfel wie R 594 und zum Hauptgipfel, 2 st vom N-Gipfel, schwierig.

● 597 **Nordgrat,** Führe Fiegl-Breit, IV—V, 5 st. Vom Kuchenjoch südl. über griffige Platten etwa 150 m mäßig schwierig hinauf, bis man unter einer weißlichen Rinne 1 Seillänge nach links quert. Schwierig aufwärts links (östl.) der Kante unschwieriger 150 m empor, dann über ein Grasband nach rechts in eine kleine Gratscharte nördl. eines mächtigen Turmes, 2 st. Von hier schwierig 2 Seillängen Quergang nach rechts, weiter über große, griffarme Platten (ein Schneefeld wurde unten umgangen) hinauf auf eine kleine Scharte südl. des Turmes. Unter einem Zacken 1 Seillänge nach rechts, dann durch eine Rinne zur Kante zurück. Über Platten erreicht man schwierig in 2 Seillängen eine Scharte im W-Grat. Südl. 10 m hinab, dann wenig schwierig östl. auf den NW-Gipfel der Kuchenspitze (Steinmann), 2 st. Weiter zum Hauptgipfel über den W-Grat (R 594).

● 598 **Nordwand.** Beschreibung Hechtel. Ehemals großartige Eisfahrt. Heute sehr von den Verhältnissen abhängig (Rückbildung des Eises). 3—7 st. Wandhöhe 500 m. Östl. der Gipfelfallinie sind in dem mittleren und unteren Teil der N-Wand zwei große Eisfelder eingelagert. Von der Darmstädter Hütte auf dem Weg zum Kuchenjoch in etwa 1/2 st zum unteren Eisfeld. Dasselbe empor, bis in seinem oberen Drittel ein Übergang zum zweiten Eisfeld möglich ist. Von dessen höchster Stelle über eine schwierige Wandstufe auf ein Band und durch eine kurze Eisrinne zu einem schmalen, links aufwärts ziehenden, felsdurchsetzten Eishang. Man verfolgt denselben mehrere Seillängen bis zu einer steilen Eisrinne. Durch diese, zuletzt über eine schwierige Wandstufe auf den W-Grat. In wenigen Min. zum Gipfel.

● 599 **Führe Blaschek-Muik,** III—IV. Einstieg am tiefsten Punkt des in die Mitte des Kuchenferners vorspringenden Sporns. Das untere Eisfeld der Führe Hechtel bleibt rechts. Über die Felsabsätze und rechts haltend, schließlich durch einen nassen Riß auf

XII Kuchenspitze vom Scheibler
I = SO-Gipfel, II = Hauptgipfel, III = 3. Gipfel, IV = NW-Gipfel (der N-Gipfel, der sich auf dem Bild nicht abhebt, befindet sich unterhalb der linken Spitze des NW-Gipfels)
1 = R 599, 2 = R 598, 3 = R 597, 4 = R 596 Foto: H. Häusle

das obere Firnfeld. Zusammen mit der Führe Hechtel von der höchsten Stelle desselben über eine schwierige Wandstufe, dann aber rechts gerade hinauf und schwierige Querung in eine Scharte im Gipfelgrat.

● 600 **Ostgrat,** III. Von der Darmstädter Hütte, $3^1/_2$ st. Prachtvolle Felsfahrt, schönster Anstieg. Den Einstieg gewinnt man (meist wenig schwierig) über den Großen Kuchenferner. Man folgt dem Kuchenjochweg rd. 20 Min. bis an die Stirnmoräne, wo der Weg rechts nach N umbiegt. Hier geht man gerade empor (Steigspuren) auf die Moräne, läßt den Gletschersee rechts und überquert den Gletscher im Bogen nach links, südl., gegen den O-Gratfuß, zu dem ein steiles Firnfeld emporzieht in den Winkel zwischen dem vorgelagerten Zackengrat links, der mit einem gleichmäßig dreieckigen Höcker an den massigen Bergleib rechts anschließt. — Zwischen dem Höcker links und dem Bergfuß rechts steigt man empor und gelangt im Einschnitt an das N-Ende eines Bandes. Auf dem schönen Band links nach S durch die O-Flanke des Grataufbaues und rechts um eine Ecke in eine Rinne zwischen der Gratgabel. Durch die Rinne empor und links in eine Gratsenke (erster Tiefblick auf den Küchelferner), nun schräg rechts, nordwestl., auf den Grat und über ihn empor. Ein 1. spitzer Gratturm (ein Block) wird rechts, nördl., umgangen und dicht hinter ihm links auf die Gratschneide gestiegen, die vor einem Wandl endet. Schwierig gerade am Anschluß oder 3—4 m weiter links empor über das Wandl und auf einem Plattenband links auf die Gratfortsetzung. Es folgt ein kurzes, scharfes Gratstück (auf der Schneide bleiben), dann wird der Grat wandartig breit. Man klettert ziemlich gerade empor gegen einen spitzen, nach rechts hornartig gebogenen Turm hinauf, rechts nördl. an ihm vorbei (ein größerer roter Turm bleibt rechts) und gleich hinter ihm rechts auf die Gratschneide. — Nun immer der Schneide nach in herrlicher Kletterei. Nur der letzte Aufschwung zum 1. südöstl. Vorgipfel, an den der Grat mit einem kurzen, plattigen Dachfirst anschließt, wird links durch eine plattige Verschneidung gepackt. Dann wenig schwierig auf den 1. südöstl. Vorgipfel. Über sein südwestl. Plattendach einige Meter hinab und auf Bändern das Plattendach entlang zur Scharte vor dem 2. südöstl. Vorgipfel. Kurz von rechts auf die steile Schneide, bis sie sich sehr schärft und links neben ihr eine Blockrinne sichtbar wird, in die man sich hinabläßt und emporsteigt, wenig schwierig auf dem Grat zum 2. südöstl. Vorgipfel und über den breiten Gratrücken zum

Hauptgipfel hin, den man gerade über die Schneide sehr schön ersteigt.

● 601 **Oberster Südgrat** und **oberster Ostgrat,** 3½ st, II. Von der Darmstädter Hütte auf dem Ludwig-Dürr-Weg (R 89) gegen das Rautejöchl auf den unteren Teil des Küchelferners und links vom Eisbruch durch eine Firnkehle (wenn aper: Wandstufe) auf den oberen Teil des Ferners. Nun durch eine kurze Schutt- oder Firnrinne auf die linke der beiden tiefsten Scharten des Verbindungsgrates Küchelspitze — Kuchenspitze und nun entweder über den S-Grat der Kuchenspitze (III) einigemale links oder rechts ausweichend — oder westlich hinab auf den Kleinen Kuchenferner (hierher auch von der Konstanzer Hütte wie R 592) und über ihn nördl. etwa 300 m zuerst waagrecht, dann um einen Sporn ansteigend, zuletzt steil die Firnzunge hoch, die am höchsten gegen den S-Grat hinaufzieht.
Vom Ende der Firnzunge in den plattigen Fels (Vorsicht bei Vereisung) und über die 40—45° geneigte Platte zuerst nach links, dann nach rechts, je 30 m aufwärts, schließlich gerade empor, etwa 30 m auf den S-Grat. Nun gemeinsam auf der schmalen Gratschneide, dann über einen Turm zum obersten O-Grat und zum 2. südöstl. Vorgipfel (siehe R 600) und zum Hauptgipfel.

● 602 Beim **Abstieg** über den **obersten Südgrat,** II, zur Darmstädter Hütte, 2½ st, hält man sich vom Gipfel der Kuchenspitze auf den O-Grat bis zu der Stelle, wo der Verbindungsgrat zur Küchelspitze abzweigt. Diesen verfolgt man über den 1. Turm, beim 2. südöstl. Vorgipfel (siehe R 600), auf erst breiter, dann ganz schmaler Gratschneide, die man am besten reitend überwindet. Es folgt eine Scharte, aus der nächsten steigt man — entweder nach rechts über eine etwa 60 m hohe und 40—45° geneigte Platte zu einer Schneezunge hinunter, die zum Kleinen Kuchenferner hinabführt. Die ersten 30 m gerade hinab (eine 2 m hohe Stelle ist griff- und trittlos, wird aber durch Reibung leicht überwunden), dann zieht eine schmale Leiste etwa 30 m nach rechts schräg abwärts und verläuft in der Platte. Eine andere Leiste zieht von hier nach links ebenfalls etwa 30 m abwärts und erreicht zuletzt in Absätzen die Schneezunge, und mit ihr den Kleinen Kuchenferner. Von hier auch hinab zur Konstanzer Hütte (siehe R 592). Dann geht man am oberen linken Rand des Ferners nach S, bis man nach rd. 300 m die tiefste Einsattelung des Grates Kuchenspitze—Küchelspitze über Firn und Schutt leicht erreichen kann. — Oder man bleibt die ganze Zeit auf dem Grat (III) mit kleinen Ausweichungen rechts oder links bis zur tiefsten Einsattelung. Dann — gemeinsam nach O durch eine kurze, steile Schuttrinne zum Küchelferner, hält sich auf diesem möglichst rechts und umgeht so durch eine Firnkehle (wenn aper: Wandstufe) den zerklüfteten Abbruch vom oberen zum unteren Teil des Küchelferners. Über diesen wie R 89 zum Steinmann auf der Moräne und auf dem Ludwig-Dürr-Weg zur Darmstädter Hütte.

● 603 **Übergang** zur **Küchelspitze,** IV, 5 st. Lange und sehr schwierige Tour, reich an wechselnden Blicken. Für Ausdauernde die großartige Rundtour: O-Grat Kuchenspitze, Grat zur Küchelspitze, Abstieg O-Grat, 10 st. — Wie R 602 zur tiefsten Einsattlung und immer auf dem Grat über eine Reihe kleiner, plattiger, zum Teil scharfer Zacken in wechselnder Kletterei schwierig auf die Spitze des Turmes, der im Knie des Grates steht, wo er sich südöstl. wendet. Den senkrechten Abbruch nach SO überwindet man, indem man südl. absteigt und sehr schwierig nach links östl. etwas abwärts kletternd die nächste Scharte erreicht. Nun immer auf dem Grat bleibend zum eigentlichen Aufbau der Küchelspitze, die sich breit entgegenstellt. Über einige schwierige, plattige Stellen hinauf in eine Scharte, dann leichter zum Gipfel der Küchelspitze.

● 604 **Fasulwand,** 2885 m

Südwestl. der Kuchenspitze mit gewaltiger N-Wand. Lohnend in Verbindung mit der Kuchenspitze. Schwierig.
1. Ersteigung Viktor Sohm und Karl Huber 1902. W-Grat Walter Stösser und Fritz Kast 1931, N-Wand Dr. Hermann Hönlinger und Willy Mayr 1927.

● 605 **Ostwand,** III. Von der Konstanzer Hütte, 4½ st, wie bei R 592 zum Kleinen Kuchenferner und bis zu einer sehr steilen Rinne am S-Fuß des O-Grates, 3½ st. Durch diese zum Grat empor. Über die Gratschneide bis zu einem senkrechten Aufschwung. Hier auf der S-Seite etwas absteigen und unter einem Überhang in einen Kamin hinein hangeln (schwierig und ausgesetzt). Durch den kurzen Kamin auf den Grat, der nun bis zum westl. Punkt des Gipfelgrates verfolgt wird. (Eine leichtere Umgehung dürfte möglich sein, wenn man von der senkrechten Stufe rechts absteigt auf eine breite Terrasse.)

● 606 **Westgrat,** IV, 3 st vom Einstieg. Von der Konstanzer Hütte (siehe R 592) gegen die Moräne bis zum 1. Schuttfeld. Nun oberhalb des auffallenden Felsabbruches nach N mehrere Rippen und Rinnen überquerend zum Einstieg in den W-Grat. Dieser wird dauernd verfolgt, mehrere Aufschwünge werden sehr schwierig überklettert, ein Überhang durch einen Riß in der rechten Wand überwunden.

● 607 **Nordwand,** V. Wandhöhe 350—400 m. Zeit vom Einstieg 4¾ st. Die von düsteren Urgesteinsplatten aufgebaute N-Wand stürzt ins Kar zwischen Kuchenspitze und Fasulwand fast überall senkrecht und ungegliedert ab. Nur in der Gipfelfallinie zieht ein Riß empor, den nach 30 m eine Plattenverschneidung ablöst. Diese Verschneidung leitet auf ein schmales, von links nach rechts ansteigendes Schuttband, das zum NW-Grat führt. Riß und Verschneidung bilden den Kletterweg durch den unteren Wandabsatz. — Einstieg über ein Schneefeld und kurze Wandstufe zum eingangs erwähnten Riß. An der rechten Begrenzungskante besonders schwierig empor. Wo der Riß sich fast gänzlich schließt, zwei gewaltige Überhänge. Über sie besonders schwierig hinweg und nach einer 2 m langen Querung über eine glatte Platte zu einem Schuttfleck (Stand, 30 m). Weiter über die anschließende 25 m hohe Verschneidung zum Beginn des Bandes. Das Band verfolgt man ungefähr 20 m nach aufwärts bis unweit unter die Türme des NW-Grates. Sodann in anstrengendem, besonders schwierigem Plattenklettern hinauf. Hoch oben wird der Grat erreicht, man quert dann von einer kleinen Einschartung wieder in die N-Wand und gelangt durch eine Steilrinne unmittelbar zum Gipfel.

● 608 **Rauteköpfe, Westl.,** 2849 m, **Östl.,** 2825 m

Unbedeutend. Überschreitung des Östl. durch Hans Moldenhauer und Dr. Georg Hennig 1928.

● 609 Vom **Rautejöchl** (rd. 2752 m), I. Von der Darmstädter Hütte, 1¾ st, wie R 89 zum Rautejöchl, und wenig schwierig über den Grat, der sich dann steiler aufschwingt, auf den höheren Westl. Kopf.

● 610 Von **Norden,** I—II. Von der Darmstädter Hütte, 2½ st, über die steile Schutthalde rechts der Gletscherzunge zum Küchelferner hinan. Südöstl. über denselben zu einer Felsstufe, über die der steile, unter dem Rautekopf liegende Seitengletscher herabhängt. Über die Randkluft oberhalb eines kleinen Wasserfalles und die plattige Felsbarre in gut griffiger Rinne hinauf (die Gletscherzunge bleibt links). Auf dem Firn des oberen Gletschers östl. gegen den felsigen Gipfelbau hinüber, den Bergschrund überschreitend und die brüchigen Felsen zum N-Grat hinauf. Wenig schwierig zum Gipfel.

● 611 **Ostwand,** I—II. Von der Darmstädter Hütte, 3 st, hinab zum Moosbach und zum Eisfeld, das von der Rautescharte (zwischen Rautekopf und -turm) herabzieht. Über dieses ansteigend auf ein breites Band, das nach rechts auf einen steilen, plattigen Absturz führt, und über kurze Wandstufen und wenig schwierige Schrofen zum Östl. Rautekopf.

Übergänge:

● 612 Vom **Östl.** zum **Westl. Rautekopf,** I, 3/4 st. Zur kleinen Scharte und über Schutt zu einem mittleren Kopf und über den Schuttgrat über seine drei Gipfelmugel in die nächste Scharte und südl. unter dem Westl. Kopf durch, auf den obersten W-Grat und zu ihm.

● 613 Zur **Küchelspitze,** III, 2—3 st, R 89 zum Rautejöchl. Vom Jöchl zieht eine nahezu waagrechte, arg zersplitterte Gratstrecke von mehreren hundert Metern Länge hinan, die sich allmählich steiler aufschwingt und unmittelbar bei einer ausgeprägten Scharte östl. des Gipfels an das Massiv des Berges stößt. — Zunächst keine Schwierigkeiten. Im weiteren Verlauf hindert ein rd. 15 m hoher senkrechter Abbruch den Weiterweg. In ihm ein überhängender Kamin. (Dieser führt auf ein breites, jedoch stark geneigtes Schuttband, von dem aus die Grathöhe wenig schwierig zu erreichen ist.) Eine schmale Leiste vermittelt den Zugang zum Kamin. Ausgesetzt, aber fester Fels. Am besten Abseilen durch den Kamin. Weiter über die brüchige Gratschneide, immer steiler bis zu einem überhängenden Turm. Abstieg rd. 80 m auf der S-Seite. Dann Querung zu einem 10 m hohen flachen Riß, nach dem man eine kleine Stufe erreicht. Wenig schwierig über Blockwerk zur Grathöhe. Teils auf dem Grat, teils knapp unterhalb desselben weiter zu einer Rinne, die steil in die oben erwähnte Scharte führt, 2 st. — Etwas leichter kann man auch vor der kleinen Kuppe, hinter welcher der Abbruch ist, schräg südl. absteigen und quert rd. 100 m unterhalb des Grates bis in die Rinne, die steil zur Scharte führt. — Weiter wie bei R 584.

Rautetürme

● 614 **Östl.,** rd. 2900 m, ein ausgeprägter Turm westl. der Doppelseescharte.

● 615 **Westl.,** ein abgerundeter Turm, etwas niedriger. Schwierig, fester Fels. Erste Ersteigung und Überschreitung beider

Türme von der Doppelseescharte aus von O nach W in schwieriger Kletterei zur Rautescharte (vor den Rauteköpfen) und Abstieg nach NW durch Bernhard Trier mit Roman Falch 1907. Durch die S-Wand Roman Jörger und Hans Moldenhauer 1929, über die N-Wand Dr. Richard Hechtel und Alfons Höger 1941.

● 616 **Südwand,** III. Schwierige, schöne Kletterei. Von der Darmstädter Hütte, 4 st, wie R 106 zur Doppelseescharte, 1½ st. Nun etwa 150 m ins Paznaun absteigend, quert man auf dem Schuttrücken hinüber, der zum Einstieg in die S-Wand führt. Eine plattige Steilrinne von rechts nach links aufwärts erkletternd, gewinnt man nach einer Seillänge einen guten Stand in einer Höhle. Auf kleinen Tritten ausgesetzt eine Seillänge in der Rinne weiter zur Schulter. Ein waagrechtes, gut gangbares Grasband leitet in nördl. Richtung in eine Scharte. Über eine glatte, 15 m hohe Plattenwand, zuletzt durch einen kurzen Riß zum Gipfel.

● 617 **Nordwand** des **Westl. Turmes,** V—. Schöne Kletterei in vorwiegend festem Fels, 3¼ st vom Einstieg, 4½ st von der Darmstädter Hütte.
Der eigentlichen fast durchwegs senkrechten N-Wand ist in ihrem westl. Teil eine Zone weniger steiler Felsen vorgelagert. Von rechts herüber steile, felsdurchsetzte Firnhänge auf diesen Vorbau. Auf einem Band nach links bis zu einer stumpfen Kante, links der auffallenden, schon von der Darmstädter Hütte aus sichtbaren, kaminähnlichen, schwarzen Verschneidung. Gerade empor zu gutem Stand. Bei einem waagrechten Riß nach rechts und leicht ansteigend an die Kante. Über eine glatte Platte und eine Rampe schräg links aufwärts zu einer abgesprengten Platte. Einige Meter gerade empor, waagrecht nach rechts zu schlechtem Stand (schwierigste Stelle) und weiter schräg links aufwärts in etwas leichterem Fels. Gerade empor zum westl. Gipfelzacken.

● 618 **Übergang** vom Westl. zum Östl. Rauteturm, III, schöne Kletterei, ½ st.

d) Die Faselfadgruppe

Ein Kranz beachtenswerter Berge um das einsame und seengeschmückte Faselfadkar.

● 619 **Scheibler,** 2978 m

Ein Dreikant mit einfachen Formen. Leicht und äußerst lohnend. Die Rundschau ist die gewaltigste des ganzen Ferwalls: Kuchenspitze, Patteriol und Seekopf sind die Glanzpunkte; Riffler, Ötztaler, Vesulspitze, Silvretta (ab Piz Buin westlich, Valschavieler Maderer, Tödi, Rätikon, Pflunspitzen—Kaltenberg und Nördl. Kalkalpen mit der Parseierspitze. — Madlener und Volland erstiegen den Berg 1877, W-Wand: Dr. K. Blodig mit dem jüngeren Schwarzhannes 1891, N-Grat: Rud. L. Kusdas 1892. Den Verbindungsgrat zur Westl. Faselfadspitze: Bernhard Trier mit Roman Falch 1907.

● 620 **Südgrat,** bez. AV-Weg. Vom Kuchenjoch 1/2 st (hierher von der Darmstädter Hütte 1 1/4 st, von der Konstanzer Hütte 3 st, siehe R 104). Vom Joch links nordwestl., dann im Zickzack empor, bei den Schrofen ein kurzes Stück rechts, dann links (nicht rechts) und hinauf auf den Grat. Über ihn, über ein kleines Wandl an den Fuß eines Gratturmes (dieser kann auch, allerdings sehr schwierig, überklettert werden). Nun links um den Zacken, dann rechts wieder zurück auf den Grat und zur Spitze.

● 621 **Westwand,** II. Von der Konstanzer Hütte wie bei R 104 anfangs auf dem Kuchenjochweg, dann bis zum Fuß der W-Wand, 3 st, die an einigen Stellen gangbar ist, und über Felsstufen und Rinnen zur Spitze.

● 622 **Nordgrat,** I. Von St. Anton am Arlberg, 5 st, auf dem Weg zur Konstanzer Hütte wie R 55 bis vor der Salzhütte, dort über die Rosanna und den Faselfadbach querend zur Fischerhütte, weiter steil auf Steigspuren südöstl., dann südl., schließlich in rd. 1920 m südöstl. querend ins „Faselfad“, dem Talschluß. Am östl. Arm des Baches über die Steilstufe zu den Faselfadseen und südl. zum Faselfadferner. Über diesen zum N-Grat, den man südl. von einigen Türmen erreicht, und in wenig schwieriger Kletterei zum Gipfel.

● 623 **Nordgrat,** I. Von der Konstanzer Hütte, 3 1/2 st. Auf dem Weg zum Kuchenjoch (siehe R 104) bis rd. 2250 m, 1 1/2 st, wo sich der Weg südl. wendet, dann nordöstl. durch eine flache Mulde südl. vom Fasulalpkopf (2648 m), zur breiten Scharte südl. der Türme des N-Grates und weiter wie R 622. — Von der Darmstädter Hütte wie R 652 zum Faselfadferner.

● 624 **Ostgrat,** I—II. Von der Darmstädter Hütte, 2 st, auf dem Kuchenjochweg (siehe R 104) bis unter das Joch, dann auf Schutt hinüber zum O-Grat, der durch eine Rinne erreicht wird, und über ihn mit Umgehung der obersten Stufe nach N zur Spitze.

XIII Kuchenjoch (I), R 104, **Scheibler** (II);
1 = Südgrat, R 620, 2 = Ostgrat, R 624, Kuchenferner und Darmstädter Hütte

Foto: Risch-Lau

● 625 **Übergang** zum **Fasulalpkopf** (2648 m), I, 1 3/4 st. Über den N-Grat hinab in die Scharte, einige Türme östl. umgehend und wenig schwierig über den SO-Grat zur Spitze.

● 626 **Fasulalpkopf,** 2648 m

Unbedeutend, wenig schwierig. Prächtiger Blick auf den Patteriol. Rud. L. Kusdas 1892, vom Scheibler kommend.

● 627 Von **Süden,** I. Von der Konstanzer Hütte, 3 st, wie R 623 auf dem Kuchenjochweg in die flache Mulde südl. vom Fasulalpkopf und entweder — über die S-Hänge oder — den SO-Grat wenig schwierig zur Spitze.

● 628 Von **St. Anton am Arlberg,** I, 4 st, zum Faselfadferner wie R 622 und südwestl. zum SO-Grat und wenig schwierig zur Spitze.

Übergänge:

● 629 Zum **Scheibler,** I, 2 st, wie R 625.

● 630 Zum **Hahnetrittkopf,** I, 3/4 st, mit Umgehungen einiger Absätze links oder rechts auf steilen Grasbändern und Stufen.

● 631 **Hahnetrittkopf,** 2636 m

Bei Weilenmann und Ruthner „Drolligerberg"; richtig wäre: „Troligerberg". Unbedeutend.

● 632 Von **Süden,** I. Von der Konstanzer Hütte, 3 st, weglos nordöstl. über die Weiden der Fasulalpe, schließlich von SW über felsdurchsetzte Grashänge wenig schwierig zur Spitze.

● 633 Von **Norden.** Von St. Anton am Arlberg, 4 st. Wie bei R 622 ins Faselfadtal und südl. über den N-Grat oder den bequemeren NW-Kamm zum Gipfel.

● 634 **Übergang** zum **Fasulalpkopf,** I, 3/4 st, wie R 630.

● 635 **Westliche Faselfadspitze,** 2993 m

Höchste Spitze der Umrahmung des einsamen Faselfadkares, mit mauerartigem, gewaltigem Aufbau.
Prächtig Kuchen- und Küchelspitze, Seekopf und Saumspitze. Mäßig schwierig, sehr lohnend. — Erstersteigung: Baptist Hämmerle und Julius Volland 1885 von SO, Abstieg nach SW. Oberster W-Grat und NW-Rinne: Hans Biendl mit Josef Ladner 1898. S-Grat: Dr. Karl Blodig und Rudolf Pinker 1898. Den Verbindungsgrat vom O-Gipfel her mit Erstersteigung des westl. großen Turmes beging Bernhard Trier mit Roman Falch 1907. Einige

Tage später überkletterten sie den ganzen W-Grat vom Scheibler her.

● 636 Von **Südosten,** II—III, beziehungsweise II. Von der Darmstädter Hütte, 2½ st zum Schuttkar am SO-Fuß der Spitze und über eine steile, rasige Felsstufe zu einer seichten, nordöstl. bis zum Verbindungsgrat zwischen beiden Spitzen, ziehenden Mulde und entweder 1. durch diese auf den O-Grat, nun westl. über einen schwierigen Gratturm zum Gipfel, oder 2. über die steilen, mit Bändern durchzogenen Felsen der S-Hänge gerade hinauf zur Spitze.

● 637 **Südgrat,** I—II, bester Zugang. Von der Darmstädter Hütte, 2¼ st. Der S-Grat hat in seinem unteren Teil eine deutlich ausgeprägte Scharte, welche von der Hütte aus gut sichtbar ist. — Auf dem Kuchenjochweg ¼ st aufwärts, dann rechts über den Rücken des vorderen, von der Hütte aus gut sichtbaren Felswalles, über grasdurchsetzte Felsen waagrecht hinüber zum Schuttkar südl. der Faselfadspitze. Nun durch eine Schuttrinne zur obenerwähnten Scharte, 1 st. Von hier auf der W-Seite des S-Grates rd. 60—70 m waagrecht zu einer steilen Rinne, die sich oben teilt; in dieser zum Grat und auf der O-Seite rd. 30—40 m auf einem Band geradeaus weiter zu einem kleinen Trümmerplatz. Von diesem rd. 30—40 m nach rechts, dann steil zum Grat und auf seiner W-Seite zum Gipfel. — Der S-Grat läßt sich auch etwas schwieriger, II, nach der Rinne ganz verfolgen, bloß einige Min. unterhalb des Gipfels benützt man die W-Flanke und erreicht über Grasbänder und kleine Wandstufen den Gipfel.

● 638 **Südwesthänge,** I—II. Von der Darmstädter Hütte, 2¼ st, wie R 637 zur Scharte im S-Grat. Nun westl. auf Grasbändern bis gegen einen auffallenden, überhängenden, gelben Turm im W-Grat, der schon von der Hütte aus sichtbar ist. Rechts von diesem Turm durch einen rd. 8 m hohen, flachen Kamin ziemlich schwierig empor, dann links über zerrissene Felsen und Bänder auf den obersten W-Grat und zum Gipfel.

● 639 **Westgrat,** III—IV. Prachtvolle, schwierige Gratkletterei. Eine der schönsten im Ferwall. Von der Darmstädter Hütte, 4½ st, auf dem Kuchenjochweg etwa ½ st aufwärts bis knapp vor dem Ferner. Nun rechts in das Kar hinauf und vom hinteren Karboden an dem zur Faselfadscharte hinaufziehenden Felsbuckel empor. Der Grat setzt mit einem kleinen Turm und zwei roten Hörnern rechts an. Dann folgt ein größerer, zuckerhutförmiger Turm. Zwischen ihm und den zwei Hörnern zieht eine hellgraue Plattenrinne empor. Durch sie in die Scharte und gerade schwierig auf den Zuckerhut. Jenseits hinab und auf oder südl. rechts um einen kl. Turm in eine Scharte (die man sowohl mit unschöner nördl. Umgehung als auch wenig schwierig vom Kar im SO über eine Schuttstufe und begrünte Schrofen erreichen kann). Nun immer dem Grat nach, nach Belieben auch dann und wann rechts ausweichend bis zum Fuß des Großen Turmes. Zunächst immer ziemlich gerade am Grat über einige Höcker hinauf, bis man über einige scharfe Blöcke an den Fuß der Schlußwand gelangt. Durch eine mit Blöcken ausgekeilte Steilrinne links empor und um eine Ecke rechts auf einen großen Block unter einem Überhang. Man spreizt rechts hinaus und klettert dicht neben dem Überhang empor und rechts auf die Gratrippe. Über sie und den Grat zur Spitze des großen Turmes, 3½ st. Man hat nun schon fast die Höhe des (sichtbaren) Gipfels. Es folgen noch drei Türme, doch bietet nur der erste noch einige Kletterei (beim Abstieg von ihm kurz 2—3 m nach N hinab und Quergang zur Scharte zurück). Die letzten zwei Türme können überstiegen oder rechts, südl., wenig schwierig auf Schuttbändern umgangen werden. Dann in schöner Kletterei gerade hinauf zur Spitze, ½ st.

● 640 **Abstieg. Oberster Westgrat** und **Nordwestrinne,** I—II; etwas leichter als R 638. Abstieg 2 st zur Hütte. (Empfehlenswert, wenn die Grasbänder von R 637 mit Neuschnee bedeckt oder vereist sind.) Man verfolgt den W-Grat über die Stelle hinaus, wo die deutlichen Bänder der R 637 in die SW-Wand hinausführen, bis zu dem Punkt, wo derselbe eine leichte Schwenkung nach S macht, um dann sofort wieder in streng westl. Richtung weiter zu ziehen. In der geraden Fortsetzung seines ursprünglichen Verlaufes baut sich hier (d. h. unmittelbar nach der Beugungsstelle) der Grat zu dem von der Darmstädter Hütte aus sichtbaren, auffallenden, überhängenden, gelben Turm auf, um dann senkrecht gegen die Randmoräne des Faselfadferners abzubrechen. Dieser Turm einerseits und der weitere Gratzug andererseits flankieren zwei nebeneinander, steil hinabziehende Rinnen, welche beide durchkletterbar sind. Durch die linksseitige in schöner Kletterei, zum Schluß durch einen von einem Block oben geschlossenen Kamin auf Schuttstufen, über die man leicht in die tief eingeschnittene Scharte gelangt, die der W-Grat der Faselfadspitze mit dem westl. benachbarten, niedrigen Felsrücken bildet. Von hier südl. über Schutt hinab auf den Kuchenjochweg und zur Darmstädter Hütte.

● 641 **Übergang** zur **Östl. Faselfadspitze,** II, 1½ st, siehe R 648.

● 642 **Östliche Faselfadspitze,** 2950 m

Ein gewaltiger, gegen das Moostal vorgeschobener Eckpfeiler. Mäßig schwierig, sehr lohnend. Von S eine pralle Wand, das Schaustück der Darmstädter Hütte. Rundschau, da fast im Mittelpunkt des hinteren Kartells gelegen, auf die Umrahmung am schönsten.

Über die Erstersteigung ist nichts bekannt. Die Kaminreihe der W-Wand durchkletterte C. Herold 1901. Von O mit Übergang zur Westl. Faselfadspitze: Bernhard Trier mit Roman Falch 1907. N-Wand: E. Sigrist und Paul Hitz. **S-Wand:** Werner Schaarschmidt 1914. SO-Wand: Albin Roessel 1920.

● 643 Von **Südwesten** und über den **obersten Westgrat,** I—II. Von der Darmstädter Hütte, 2 st, wie bei R 636 zur seichten Mulde, die gegen den Verbindungsgrat beider Spitzen zieht, und nun rechts nordöstl. über Platten auf den Grat, den man möglichst nahe der Östl. Faselfadspitze zu erreichen sucht. Hierauf über ein Felsband an der N-Seite zu einer oben etwas überhängenden Rinne, durch sie, wobei man die überhängende Stelle links umgeht, auf den Grat und zur Spitze.

● 644 **Kaminreihe** der **Südwestwand,** III. Wie R 610 zur seichten Mulde und zum langen Kamin, der die W-Wand durchzieht, und durch diesen in schwieriger Kletterei zum Gipfel. — Auch über die Felsen rechts der Rinne wurde der Anstieg durchgeführt. Besonders schwierig, V, 1 st. Helmut Weber 1950 (PM).

● 645 **Nordwand,** III—IV. Von der Hinteren Taja im Moostal, 5 st, steigt man über Rasenhänge gegen das Faselfadjoch an und sich links wendend zu den Firnhängen, die den untersten Teil der Faselfad-N-Wand bedecken. — Diese besteht aus drei Hauptteilen: einem unteren Steilabbruch, einem mittleren, etwas weniger steilen Plattenband, das sich quer durch die ganze Wand zieht (teilweise mit Firn bedeckt) und einem oberen, sehr steilen Felswall. Vom Plattenband zieht sich eine steile Firnzunge hinab zum Firnfeld am Fuß der Wand. — Die unterste Stufe wird neben der Firnzunge durch einen Riß erklettert, das Plattenband und Firnfeld von rechts nach links östl. durchquert. Nun erfolgt der Einstieg in eine enge Rinne; bald dieser, bald dem schwach ausgeprägten Grat rechts folgend, wird die obere, steile und schwierige Wandstufe erklettert und durch einen kurzen Kamin mit schlechten und spärlichen Griffen schwierig der O-Grat erreicht, der wenig schwierig zum Gipfel führt.

● 646 **Ostgrat,** II—III. Die Schwierigkeiten sind nur im ganz untersten Teil. Von der Darmstädter Hütte, 2 1/2 st, zum Fuß des O-Grates, zu der Rinne, die vor dem von der Hütte aus sichtbaren Eckpfeiler emporzieht, 1/2 st. Durch diesen gewinnt man schwierig und unangenehm in der grasdurchsetzten Plattenverschneidung die Grathöhe, 3/4 st. (Dieses Stück dürfte sich weiter nördlich um den Fuß der Wand herum und von NO wenig schwierig überwinden lassen.) Nun ohne besondere Schwierigkeiten steil über den breiten O-Grat hinan, auf ihn oder rechts auf Schutt ausweichend bis unter den Gipfelturm, den man nach rechts umgeht und dann erklettert.

● 647 **Südostwand,** IV. Diese 400 m hohe Wand wird in ihrem mittleren Drittel von einer Schlucht in der Fallinie des Gipfels und in ihrem untersten Drittel von einer weiß gescheuerten Rinne etwas rechts davon durchzogen. Von der Darmstädter Hütte, 2 1/2 st, zum Beginn der letzteren (2500 m, 1/2 st), über ein immer schmäler werdendes Rasenband nach links hinauf. Sobald als möglich gerade empor durch eine Rinne und neben ihr. Oben nach rechts in einen Kessel (Beginn der Schlucht, 3/4 st) und aus ihm ganz leicht nach rechts auf einen Grat. Über ihn allmählich wieder in die Schlucht zurück. Durch diese, einen Kamin ganz rechts benützend, in einen zweiten breiten Kessel (1 st), nach rechts auf den O-Grat (1/4 st) und in 5 Min. zum Gipfel.

● 648 **Übergang** von der **Östl.** zur **Westl. Faselfadspitze,** II, 1 1/2 st. Man hält sich an den zerrissenen Grat, wobei man meistens links, südl., ausweicht, und den Turm vor der Westl. Spitze schwieriger überklettert.

● 649 **Augstenberglerkopf,** 2881 m

Selten besucht, lohnend, wenig schwierig. Fälschlich Ochsenberglerkopf. — Name von Augst, Dialekt Oogst, einer mageren Galtvieh-(Jungvieh)weide, die am SO-Fuß liegt. — Früh besucht, wurde er von den beiden Führern Ladner und Schwarzhannes 1886 von N erklommen. Rud. L. Kusdas stieg über den oberen O-Grat dann nach S ab.

● 650 **Südgrat,** I. Von St. Anton am Arlberg, 5 st, durch das Moostal (siehe R 61) zur Hinteren Taja, 2 1/4 st, und westl. über Rasenhänge und das Trümmerkar auf das Faselfadjoch (2636 m), 2 st. Nun nördl. über den Trümmergrat zum Vorgipfel, 1/2 st, und zur nächsten Gratsenke. Nun entweder — 1. über den blockübersäten S-Hang zur Spitze, oder — 2. gerade über den Grat, der hier einen klotzigen Turm entgegenstellt, dessen Erkletterung aber infolge des stark zerborstenen Felses wenig schwierig ist, zum Gipfel.

● 651 **Südgrat,** I. Von St. Anton am Arlberg durch das Faselfadtal, 5 st, wie R 622 ins Faselfadkar zum obersten See und östl. auf das Faselfadjoch und weiter wie R 650.

● 652 **Südgrat,** I. Von der Darmstädter Hütte, 3 st. Auf dem Weg zum Kuchenjoch zum kleinen See am Kuchenferner und nördl. weglos in das trümmererfüllte Kar südwestl. der Westlichen Faselfadspitze und wenig schwierig zur Scharte östl. von P. 2833, $1^1/_2$ st. Nun hinab auf den Faselfadferner und unter P. 2782 hindurch zum Faselfadjoch, $^1/_2$ st, und weiter wie R 650.

● 653 **Südgrat,** I. Von der Konstanzer Hütte, $4^1/_2$ st, auf dem Weg zum Kuchenjoch wie R 623 in die Mulde südl. vom Fasulalpkopf und zur breiten Scharte südöstl. des Fasulalpkopfes, hinab zu einem kleinen See unterhalb des Faselfadferners und dann über Schutt zum Faselfadjoch und weiter wie R 650.

● 654 Von **Norden,** II. Von St. Anton am Arlberg, 5 st, durchs Moostal wie R 61, aber vor Erreichen der Roßfallalpe wie R 660 zur Skihütte ($1^1/_2$ st) westl. auf Steigspuren in das Kar der Inneren Sulz und südl. über plattige steile Felsen gerade zum Gipfel.

● 655 **Oberster Ostgrat** und **Südflanke,** 5 st, I. Von St. Anton wie R 650 gegen das Faselfadjoch bis in das oberste Trümmerkar, nun nördl. über die steilen Lehnen der S-Flanke des O-Grates hinauf und über letzteren zum Gipfel.

● 656 **Gr. Sulzkopf,** 2853 m; **Kl. Sulzkopf,** 2741 m

● 657 Breiter Stock, drei Spitzen, nördl. die höchste, selten besucht, sehr lohnend, aber mühsam. — Wurde gelegentlich der Vermessungsarbeiten erstiegen. Dr. A. Gockel erreichte mit Schwarzhannes die südl. Spitze; Rud. L. Kusdas erstieg, vom Kl. Sulzkopf kommend, alle 3 Spitzen 1901.

● 658 Von **Südwesten,** I. Von St. Anton am Arlberg, 5 st, wie R 622 ins Faselfadkar und vom 3. See nordöstl. über Schutt und steile Rinnen zum südlichsten Gipfel und dem scharfen Grat, manchmal westl. ausweichend, nach N zum Hauptgipfel.

● 659 **Nordwestgrat,** I. Von St. Anton am Arlberg, $4^1/_2$ st. Auf dem Weg zur Konstanzer Hütte (siehe R 55) zur Kapelle am Stiegeneck. 500 m weiter zweigt links ein Steig ab, der hinunter zur Rosanna führt. Dort über die Brücke und in Kehren zur

Tanunalpe (1720 m). Südwestl. anfangs noch auf einem Steig, dann südl. über Weiden, schließlich Schutt zum NW-Grat und über diesen (brüchiger Fels) zum obersten S-Grat und zum Gipfel.

● 660 Über den **Kl. Sulzkopf,** I. Von St. Anton am Arlberg, 5³/₄ st, wie R 61 ins Moostal, und etwa 10 Min. vor der Roßfallalpe auf einem Steig rechts hinab zum Moostalbach, über die Brücke und an den Tritschalmhütten und der Skihütte (1¹/₂ st) vorbei, westl., über die Almböden, dann Schutt in das Kar, das zwischen Gr. und Kl. Sulzkogel eingebettet ist, und nördl. auf den O-Grat des letzteren und auf diesen (2³/₄ st). Nun rechts unterhalb des morschen Verbindungsgrates zur nördlichsten Spitze, von wo der Hauptgipfel als senkrechter, zerborstener Turm aufragt. Nach rechts steil über Schutt zu einem Kamin, dann ein Schneefeld querend, so den Gipfel westl. umgehend, durch einen herabziehenden, größeren Riß hinauf zum obersten S-Grat und zur Spitze.

● 661 Von **Südosten,** I. Von St. Anton am Arlberg, 5 st, wie R 654 in die Innere Sulz und nordwestl. durch steile Rinnen gerade hinauf zum Gipfel.

e) Die Kartellgruppe

Die beiden tiefen Senken, Doppelseescharte und Rugglescharte, begrenzen die Gruppe, welcher die Seeköpfe und die Umrahmung des Gr. Kartellferners angehören.

● 662 **Seeköpfe,** 3061, 2859 m

Ein kühner, formschöner Doppelgipfel. Mäßig schwierig, sehr lohnend, fester Fels.
Rundschau: Küchelspitze — Kuchenspitze, Faselfadspitze, Vesulspitze, Ötztaler, Silvretta. Gewaltig der Blick ins Vergrößtal. — 1. Ersteigung durch Julius Volland und Baptist Hämmerle 1886 von S. Von W Dr. W. Strauß mit Josef Ladner 1888. W-Grat Adolf und Gustav Schulze 1900. N-Wand Viktor Sohm 1901. N-Kante Florian Pirker und Stefan Kohler 1921. (Gipfelkarte) SO-Grat Friedrich und Josef Albrecht 1926.

● 663 Von **Südosten,** I—II, einfachster Anstieg, besonders im Frühsommer (Abfahren) als Abstieg anzuraten. Von der Darmstädter Hütte, 2¹/₂ st, siehe R 106 zur Doppelseescharte, 1¹/₂ st,

XIV Saumspitze und **Seeköpfe,** dazwischen das Schneidjöchl.
Foto: F. Ritze

dann umgeht man das Massiv nach O und steigt durch eine steile Rinne zum obersten SO-Grat und wenig schwierig auf den niedrigeren S-Gipfel, 1 st. Nun hinunter in die tiefe Scharte zwischen beiden Gipfeln und — entweder 1. ein gleiches Stück weiter hinab nach W durch die Rinne (Achtung! Keine Steine ablassen, da sie Begeher der W-Rinne gefährden), bis zu einem ziemlich breiten, schuttbedeckten Felsband und auf diesem in nördl. Richtung bis zu einem rechts hinaufziehenden Kamin und durch diesen auf den höheren N-Gipfel — oder 2. weit schöner, sich links haltend über eine kurze schwierigere Stelle hinauf und über den vorgelagerten Turm zum N-Gipfel, 1/2 st.

● 664 **Westgrat,** II. Von der Darmstädter Hütte, 2 1/2 st (siehe R 106) zur Doppelseescharte, 1 1/2 st und rechts südl. unter der Gratschneide hinauf. Der Abbruch des S-Gipfels wird rechts östl. durch einen schwierigeren Riß überwunden, 1 st, weiter wie R 663.

● 665 **Westwand,** II. Unter Umständen steinfallgefährdet. Von der Darmstädter Hütte, 2 1/2 st, auf dem Weg (siehe R 90) zum Schneidjöchl bis dicht unterhalb des Jöchls, dann auf der W-Seite des N-Grates bis sich dieser steil aufschwingt. Nun auf Bändern die W-Seite des Seekopfes querend bis zu der aus der Scharte zwischen beiden Gipfeln herabziehenden großen Rinne (von der Hütte aus gut sichtbar). Durch diese hinauf bis knapp vor der tiefen Scharte zwischen beiden Gipfeln und weiter wie R 663.

● 666 **Nordwand,** II—III. Sehr hübsch. Von der Darmstädter Hütte, 2 1/2 st, wie R 90 zum Schneidjöchl, 1 1/2 st, und über den zur N-Wand führenden Grat, bis dieser plattig ansetzt. (Die hier sich aufschwingende N-Kante, III, bietet schöne, luftige Kletterei.) Nun nach rechts in eine breite Rinne und durch sie hinauf bis an ihr Ende, dann noch 6 m weiter zum Fuß einer steilen Wand, 4 m gerade empor, dann auf schwach ansteigendem, gutem Felsgesimse nach rechts um eine Ecke in eine zweite sehr steile Rinne, die zu einem waagrechten, breiten Schuttband leitet. An dessen östl. Ende über eine plattige Verschneidung zu einer Scharte nordöstl. des Gipfels und wenig schwierig auf diesen.

● 667 **Vollständiger Südostgrat,** IV. Vom Einstieg im Kar östl. des Seekopfes (den man am besten über R 90 erreicht), 1 1/2 st. — Der steile SO-Grat zieht ins Kar zwischen dem O-Grat und dem SSO-Grat hinunter. Einstieg durch eine zu einer Scharte in der O-Wand hinaufziehende Eisrinne. Von der Scharte einige Meter auf breitem Schuttband zu einem Schuttplatz in der die O-Wand

XV Fatlarspitze (I), R 676, **Saumspitze** (II), R 669, und **Seeköpfe** (III), R 662, von der Östlichen Faselfadspitze

Foto: H. Häusle

durchziehenden, auffallenden Rinne. In der Rinne zieht ein enger und glatter Riß empor. Neben diesem Riß durch einen flachen Kamin sehr schwierig hinauf, bis sich die Rinne zurücklegt. Dann wenig schwierig hinaus zum SO-Grat und einige Meter innerhalb der Kante durch einen steilen Kamin sehr schwierig aufwärts. Nun über den Grat gerade hinauf in etwas leichterer Kletterei auf einen ausgeprägten Vorgipfel, in den der SSO-Grat mündet. Von dort wenig schwierig über den Grat auf den südl. Gipfel des Seekopfes. — Im unteren Teil sehr schwierig.

● 668 **Übergang** zur **Saumspitze,** II—III, 1½ st, sehr lohnend. Wie R 663 zum Schneidjöchl und weiter wie bei R 670.

● 669 **Saumspitze,** 3039 m

Am SW-Eck des Gr. Kartellferners, welcher das Moostal beherrscht. Wenig schwieriger, hervorragender Aussichtspunkt, besonders schön Küchel- und Kuchenspitze. Sehr gut mit Seekopf und Fatlarspitze zu verbinden.

1. Ersteigung J. J. Weilenmann 1877 vom Kartellferner, ab zum Schneidjöchl, SW-Flanke Dr. W. Strauß mit Josef Ladner 1888.

● 670 **Südgrat,** I—II, Wenig bis mäßig schwierige Kletterei. Vom Schneidjöchl (2841 m) ½ st (siehe R 90). Das Zackengebilde gleich nördl. der Scharte wird am besten westl. umgangen, doch ist die Überkletterung schräg links auf schmalem Grasband, dann rechts zum höchsten Punkt auf einer Schneide lohnend und nicht schwierig, weiter über den Grat schön zur Spitze.

● 671 **Südwestflanke,** I. Wenig schwierige, schöne Kletterei, Steigspuren. Von der Darmstädter Hütte, 2¼ st, auf dem Hoppe-Seyler-Weg (siehe R 90) bis in das hinterste Saumkar, 1¼ st, unterhalb des Schneidjöchls, zu einem aus der SW-Wand der Saumspitze herabkommenden grünen Schrofenrücken. Über diesen und über die Schutthalde am Fuß der SW-Flanke. Gerade empor, bis sie steiler wird, dann halblinks über eine Rippe in eine Rinne, durch diese und den kaminartigen Ausstieg, dann wenig schwierig zur Spitze.

● 672 **Ostgrat,** I. Von St. Anton, 6 st, durchs Moostal (siehe R 61) zur Hinteren Taja, 2¼ st, und steil östl. am nördl. Ufer des Tobels (Steigspuren) gegen die Ruckleschaarte, dann südl. auf den östl. Rand des Ferners und über ihn zur breiten Scharte (2873 m), 2¾ st, zwischen Fatlarspitze und Saumspitze. Nun über den O-Grat einige Absätze nördl., zum Teil tief unter der Schneide, auf Bändern umgehend zur Spitze.

Übergänge:

● **673** Zum **Seekopf,** II—III. Sehr lohnend, wie bei R 670 und R 90, 1½ st.

● **674** Zur **Fatlarspitze,** I—II, 1½ st. Sehr lohnend, wenig schwierige Kletterei wie oben R 672, dann wie R 677.

● **675** **Kartellkopf,** 2642 m

Im N-Kamm der Saumspitze. Unbedeutend.
Von **St. Anton,** 4½ st, zur Hinteren Taja (siehe R 61) wie bei R 672 zum Kartellferner, westl. zu einem kleinen See und über den O-Grat zur Spitze, I.

● **676** **Fatlarspitze,** 2986 m

Höchste Spitze des schön aufgebauten Fatlarstockes, welchem nach N der Fatlarturm und der Schnitzer vorgelagert sind. Östl. vom Fatlarstock liegt die Östliche Fatlarscharte (auch Obere Fatlarscharte genannt), wo die Kieler Hütte steht, nördl., etwa 70 m vor der Ruckleschart die Nördliche Fatlarscharte (auch Untere Fatlarscharte genannt), gekennzeichnet durch ein in Fels gehauenes, rotes Vermessungszeichen.
Wenig schwierige Kletterei, sehr lohnend.
Rundschau: Seekopf-, Küchel-, Kuchenspitze, Saumspitze, Riffler, Ötztaler, der schöne Dreikant der Vesulspitze, Ortler, Silvretta, Bernina, Lechtaler. — Der Gipfel wurde gelegentlich der Vermessung besucht. Nach NO stiegen G. Herold und M. Pflanz 1898 ab, 1908 überschritt Bernhard Trier mit Roman Falch den ganzen Fatlarstock vom Hauptgipfel nördl. hinunter, dann über den kleinen Mittelgipfel (Fatlarturm) und über den NO-Gipfel (Schnitzer) und verfolgte den Grat bis zu den kleinen Türmen (Fatlarzähne), wo dann der Abstieg ins Moostal genommen wurde.

● **677** **Südwestgrat,** I—II. Schöne Kletterei. Aus der breiten, flachen Scharte P. 2873 südwestl., ½ st. In prächtiger Kletterei über gutgestuften Fels zum Gipfel. — Von St. Anton, 5 st (siehe R 672).

● **678** Von **Nordosten,** I—II. Von der Niederelbehütte, 2¾ st, auf dem Hoppe-Seyler-Weg (siehe R 90) zur Östlichen Fatlarscharte, 1¾ st, und zum Schneefleck unter der O-Wand, ½ st, über die Randkluft in eine steile Firnrinne, die in die Scharte zwischen Fatlarturm und Fatlarspitze führt. Durch die Rinne bis fast zur Scharte, dann links brüchig, aber ohne Schwierigkeiten über die Gipfelfelsen zur Spitze.

● 679 **Ostwand,** II. Schöne Kletterei. Von der Niederelbehütte, 2½ st, wie bei R 678 zum Fuß der O-Wand, dann schräg links in einen steilen Winkel, dann gerade hinauf in festem Fels, zum Schluß durch eine Steilrinne und grobe Blöcke zum Gipfel. Reizvolle Ausstiegsvariante: Im oberen Drittel nicht links zum SW-Grat oder unter ihm hindurch wie üblich, sondern direkt hoch in einer kaminartigen Steilrinne mit abschließendem Klemmblock, der rechts überwunden wird; Ausstieg unmittelbar zum Gipfelsteinmann, III.

● 680 **Übergang** zur **Saumspitze,** I—II, 1½ st. Sehr lohnend. Wie R 677 zur Scharte und weiter wie bei R 672. Sehr zu empfehlen ist die Wanderung über die Saumspitze zum Seekopf, 3 st.

● 681 **Übergang** zum **Schnitzer,** II—III oder IV, ½—1 st. Wie R 678 in die Scharte nördl. der Fatlarspitze und entweder rechts um den etwa 30 m hohen Fatlarturm, oder IV auf diesen und II—III in die Scharte vor dem Schnitzer und wie R 683 auf der Schnitzer.

Schnitzer, 2951 m

Kecker Turm im Fatlarstock nordöstl. der Fatlarspitze, dazwischen der unbedeutende Fatlarturm. Schnitzer ist der Paznauner Name für ein feststehendes Messer (Hirschfänger).
Erste Ersteigung und Überschreitung durch Bernhard Trier mit Roman Falch 1908. NO-Wand Bernhard Chr. Mosl und Dr. Anton Ochsenreiter 1931.

● 682 **Ostgrat,** II, ¾ st. Von der Kieler Hütte (Hoppe-Seyler-Weg) nur leicht ansteigend über Blockgeröll nach rechts queren zum tiefsten Ansatz des Grates über seinem Wandabbruch ins Fatlar. Man verfolgt den langen Grat ohne Ausweichen in unterhaltsamer und aussichtsreicher Kletterei.

● 683 Von **Osten** und **Süden,** II—III. Von der Niederelbehütte, 2½ st, wie bei R 678 zum kleinen Ferner unter der O-Wand, 2¼ st. Nun durch eine Steilrinne über einen Überhang empor in ein enges Schärtchen zwischen dem Fatlarturm links und dem Schnitzer rechts. Weiter 1 m rechts der Kante in einer Verschneidung 10 m hinauf und links auf einen Absatz der lotrechten Kante. Über eine glatte Platte schräg rechts empor und nach rechts um die Kante, dann 8 m waagrecht an einigen losen Blöcken vorbei und in eine Rinne, die wieder nach links auf die Kante leitet, und über sie in strammer Kletterei zur Spitze.

● 684 Von **Nordosten,** III. Im unteren Teil äußerst brüchig, nicht empfehlenswert. Von der Niederelbehütte, 3½ st, auf dem

Hoppe-Seyler-Weg unter den O-Abstürzen der Fatlarzähne durch, bis zur Schuttschlucht, die sich von der Scharte Fatlarzahngrat — Schnitzer herabzieht (schneegefüllt). Nun nicht über das sehr steile, steinschlaggefährdete Schneefeld der Rinne, sondern auf dem linken Begrenzungsrücken über Bänder wenig schwierig empor. Geschichtete Blöcke ermöglichen den Einstieg bzw. Abstieg in das gewaltige, schutterfüllte und karähnliche Rund der NO-Seite des Schnitzers. Schuttrunsen gestatten eine beliebige Traversierung nach rechts oben. Der schon von weitem sichtbare helle Plattenaufbau wird in schöner, kurzer Kletterei (ausnahmsweise sehr fest) bezwungen. Wenig oberhalb wird eine schwach ausgeprägte Rippe erreicht, die von mächtigen Blöcken gebildet wird. Diese Rippe muß als N-Grat angesprochen werden, welcher die morphologisch schwache Weiterführung des Fatlarzahngrates darstellt. Dieser verkümmerte Grat wird stetig verfolgt. Ein Aufschwung, der in schöner Kletterei überwunden wird, läßt den O-Grat erklimmen. Nach einer luftigen, aber festen Seillänge ist der Schnitzergipfel erreicht. 2 st vom Einstieg.

Übergang zur Fatlarspitze siehe R 681.

● 685 Fatlarzähne, rd. 2800 m

Gratzacken im N-Grat des Schnitzers, die alle bis auf den 6. und 7. Zahn doppelgipflig sind. Den 1. und 2. Zahn erstieg Bernhard Chr. Mosl 1931, den 3. und 5. Zahn Fritz Disch und Ulrich Schoel 1958 (der 4. Zahn hatte schon einen Steinmann); den 6. und 7. Zahn Ulrich Schoel und Waltraud Techel, PM (Tourenbuch der Niederelbehütte). Die Verbindung zwischen 5. und 6. Zahn fanden Fritz und Johannes Disch 1964 bei der ersten Gesamtüberschreitung.

● 686 Überschreitung 1. bis 5. Zahn, II—III, 3½ st von der Nördlichen Fatlarscharte, sehr schöne Kletterfahrt.

Über den Hoppe-Seyler-Weg, bis dieser am Fuß der Fatlarzähne gegen S zur Kieler Schutzhütte ansteigt. Über Schutt und Grasbänder hinauf zur Nördlichen Fatlarscharte, 1½ st.

Über unbedeutende Gratzacken zum Aufschwung des 1. Zahnes. Die Brüchigkeit steigert sich beim Aufstieg zum 2. Gipfel des 1. Zahnes. Es ist deshalb vorteilhafter, den direkten Grat zu verfolgen, da dieser eine relative Festigkeit besitzt. Trotz der Luftigkeit und Ausgesetztheit ist der direkte Grat den Querungen in die W-Wände vorzuziehen, da diese ausnahmslos aus Schuttschluchten und -feldern bestehen. Die Gipfel des 2. und 3. Zahnes vermitteln — sofern am Grat geblieben wird — eine herrliche Kletterei im Schwierigkeitsgrad III. Der 4. Zahn (gelber Ostabsturz) ist dagegen ohne jede Schwierigkeit. Guter Übergang zum 5. Zahn. Zwischen 4. und 5. Zahn reizt ein mächtiger Gendarm zur Überkletterung (bombenfester, griffiger Fels!). Von der folgenden Scharte über den Grat schräg nach rechts einqueren zu einem kleinen, versteckten Kamin, der sich zur Scharte zwischen den beiden Gipfeln des 5. Zahnes hinzieht. Der luftige 5. Zahn, die höchste Erhebung des ganzen Fatlarzahngrates (etwa 2890 m), stürzt nach S steil ab.

● 687 **6.** (II—III) und **7. Fatlarzahn** (III). Die Begeher verfolgten die Schuttrunse zwischen dem 7. Zahn und der NO-Wand des Schnitzers, dann eine steil ansteigende Rinne, und erstiegen den 6. Zahn in 3 Seillängen von W. Aus der Scharte wurde dann der 7. Zahn über den sehr zerklüfteten Grat, der von W nach O läuft, in schöner, luftiger Kletterei in ziemlich festem Fels erstiegen.

● 688 **Übergang 5. zum 6. Zahn** (III). Aus der Scharte zwischen den beiden Gipfeln des 5. Zahns schräg links absteigen in die Scharte zwischen Zahn 5 und Zahn 6. Querung nach rechts aufwärts, bis ein Riß die Querung nach links an den Gipfelaufbau des 6. Zahns ermöglicht. In freier Kletterei bei guten Griffen etwa 40 m auf den Gipfel.

● 689 **Älschnerspitzen,** höchste 2837 m; östliche 2668 m
Hübsche Tiefblicke. Name von Algscha, Algschna oder Älschner, wie die Paznauner die Traubenkirsche, Prunus Padus, nennen (Flaig). — 1. Ersteigung durch Walther Flaig und Dr. Michaelis 1929 von N., ab SW. W-Grat Bernhard Chr. Mosl und Dr. Toni Ochsenreiter 1931.

● 690 Von **Norden,** I. Von der Niederelbehütte, 2 st, auf dem Hoppe-Seyler-Weg (siehe R 90) ins Fatlar und gegen die N-Flanke des Grates Älschnerspitzen—Burgner. Über Schutt bis unter die Mitte der glatten Schlußwand, dann östl. durch eine vom Berg losgesprengte Schlucht (Eis) bis auf den schön gestuften Grat und über die östliche in hübscher Kletterei zur höchsten Spitze.

● 691 **Westgrat,** II—III. Sehr schöne, abwechslungsreiche Kletterei von der Östlichen Fatlarscharte in 1 st. Man umgeht den 1. sehr schroffen Turm und steigt dann rechts in eine nach rechts hinauf streichende Rinne mit einer senkrechten Platte auf den luftigen Grat. Über ein steiles Blockfeld und eine Platte auf den Vorgipfel und über den scharfen Grat zum Gipfel.

XVI Älschnerspitzen (I), R 689, **Fatlarscharte** (II), R 90, **Fatlarspitze** (III), R 676, **Ruckleschartte** (IV) und **Rucklekopf** (V), R 694
Foto: Risch-Lau

Auch eine direkte Routenführung (III—IV) ist möglich (Tourenbuch der Niederelbehütte).

● **692** Von **Südwesten,** I. Von der Niederelbehütte, 2½ st, wie bei R 90 zur Östlichen Fatlarscharte, dann auf dem Weg südl. etwas hinab und unter dem Grat südöstl. zur SW-Flanke des Berges. Durch eine Steilrinne zum obersten W-Grat und zum Gipfel.

● **693** **Burgner,** 2504 m, und **Oberplattkopf,** 2789 m

Ersterer der östliche Eckpfeiler des Älschnerkammes, letzterer der südöstliche, bedeutendere. Über Besteigungen ist nichts veröffentlicht. Der Plattkopf dürfte ohne Schwierigkeiten über den grasdurchsetzten SO-Grat, durch eine Rinne von SW oder von NO — der Burgner wenig schwierig von NW — zu ersteigen sein.

f) Die Seßladgruppe

Die durch die Niederelbehütte erschlossenen Berge des Seßladtales.

Rucklekopf, 2864 m

Fast allseits wenig schwierig ersteigbar; fälschlich Rucklespitze, welchen Namen die Paznauner der demselben Stock angehörigen kühnen Spitze weiter östl. geben. Von W nach O folgt auf den Rucklekopf der Michel oder Ruckleturm (2796 m) und dann die Rucklespitze (2835 m). 1. Ersteigung über den O-Grat von der Rucklespitze her Walther Flaig und K. Letsch 1929. 1. Ersteigung über die S-Wand Jörg Zwosta 1956 (PM).

● **694** **Südpfeiler,** I. Von der Niederelbehütte, 2 st, auf dem Hoppe-Seyler-Weg (siehe R 90) bis östl. unterhalb der Ruckleschарte (2702 m), ¾ st. Dann steil empor durch eine Rinne zur Scharte, ¾ st. (Hierher von St. Anton am Arlberg, 4¾ st, wie bei R 672 gegen die Ruckleschарte und über Schutt zu dieser.) Nun wenig schwierig über den Grat zur Spitze, ½ st.

● **695** **Südwestflanke,** I. Von St. Anton am Arlberg, 5 st, bei R 672 bis gegen die Ruckleschарte und über die wenig schwierigen Hänge zur Spitze.

● **696** **Nordgrat,** I. Vom Seßladjoch (2749 m), ½ st. Von der Niederelbehütte, hierher 1¼ st (siehe R 109) einige Zacken links oder rechts umgehend wenig schwierig zur Spitze.

Oder vor dem Joch durch eine Firn- und Schuttrinne der NO-Flanke wenig schwierig zu dem Gratstück hinter den Zacken und über den obersten N-Grat zum Gipfel, 1 st (besonders als Abstieg zu empfehlen).

● 697 **Ostgrat,** II. Von der Niederelbehütte, 2 st, auf dem Hoppe-Seyler-Weg bis südl. unter der Rucklespitze, 1/2 st, dann durch eine Schutt- und Schrofenrinne in die Scharte zwischen Rucklekopf und Michel, 3/4 st. Nun zuerst etwas in der S-Flanke ausweichend, dann über den Grat mit Ausweichen nach rechts zur Spitze, 3/4 st.

● 698 **Südwand,** II—III; sehr lohnend. Von der Niederelbehütte über den Hoppe-Seyler-Weg an den Fuß des S-Pfeilers; 40 Min. Östl. davon Einstieg über die rechte Seite einer großen Platte; weiter durch kaminartige Steilrinne bis Klemmblock (schwierigste Stelle). Danach aufwärts auf der rechten Seite der Fortsetzung der Rinne, bis links, westl., eine weitere Rinne abzweigt. Diese hoch, dann über steiles Gras und Schutt zum Gipfel; ab Einstieg 1 1/2 st.

● 699 *Übergänge:*

a) Zum **Michel,** II, 1 1/4 st, und zur **Rucklespitze,** III, 1 1/2 st. Wie oben R 697, dann wie bei R 701.

b) Zur **Seßladspitze,** I, 1 st. Wie bei R 696 zum Seßladjoch und wie bei R 713.

● 700 **Michel** (oder Ruckleturm), 2796 m und **Rucklespitze,** 2835 m

Beide dem Rucklekopf angehörend. Ersterer ein spitzer, schwieriger Zacken im Verbindungsgrat, letzterer ein stumpfer Dreikant, der kühnste Gipfel des Seßladtales. GB. Beide aus Hornblendegesteinen aufgebaut. — 1. Ersteigung des Michel durch Walther Flaig und K. Letsch über die W-Wand, welche vorher auch die Rucklespitze, die von 2 Paznauner Brüdern erstiegen worden sein soll, erklettert hatten. Die O-Wand der Rucklespitze durchkletterten Sepp und Hans Jöchler 1951.
Die 1. Ersteigung über die S-Wand führten Fritz Disch und Tino Zwosta 1957, die über die SO-Kante Jörg und Tino Zwosta 1958 durch (ÖAZ, 1958, S. 174; Anstiegsskizze zu beiden Anstiegen Mitt. AVS Konstanz, 1959, Nr. 19).

● 701 Aus der **Westscharte** auf den **Michel,** 1/2 st. Von der Niederelbehütte wie bei R 697 zur Scharte zwischen Rucklekopf und Michel, 1 1/4 st, nun schräg rechts zur Kante hinaus emporqueren, dann das mittlere Drittel mit einer kurzen Linksschleife umgehen und zur Spitze, III.

● 702 Als **Abstieg** vom Michel empfiehlt es sich in die Rinne zur O-Scharte abzuseilen (25 m). Man kommt dadurch in die Rinne, wenige Meter über den Einstieg zur Rucklespitze-W-Flanke, wodurch man diesen schönen Gipfel mitnimmt. Die Michel-Umquerung benützt man auf dem Rückweg.

● 703 Aus der **Westscharte** auf die **Rucklespitze,** II, 3/4 st. Genußreiche Kletterei.

Wie bei R 697 zur Scharte, 1 1/4 st. Den Michel umquert man rechts auf Bändern der W- und S-Seite an- und absteigend und gelangt so in die sw. Rinne zwischen Michel und Rucklespitze. In der Rinne, dann rechts daneben steigt man empor durch die Westflanke, bis diese sich über einer Stufe steiler aufschwingt. Ungefähr in der Mitte die Wand anpackend, steigt man erst auf dem Steilband schräg links nordöstl. empor bis an sein Ende, dann ebenso rechtshin südl. und auf den kurzen Gipfelgrat, der nach N zur Spitze führt.

Variante ohne Michelumquerung (lohnender wegen längerer Kletterei in festem Fels): man verfolgt die Rinne (siehe R 697) nicht bis zur Scharte, sondern quert bereits am Fuße des Michels in die W-Wand.

● 704 **Südkamin,** III—IV. Anregende Kletterei.

Die S-Wand ist horizontal dreifach gegliedert durch zwei Terrassen, die das untere und obere Viertel von dem sehr steilen, bauchigen Mittelteil abgrenzen. Diesen Mittelteil selbst durchreißt in seiner ganzen Länge ein senkrechter, tief den Bergkörper spaltender Kamin, der als solcher jedoch erst von der unteren Terrasse aus erkennbar ist. Durch diesen Kamin führt der Hauptteil des Anstieges. Einstieg am Fuß des SW-Pfeilers, wo er am tiefsten ins Schuttkar stößt. Über die rechte Begrenzungsrippe einer grabenartigen Steilrinne schräg rechts aufwärts zur unteren, abschüssigen Terrasse (Gras) und hinein in den sich öffnenden Kamingrund. Über die rechte, senkrechte Kaminwand zuerst im Zickzack hoch (kleingriffig, aber fest) und zurück in den Kamingrund auf eine Gruppe von Klemmblöcken. Eine zweite überhängende Kaminunterbrechung wird auf dieselbe Weise erreicht. Die nächste Seillänge (weiter rechts hoch) bringt den Ausstieg auf die obere Schutt-Gras-Terrasse, über welche sich die Gipfelkrone vom NW- zum SO-Gipfel aufbaut. Wenig schwierige Querung nach rechts und ausgesetzt direkt auf den SO-Gipfel. Höhe 240 m, 1 1/2 st vom Einstieg. Durchgehend III, zwei Stellen III—IV.

● 705 **Südwand** östlich des Kamins zum **Ostgipfel,** IV—V (1. Begehung Hans Föger, Sepp und Alfons Jörg, BRD Kappl, 1961).

Einstieg etwa 40 m östl. des S-Wandkamins. Die Führe verläuft ungefähr in Fallinie einer gelblichroten Felsnase. Vom Einstieg über eine schwach ausgeprägte, rißartige, gestufte Rinne (Standplatz). 2 m nach rechts auf eine Kante, über diese hinüber und nach links auf plattig gestuften Fels. Über diesen zu einer nach rechts aufziehenden Rinne. Durch diese zu überhängendem Fels. Ansteigende Querung nach rechts und über eine rißartige Rinne zu einem auffallenden Felsköpfl. Gerade hinauf zum Rand des Plattenschusses des S-Wandkamins. Über eine nach rechts ansteigende gestufte Rampe zu gutem Stand unter einer überhängenden Verschneidung. Durch diese besonders schwierig mittels Seilzug (Haken belassen) auf eine sehr steile Platte. 5 m über gestuften, griffigen Fels gerade hinauf, bis sich die Wand steil aufbäumt, dann ansteigende Querung unter überhängendem Fels nach rechts und über plattig-schrofiges Gelände zum großen Plattenschuß. Von diesem über die linke Kante der Gipfelwand zum Gipfel. Zeit der Erstbegeher 3 st.

● 706 **Südwand** westlich des Kamins zum **Westgipfel,** IV—V (1. Begehung Jörg und Uli Zwosta, Uli Fesenmeyer, Konstanz, 1962).

Einstieg etwa 2 m westl. des Einstiegs zum S-Wandkamin. Durch einen fast senkrechten Riß 8 m empor zu einer schwarzen Platte. Kurze Querung nach rechts (Berührung der Kaminführe); über die linke Begrenzungswand empor zum ersten Standplatz. Nach 3 m senkrecht in einer Verschneidung hoch, in deren oberen Teil man sich nach links wendet (Schlüsselstelle; Haken belassen). Querung über eine fast tritt- und grifflose Platte nach links in einen engen Kamin; in ihm 3 m empor (Standplatz). Einen anschließenden Riß überwindet man auf der rechten Seite. Es folgt ein 20 m langer, senkrechter Stemmkamin, auf diesen ein 10 m langes Grasband, an dessen Ende man durch eine Schlucht Einsicht in den Grund des großen S-Wandkamins hat. Querung nach rechts unter einem Überhang, nach dessen Überwindung auf schräge, kleine Grasterrasse (von hier aus auch wenig schwierig zur Westwandführe). Den Gipfelaufbau überwindet man in der unteren Hälfte an der linken Kante, die obere Hälfte wird nach rechts aufsteigend gewonnen. Zeit 2½ st.

● 707 **Südostkante,** VI, fester Fels, $2^3/_4$ st vom Einstieg. Der Niederelbehütte zu stürzt der Aufbau des O-Gipfels der Rucklespitze lotrecht ab; er wird gebildet aus der in der SO-Kante zusammenschießenden Süd- (R 704) und Ostwand (R 708). Sie zerfällt deutlich in zwei Abschnitte. Das Scharnier dieser Abschnitte ist eine graue Platte mit einer kleinen Gufel darüber, am östlichen Rand der oberen S-Wand-Terrasse, wo die Kante mit einem großen Überhang sich fortsetzt.

Von der Hütte auf den Breiten Kopf (R 710) und zu einem ihn überhöhenden Grasgipfel, der von der Hütte aus wie ein Grasfleck im Aufbau der Rucklespitze wirkt. Jenseits hinab zum von der Hütte aus nicht sichtbaren Einstieg in die SO-Kante, $1^1/_4$ st.

Nach steiler Felsstufe in kaminartiger Rinne, die sich oben (vorgeschobener, glatter Block) zu einer auswärtsdrängenden Verschneidung schließt. Komplizierte und ausgesetzte Querung nach links auf die freie Kante und hinauf zur vorher erwähnten Platte mit der kleinen Gufel darüber. Vom Einstieg $^3/_4$ st, III, Querung IV—V (von der Platte wenig schwierig westl. ausweichend auf die Terrasse und weiter wie S-Wand-Anstieg).

Die Kante wölbt sich, einen großen Überhang bildend, über die Platte. Rechts hoch heraus aus der Gufel und gleich links in eine seichte, stark abdrängende Verschneidung, die am Doppelseil mit Seilzug bewältigt wird. Man befindet sich nun auf dem Überhang in der prallen, roten S-Wand des O-Gipfels, die sich mit senkrechtem Plattenpanzer hochtürmt bis zum überhängenden Gipfel. Kurze Querung auf bauchigem, grifflosem Wulst nach rechts auf die steile, scharfe und ausgesetzte Kante. Hinauf unter den Gipfelüberhang, der äußerst schwierig direkt genommen wird auf seiner Auswölbung links eines faustbreiten Risses, der ihn spaltet; Ausstieg unmittelbar zum Gipfel. Von der Gufel 2 st. Schwierigkeit: Beide Überhänge VI, Zwischenstück IV. Gesamtlänge der Kante 150 m.

● 708 **Ostwand,** V, einige Stellen VI. Vom Einstieg 10 st. Am Fuß der Wand zieht eine auffallende Rampe nach links aufwärts. Man steigt dieser entlang bis etwa in Gipfelfallinie, wo rechter Hand der Fels sich nischenförmig einbuchtet. Die Nische wird an der linken Seite erklettert, man quert dann wieder rechts auf ihren Scheitel, sodann gerade hinauf in ein schwach ausgeprägtes Rinnensystem. Nach einer äußerst schwierigen Wandstufe hält man sich wieder links und an der sich bildenden Verschneidung senkrecht einige Meter empor bis zu einem auffallenden Köpfl.

Die nun ansetzende Querung nach rechts über eine kleingriffige Platte leitet in eine seichte Rinne, die man einige Meter verfolgt, dann klettert man schwierig rechts auf die Kante. Es folgt der zweite Quergang nach rechts über eine grifflose Platte. Nach etwa 6 m erreicht man eine Rinne, an deren Beginn ein Grasfleck ist. In der Rinne empor bis zu einem senkrechten Wandabbruch, durch den ein haarfeiner Riß zieht. Mit Hilfe von Haken gewinnt man äußerst schwierig diese Stelle und kommt nach einer glatten Wand wieder in die Fortsetzung der Rinne, die jetzt eine Verschneidung bildet. In dieser entlang, meist an der linken Wandflucht, bis wieder eine glatte, senkrechte Wand die Verschneidung unterbricht und dann als Riß weiter führt. Man bleibt nun im Riß, der sich senkrecht aufbäumt und stellenweise überhängend ist. Nach einem Absatz (Graspolster) wieder weiter im Riß, der jetzt, durch gelbes Gestein gekennzeichnet, glatt und abweisend bis unter ein Dach führt, welches die Rißreihe unterbricht. (An dieser Stelle zieht ein dachartiger Wulst waagrecht durch die Wand.) Nach Überkletterung des Daches folgt eine äußerst schwierige Verschneidung (Schlüsselstelle). Diese leitet in eine kleine Nische. Der darüber befindliche Überhang wird rechts umgangen, indem man schwierig auf die Kante quert und dann etwa 6 m weiter nach rechts in eine überhängende Verschneidung gelangt. Diese empor auf eine abschüssige Platte und weiter in der Verschneidung besonders schwierig, bis ein neuerliches Dach den Weiterweg versperrt. Von hier zieht nach links ein leicht nach abwärts geneigtes Kriechband, das, an einer Stelle unterbrochen, ziemlich ausgesetzt 8—10 m bis in eine Nische verfolgt wird. Der nun folgende, 30 m hohe Ausstiegsriß ist gut griffig, jedoch sehr schwierig. Die beiden Überhänge im Riß sind am besten an der rechten Wandflucht zu erklimmen. Man kommt etwa 6 m nördl. vom Gipfel auf den Grat.

● 709 **Übergang** von der **Rucklespitze,** II, 1½ st, oder vom Michel, III, 1¼ st, zum Rucklekopf. Wie R 702 oder R 701 in die W-Scharte und wie bei R 697 zum Rucklekopf.

● 710 **Breiter Kopf** (Breitkopf), 2532 m

Langgestreckter Rücken westl. vom Seßgratjöchl, wenig schwierig. Von der Niederelbehütte, ¾ st, zum Seßgratjöchl (2340 m) und über den Schrofengrat hinauf.

Zum Abstieg nimmt man die steilen Grashänge nach S zum Hoppe-Seyler-Weg.

● 711 Kappler Kopf, 2404 m

Der Ausläufer des Seßgrates mit überraschend schönem Tiefblick auf das Paznauntal, prächtige Aussicht auf die Samnauner Berge und Silvretta, wenig schwierig. Von der Niederelbehütte, 30 Min., in genußreicher Kammwanderung über einen Rasenrücken.

● 712 Seßladspitze, 2949 m

Ein breiter Kopf, wenig schwierig.
Alex. Burckhardt erstieg den Berg 1893. O-Wand Eberhard Chr. Mosl, Dr. Toni Ochsenreiter, Hermine Moser 1931.

● 713 **Südgrat,** I. Vom Seßladjoch, 2733 m, 3/4 st (hierher von der Niederelbehütte 1 1/4 st, siehe R 109), wenig schwierig über den blockübersäten Grat.

● 714 Die SO-Hänge leiten leicht ins Kar.

● 715 **Westgrat,** I. Von St. Anton am Arlberg, 5 st, wie bei R 110 zur Moräne des verschwundenen Südl. Madaunferners und südl. hinauf auf eine Scharte und über den obersten W-Grat und in wenig schwieriger Kletterei zum Gipfel.

● 716 **Nordostgrat,** II. Vom Madaunjoch (2778 m, s. R 110), 3/4 st. Der zerklüftete, abwechslungsreiche Grat wird ohne Ausweichen in sorgfältiger Kletterei überschritten.

● 717 **Ostwand,** III—IV. Sehr brüchig. Von der Niederelbehütte, 3 1/2 st, nordwestl. gegen das Madaunjoch bis unter die Wand. Einstieg etwas rechts der Gipfelfallinie, wo eine Karzunge am höchsten in die Wand reicht, 1 1/2 st. Nun an der diese rechts begrenzenden Felsrippe empor. Es folgt eine senkrechte, teilweise grifflose, dabei brüchige, mit Gras durchsetzte Wandstufe (sehr schwierig). Nach einer Seillänge zu einer von der Wand abstehenden Felssäule. Nun nach links südl. unter Abbrüchen entlang auf schmalen Grasbändern 1—2 Seillängen, bis man eine verhältnismäßig gut gangbare, mit Gras durchsetzte, steile Schrofenrinne erreicht. Diese verfolgt man längere Zeit empor. Von einer geräumigen Felshöhle einmal unterbrochen, leitet die Rinne zu einer nach links abzweigenden Verschneidung. Nun schwierig hinauf zu einem kleinen Überhang. Es folgt ein schwieriger Quergang mit guten Griffen nach links, der zu einer Parallelverschneidung führt, in ihr rd. 15 m empor zum Ausstieg, der sich am Gipfel befindet.

● 718 **Übergang** zum **Rucklekopf,** I, 1 st, wie R 713 zum Seßladjoch und wie bei R 696 zur Spitze.

Zur Madaunspitze (2960 m), II—III, 1¼ st, wie R 715 zum Madaunjoch und R 722.

● 719 Madaunspitze, 2961 m

Breite, doppelgipfelige Pyramide, besteht aus Augengneisen. Wenig schwierig, sehr lohnend.
Name: Madaun ist die Paznauner Bezeichnung für eine vom Almvieh begehrte Futterpflanze, Ligusticum mutellina (Gams in Tiroler Heimatblätter 38, 119). Rundschau: Samnaun, Ötztaler, Ortler, Silvretta, Küchel-, Kuchenspitze, Patteriol, Rätikon, Säntis, Lechtaler Alpen. — Die Spitze wurde frühzeitig besucht. N-Flanke Carl Oppenheimer, Dr. Max Abraham und Lassewitz 1899. SO-Grat Fritz und Karl Krall 1926.

● 720 **Oberer Nordostgrat,** I—II, Von der Niederelbehütte auf bezeichnetem Steig Richtung Kreuzjochspitze. Man verläßt den Steig, der nach rechts weiterzieht, in Höhe der Blockmulde, die sich unterhalb der Schutthänge der Madaunspitze erstreckt. Am Schotersee vorbei und streng hinan zum Beginn der großen Rippe, die vom NO-Grat ins Kar streicht und westl. von einer schon von der Hütte aus sehr auffallenden Schutt(Schnee-)rinne begleitet wird. Wenig schwierig, aber mühsam und wenig zu empfehlen durch die Rinne, oder in anregender Kletterei über die Rippe zum Gratköpfl vor dem Vorgipfel, über diesen und hinüber zum Hauptgipfel, 3 st.

● 721 **Südflanke,** I. Von der Niederelbehütte, 2 st, westl. gegen das Madaunjoch und aus dem flachen Kar unter dem Joch nördl. gegen die Spitze. Vor Erreichen des felsigen Gipfelaufbaues nach links westl. auf den obersten SW-Grat und zur Spitze.

● 722 **Südwestgrat,** II—III. Dieser weist 2 markante Türme auf, wovon der südwestl. mit senkrechten Platten in die enge Scharte zwischen den beiden Türmen abbricht. Vom Madaunjoch erreicht man ohne besondere Schwierigkeiten die Spitze des 1. Turmes, von dem man sich in die Scharte abseilt und den 2. Turm nordwestl. schwieriger umgeht und dann den Grat zum Gipfel verfolgt, 1 st. — Im Abstieg wird der NO-Turm im folgerichtigen Gratverlauf überklettert (II) bis zum Abbruch des Grates über der Scharte zwischen den Türmen; ein 1½-m-Sprung (Spreizschritt) führt hinüber auf den entsprechenden Absatz im Schartenabbruch des SW-Turms, der nun direkt angepackt wird. Über eine dunkle, hochgestellte Platte, weiter schön und luftig zu seiner Spitze und wenig schwierig hinunter zum Madaunjoch.

Übergänge:

● 723 Zur **Seßladspitze,** II—III, $1^1/_4$ st, wie R 722 und R 716.

● 724 Zur **Kreuzjochspitze,** II, 2 st, wie R 720, dann sehr brüchig.

● 725 **Kreuzjochspitze,** 2921 m

Im Knotenpunkt des Hauptkammes mit dem Kamm zur Rendlgruppe. Hoheneder bei Ruthner und Weilenmann. Wenig schwierig, lohnend. Prächtige Rundschau (s. R 719). Der Hüttenberg der Niederelbehütte. Frühzeitig erstiegen. Alexander Burckhardt beging den ganzen Kamm vom Lattejoch her 1882, die schwierigsten Stellen nördl. umgehend. SO-Grat Fritz und Karl Krall 1926. GB.
Der Übergang Kreuzjochspitze — Madaunjoch (bevorzugter als umgekehrt und immer mehr erste Hälfte eines Gesamtübergangs Kreuzjochspitze — Madaunspitze — Seßladspitze; vgl. hierzu auch R 722!) bietet bei ständiger Benutzung des Grates und Überklettern aller Zacken ein geradezu spielerisches Vergnügen in wechselndem Gestein (rot-brüchig, grau-fest); die Nord-Umgehung über Schutt- und Schneehänge ist mühsam und landschaftlich reizlos.

● 726 Von **Süden,** I. Sehr schön, bez., Steiganlage, aber nur für berggewohnte Geher. Von der Niederelbehütte, 2 st.
Zuerst östl. des Sees, dann nordwestl. am Rand des Kares zunächst fast waagrecht über die Weiderücken, dann über die in mehreren Stufen steil aufsteigenden begrünten Höcker immer nach NW empor an den Rand des oberen Kares zu der Bergrippe, die vom S-Grat der Kreuzjochspitze herabstreicht. Man übersteigt sie und folgt quer durch den grünen, steilen O-Hang dem hier auf kurze Strecken ausgebauten Weg, der in ein Geröllkar mündet, aus dem ein Bach herabkommt. Ihm entlang empor zum Schwarzen See. Dann scharf südwestl. und westl. über den See-Ausfluß und durch die Trümmer eines Bergsturzes hinauf in eine Hochmulde im S-Grat, der man westl. folgt bis auf eine breite Scharte im S-Grat. Man verläßt den Grat sofort wieder und quert rechts schräg am Hang empor, auf den begrünten Rücken des Grates, dem man fortan immerzu folgt, zuletzt steiler über Schutt und wenig schwieriges Geschröf zur Spitze.

● 727 **Nordwestgrat,** I. Von St. Anton am Arlberg, $5^1/_2$ st, wie bei R 720 auf den Nördl. Madaunferner und wenig schwierig hinauf auf den NW-Grat und über ihn zum Gipfel.

● 728 Von **Pettneu,** I, 5½ st durchs Malfontal wie bei R 77 zur Malfonalpe (1816 m), 2 st, weiter über die Talstufe zum Talschluß und südl., dann westl. in das östl. der Kreuzjochspitze und der Riffelspitze eingebettete Kar. Westl. und über Schutt und Firnhänge wenig schwierig zum NW-Grat und zur Spitze.

Übergänge:

● 729 Zur **Madaunspitze,** II, 2 st, sehr brüchig und wie bei R 720 oder bedeutend besser wie R 727 zum Nördl. Madaunferner, dann wie bei R 720.

● 730 Zur **Riffelspitze,** II—III, 1½ st, wenig schwierig in die nächste Scharte und wie bei R 736 zum Gipfel.

● 731 Zur **Seespitze,** I, ¾ st. Wenig schwierig über den O-Grat zum Kreuzjoch, 25 Min., dann öfter nördl. ausbiegend zum schönen begrünten Gipfelgrat der Seespitze.

● 732 frei für Ergänzungen.

● 733 **Riffelspitze,** 2935 m

Wenig schwierig, lohnend. — 1. Ersteigung durch Alexander Burckhardt 1892. O- und S-Grat Fritz und Karl Krall 1926.

● 734 **Nordwestgrat,** I. Von St. Anton am Arlberg, 5 st, ins Moostal wie bei R 61 zur Roßfallalpe, 1½ st. Dann noch 10 Min. weiter auf dem Weg und entweder wie R 727 nördl. über die Grashänge, zum Schluß auf die breite Roßfallscharte (2732 m), 2½ st (von Pettneu hierher 5½ st, wie bei R 728 zum Talschluß des Malfontales und nordwestl. über Schutt zur Scharte) und über den unbedeutenden P. 2889 in wenig schwieriger Kletterei zum Gipfel, oder östl., dann nordöstl. zu einer Scharte zwischen P. 2889 und dem Gipfel und wenig schwierig auf diesen.

● 735 **Ostgrat,** I. Von Pettneu, 5½ st, wie bei R 728 zum Kar östl. der Riffelspitze, rechts nördl. aufwärts zu einer Schulter, wo der O-Grat beginnt, und in wenig schwieriger Kletterei zur Spitze.

● 736 **Südostgrat,** II—III. Von St. Anton am Arlberg, 5 st, wie R 720 auf den Nördl. Madaunferner und wenig schwierig hinauf auf die Scharte, 5 st, zwischen Kreuzjochspitze und Riffelspitze und über den sehr zerscharteten Grat in abwechslungsreicher Kletterei über alle Türme, immer auf der Schneide, zum Gipfel, 1 st.

Übergänge:

● 737 Zur **Kreuzjochspitze,** II—III, 1 1/2 st, wie vorher R 736 in die Scharte und wenig schwierig zur Spitze.

● 738 Zur **Vorderen Rendlspitze,** I, 1 1/4 st, in wenig schwieriger Kletterei über den Grat.

● 739 **Seespitze,** 2850 m

Unbedeutend, in Verbindung mit der Kammwanderung von der Kreuzjochspitze lohnend, leicht.

Übergänge:

● 740 Zur **Kreuzjochspitze,** I, 3/4 st, wie R 731.

● 741 Zur **Rotewandspitze,** III.

● 742 **Rotewandspitze,** 2810 m

Ein ausgeprägterer Gipfel. In Verbindung mit der Gratwanderung lohnend. — Ersteigung durch A. Burckhardt 1892.

● 743 **Südgrat,** II. Von der Niederelbehütte, 2 st, anfangs über den Kieler Weg, dann über Grashänge auf die Schneide und über sie zum Gipfel.

● 744 Von **Südosten,** I. Von der Niederelbehütte, 2 st, etwa 20 Min. über den Kieler Weg, dann hinein ins „Karle", das zwischen Karlesgrat rechts und Rotewandspitze links eingebettet ist, und wenig schwierig nw. zur Spitze.

Übergänge:

● 745 **Westgrat** zur Seespitze, III, 3/4 st.

● 746 **Ostgrat** zum Karleskopf, II, 1/2 st, über anfangs bratschiges, dann festes Gestein.

Karleskopf, 2760 m

● 747 **Südhänge,** I. Von der Niederelbehütte, 2 st, wie bei R 744 ins „Karle" und über Felsstufen, Gras und Schutt auf die oberste Scharte zwischen dem NW-Karlesturm und dem Karleskopf und wenig schwierig auf letzteren.

Übergänge:

● 748 a) **Westgrat** zur Rotewandspitze, II, 1/2 st, siehe R 718.

b) **Nordostgrat** zum Beilstein, II, 1/2 st, mäßig schwierige Kletterei.

c) **Südostgrat** zum Nordwestl. Karlesturm (rd. 2720 m), II, 1/2 st.

Karlestürme

Nordwestl. rd. 2720 m, Mittl. rd. 2680 m
Südöstl. rd. 2670 m

● 749 Erstersteigung Bernhard Chr. Mosl, Dr. Toni Ochsenreiter, Hermine Moser 1931. 1. Überschreitung der ganzen Umrahmung des „Karles" vom Schrofenkopf bis zur Rotewandspitze Tino und Jörg Zwosta 1955 (PM).

● 750 Von der **Niederelbehütte**, II, 2½—3½ st, auf dem Kieler Weg wie bei R 744 ins „Karle" und auf die oberste Gratsenke zwischen Karleskopf links und Nordwestl. Karlesturm rechts, 1½ st. In mäßig schwieriger Kletterei auf den Nordwestl. Karlesturm, ¼ st, dann über den zerrissenen, brüchigen Grat (mäßig schwierig) zum Mittleren Karlesturm, ½ st, und auf den nahen Südöstl. Karlesturm, ½ st.

● **751 Übergang** zum **Karleskopf** (rd. 2760 m), II, ½ st.

Schrofenkopf, 2657 m

● 752 Von der **Niederelbehütte,** I, 1¼ st, auf dem Kieler Weg südl. unter dem „Karle" durch und über den SO-Ausläufer und -Grat auf den Schrofenkopf, einen Ausläufer des Karleskammes.

● **753 Übergang** zum **Südöstl. Karlesturm,** III—IV, 1¾ st. Nordwestl. über die Zacken auf den letzten Turm vor der Scharte, ½ st, und sehr brüchig in die Scharte, ¼ st. Nun den Aufschwung empor bis zur Unterbrechungsstelle der Kante (Gratzacken in der Mitte) steil und ausgesetzt in stetem Wechsel zwischen festen Platten und morschem Gestein. Weiter über eine kurze, enge, nach außen drängende Verschneidung, die durch einen gelben Block und eine davorstehende dunkle Platte gebildet wird (schwierigste Stelle). Der Gratzacken in der Mitte bietet durch Brüchigkeit und Ausgesetztheit noch einmal größere Schwierigkeiten. Bald darauf zieht die Kante, sich verbreitend, leichter werdend zum Gipfel des Südöstl. Karlesturms.

Beilstein, 2749 m

● 754 Der schwierigste Gipfel im Zug vom Lattejoch zur Kreuzjochspitze. Mit seinen plattigen, teilweise überhängenden Wänden und seiner fast horizontalen Gipfelschneide stellt er den imposanten Mittelpunkt der Stertakar-Umrahmung dar und ist samt seinem kleinen Trabanten, der Serafinnadel, vom Kieler Weg aus einzusehen. — Erste Überschreitung SW—O durch

Walther Flaig und Gefährten 1930. — 1. Ersteigung über die S-Wand durch Kurt Barthel und Fritz Disch 1959 (Der Bergsteiger, Rundschau, 1959/60, 54), über die SO-Kante durch Jörg und Uli Zwosta 1960, PM.

● 755 Von der **Niederelbehütte,** II, 2½ st, auf dem Kieler Weg um den Schrofenkopf (2657 m) in das Stertakar und westl. auf die Scharte zwischen Karleskopf und Beilstein und in mäßig schwieriger Kletterei auf letzteren. — In der Scharte die Serafinnadel, die nahe der SW-Kante erstiegen werden kann (III). Umgehung an der W-Seite.

● 756 Über die **Südwand.** Von der Niederelbehütte auf dem Kieler Weg um den Schrofenkopf ins Stertakar, wo der AV-Weg verlassen wird. Zuerst entlang des Stertabaches, dann über begrünte Fels- und Moränenrippen hinauf zum Fuße des Beilsteins, der von zwei großen Schuttrunsen umschlossen wird (von der Niederelbehütte 2 st). An der ausgeprägten Kante stoßen SO- und NO-Wand zusammen. Der aus kristallinen Gneisen bestehende Fels ist zwar sehr fest, liegt aber in einer steilen Faltung; die ganze SO-Wand befindet sich im plattigen Ausstreichen des Gesteins, was sich in hängenden Stufen und abwärts gerichteten Griffen auswirkt. Neben der Kante führen zwei Risse durch die SO-Wand; der linke (etwa 20 m neben der Kante) vermittelt den direkten Durchstieg und wird konsequent verfolgt. Im Mittelteil der Führe erweitert sich der Riß kaminartig und durchschneidet die überhängenden Wandwülste. Der zweite große Überhang muß aus dem Kamin rechtsseitig empor überwunden werden = Schlüsselstelle: Haken (Trittschlinge vorteilhaft). Der Fels neigt sich dann stärker zurück, wobei der nun schwach ausgeprägte Riß bis zum Gipfelsteinmann weiter verfolgt wird. — Wandhöhe rd. 200 m. Vom Einstieg 2½ st, Schlüsselstelle IV bis V, sonst III; Ausstieg bei Trockenheit wenig schwierig.

● 757 **Beilstein-Ostkante.** Auf dem Kieler Weg zum Stertakar und durch dieses hinauf zum Ansatz der Kante, welche die S-Wand von der NO-Wand trennt. Vom Einstieg weg steil und luftig; schwierigste Stelle etwa in der Mitte. Am Sicherungsplatz darüber (Ende einer Rinne) Haken belassen. Im Schlußteil der Führe rasches Zurücklehnen der Kante und Verbreitern zum Gipfelplateau. Ab Einstieg 2½ st, durchgehend IV, Ausstieg wenig schwierig.

● 758 Eine erste Führe durch die düstere, teilweise überhängende **Ostwand** fanden Ulrich Fesenmeyer, Konstanz, und Waldemar Allweier, BRD Kappl, am 31. 8. 1961 (IV—V), die „Direkte Ostwand“ machten Jörg und Uli Zwosta und Ulrich Fesenmeyer, Konstanz, am 30. 8. 1962 (V, teilweise VI). Vgl. Tourenbuch der Niederelbehütte!

R 759 frei für Ergänzungen.

Übergänge:

● 760 a) **Südwestgrat** zum Karleskopf, II, 1/2 st, mäßig schwierig.

● 761 b) **Ostgrat** zur Stertaspitze, I—II, 1 st, über plattige Steilstufen in mäßig schwieriger Kletterei.

Stertaspitze (nach Finsterwalder) 2733 m

● 762 Wenig schwierig. — Erste Überschreitung durch Alex. Burckhardt 1892.

● 763 Sowohl von **Süden** als auch von **Südosten** aus dem Stertakar wie bei R 91 vom Kieler Weg aus wenig schwierig zu erreichen, I, 2 1/2 st von der Niederelbehütte.

Übergänge:

● 764 **Westgrat** zum **Beilstein** (2753 m), I—II, 1 st. Wenig schwierig hinab in die westl. Scharte und über plattige Steilstufen in mäßig schwieriger Kletterei auf den Beilstein.

● 765 **Nordostgrat** zu den Alblitköpfen, I, 1/2 st, wenig schwierig.

Alblitköpfe, 2650 m

● 766 Fälschlich „Die Latte“. Dreigipfelige Erhebung südwestl. des Lattejoches. Alex. Burckhardt beging 1892 den Grat vom Lattejoch bis zur Kreuzjochspitze mit südl. Umgehung des Beilsteins. Diese Gratbegehung mit Überschreitung des Beilsteins ist zwar sehr lang (9 bis 10 st) aber sehr abwechslungsreich.

● 767 Von Nordosten oder Norden, I. Von der Niederelbehütte, 2 3/4 st, auf dem Kieler Weg wie bei R 91 bis unter das Lattejoch und auf Steigspuren zum Joch, 2 1/2 st (von Pettneu hierher wie bei R 111, 4 st). Dann südl. wenig schwierig zu den Köpfen. Von Pettneu kommend kann man auch unterhalb des Lattejoches südöstl. zu den Köpfen ohne Schwierigkeiten ansteigen.

Übergänge:

● 768 **Zur Stertaspitze,** I, 1/2 st. Unschwierig.

● 769 Zur **Hohen Spitze,** I, 3/4 st. Unschwierig.

g) Die Rendlgruppe

Ein Kranz selten besuchter Berge um das breite Rendlkar, sehr dankbare, wenig schwierige Aussichtsberge.

Vordere Rendlspitze, 2816 m

● 770 Breiter, sehr lohnender, wenig schwieriger Berg, allseits erreichbar. Die Spitze wurde schon frühzeitig erstiegen. Weilenmann stieg über den NW-Kamm auf, über den O-Grat ab.

● 771 Von **Westen,** I. Von St. Anton a. A., 4 st, durch das Moostal (siehe R 61) bis zu einer Galthütte, bei etwa 1700 m, 1¼ st. Nun östl. über Weiden und Schutthänge zu den W-Hängen, die durch eine Rinne durchstiegen werden bis auf den obersten Teil des NW-Grates und zum Gipfel.

● 772 Von **Nordwesten,** I. Sehr lohnend. Von St. Anton a. A., 4½ st. Unterhalb des Dorfes über die Brücke und steil den Weg ö. des Stockibaches entlang durch Wald auf die Rendlalpe (1791 m), 1½ st, und entweder 1. rd. 100 m südöstl. ansteigend, dann südwestl. und die Hänge fast waagrecht in etwa 2050 m querend über den Stockibach bis oberhalb des Schimmel-Egg und den N-Grat auf den Gampberg (2401 m) und in wenig schwieriger Kletterei zum Gipfel oder 2. auf Steigspuren südwestl. in das Hochkar „Im Rendl“, dann westl. auf der breiten Stufe an kleinen Lacken vorbei zum NW-Grat, und über diesen zur Spitze.

● 773 **Ostgrat,** I. Von St. Anton, 5 st. Wie R 772 ins Hochkar „Im Rendl“ und südöstl. über Schutt auf die Rendlscharte (2551 m), 3½ st. Wenig schwierig über den Grat zur Hinteren Rendlspitze (2741 m), ½ st, und weiter über den klippigen Grat leicht zur Spitze, 1 st.

● 774 **Ostgrat,** I. Von Pettneu, 5½ st, durch das Malfontal (siehe R 77) zur Malfonalpe (1816 m), 2 st, dann talein bis zur Talstufe. Hier über den Bach und in einer großen Schleife zuerst südl. dann nordwestl. auf einem Weg ins Mitterkar und weglos über Schutt zur breiten Rendlscharte (2551 m), 4 st, und wie R 773 zur Spitze.

● 775 Von **Südosten,** I. Von Pettneu, 5½ st, wie R 728 zum Talschluß, dann westl. ins Kar unterhalb der Rendlspitze und gerade hinauf zum Gipfel.

● 776 **Südgrat,** I. Von der Roßfallscharte, 1/2 st, (siehe R 734) und über die unbedeutende Mitterkarspitze (rd. 2790 m) wenig schwierig zur Spitze.

● 777 **Übergang** zur **Riffelspitze,** I, 1 1/4 st, in wenig schwieriger Kletterei über den Grat.

Hintere Rendlspitze, 2741 m

● 778 Unbedeutende Erhebung, von allen Seiten wenig schwierig erreichbar.

● 779 Von der **Roßfallscharte,** s. R 734, wenig schwierig in 1/2 st.

● 780 **Südostgrat,** I. Von Pettneu, 5 st, wie bei R 728 zum Talschluß des Malfontales und über die Grashänge und den SO-Grat wenig schwierig zur Spitze.

● 781 **Übergang** zur **Hochkarspitze,** I, 2 st. Wie bei R 773 zur Rendlscharte und wie bei R 785 zur Spitze.

Hochkarspitze, 2836 m

● 782 Dreizackiger Gipfel mit umfassender Rundschau, besonders auf Lechtaler Alpen und Hohen Riffler. Der Name ist etwas irreführend, da die Spitze nicht der Umrahmung des Hochkars angehört, sondern rd. 300 m gegen S vorgeschoben ist. Erstersteigung: Baptist Hämmerle und Jul. Volland über den N-Grat 1886. S-Grat: Franz Malcher 1921.

● 783 **Nordgrat,** I. Von St. Anton a. A., 4 1/2 st, wie bei R 772 auf die Rendlalpe, 1 1/2 st, und bis vor den Stockibach, 1/2 st. Talein und nach 20 Min. über Gras und Schutt westl. zu dem zwischen dem W-Grat der Hochkarspitze und dem zum Zwölferkopf streichenden Grat eingebetteten kleinen Firnfeld hinan und auf die Scharte nördl. am Fuß der Spitze. Nun in schöner, wenig schwieriger Kletterei über zwei Türme auf den scharfen Hauptgipfel.

● 784 **Nordgrat,** I. Von St. Jakob, 5 st, südl. über die Rosanna und steil den in einer Lawinenschneise emporführenden Pfad zur Rendl-Alpe (1791 m) und weiter wie R 783.

● 785 **Südgrat,** I. Von Pettneu, 5 1/2 st, wie R 774 zur Rendlscharte (2551 m), 4 st (hierher von St. Anton wie R 773, 3 1/2 st). Über den wenig schwierigen Grat zum scharfen Gipfelaufbau der Hochkarspitze, welche mit schöner Kletterei erreicht wird, 1 1/2 st.

Übergänge:

● 786 Zur **Rendlspitze,** I, 3 st. Wie oben R 785 zur Rendlscharte, dann wie R 773 zur Spitze.

● 787 Zum **Zwölferkopf,** I, 1½ st. Sehr lohnend. Wie R 790.

Zwölferkopf, 2556 m

● 788 Einer der prächtigsten Aussichtspunkte des Ferwalls, Pflunspitzen — Kaltenberg, Hoher Riffler, Lechtaler Alpen und besonders die überraschenden Tiefblicke auf St. Anton und St. Jakob. Wenig schwierig und sehr lohnend. Zwölferkopf soviel wie Mittagspitze für St. Jakob.

● 789 Von **St. Anton** oder von **St. Jakob,** 4 st, wie bei R 783, 784 auf den gegen das Rendlkar führenden Steig und über die SW-Hänge steil, aber wenig schwierig zum Gipfel.

● 790 **Übergang** zur **Hochkarspitze,** I, 1½ st. Sehr lohnend. Man hält sich immer an den grasbewachsenen Grat, links begleitet vom Blick über die ins Hochkar stürzenden Wände, bis man den Gratknotenpunkt erreicht, nun südl. waagrecht zur Scharte am Fuß des Gipfels und wie bei R 783 auf diesen.

Gamskarspitze, 2621 m

● 791 Weniger lohnend als der Zwölferkopf, Aussicht wie bei R 788.

● 792 Von **Nordwesten,** wenig schwierig. Von St. Anton, 4½ st, wie bei R 772 am Stockibach empor zur Rendlalpe und ober dem Wald nach O zu den Weidehängen oberhalb der Rendlalphütten. (Von St. Jakob hierher wie R 784, dann südöstl.) Weiter südöstl. auf Steigspuren zur Scharte (2526 m) nördl. der Gamsspitze und wenig schwierig auf diese.

● 793 **Nordkamm,** I. Von Pettneu, 4½ st, südl. über die Brücke und südwestl. auf einem Weg zu einer steil herabkommenden Schneise, die zur Gamplewiese führt. Durch diese und auf Steig durch Wald zu den Weiden der Malfonalpe und südl. über den Kamm zum Gipfel.

● 794 Von **Südosten,** wenig schwierig. Von Pettneu, 4½ st, wie bei R 77 durchs Malfontal zur Hütte der Malfonalpe, 1½ st, und auf dürftigem Steig nordwestl. zur Scharte (2526 m) und südl. wenig schwierig zur Spitze.

● 795 Von **Süden,** I. Von Pettneu, 5 st, wie bei R 77 zur Malfonalpe im Malfontal, 1½ st; ¼ st weiter talein und durch das von NW kommende Tälchen ins Gamskar mit kleinem See und nördl. steil zum Gipfelgrat, der etwas westl. des Gipfels erreicht wird, und auf diesen.

h) Die Welskogelgruppe

Eine bisher vernachlässigte Gruppe, die durch den Verbindungsweg von der Edmund-Graf-Hütte zur Niederelbehütte (siehe R 91) an Bedeutung gewonnen hat.

Hohe Spitze, 2796 m

● 796 Hübscher Doppelgipfel, der westl. höher. — Alex. Burckhardt erkletterte die Spitze 1893.

● 797 **Nordostwandrinne,** I—II. Von der Edmund-Graf-Hütte, 2 st, auf dem Riffler-Weg wie bei R 91 bis vor die Schmalzgrubenscharte, dann über Schutt am Fuß der rechts bleibenden N-Wand der Hohen Spitze nach O und durch eine steinfallgefährdete, finstere Felsschlucht bis in halbe Höhe, dann scharf links durch steile Wände und Rinnen zur Scharte zwischen beiden Gipfeln und wie bei R 798 auf den westlichen.

● 798 **Nordostgrat,** II. Brüchig. Vom Schmalzgrubenschartl, 1 st (siehe R 91). Über zwei Türme, ein Überhang wird rechts dicht an der rechten Kante überwunden. Dann auf den Grat. Über den Grasrücken, dann rechts über gutgestufte Grasschrofen, immer auf Grasbändern, rechts auf den Grat und über ihn zum blockigen O-Gipfel. Nun auf der Paznauner Seite bis zur Scharte vor dem Überhang des Hauptgipfels, auf welchen man von links durch einen Rißkamin gelangt. — Direkte Begehung III, 1½ st.

● 799 **Südrinne,** I. Vom Rifflerweg (siehe R 91) zu einer steilen, grasdurchsetzten Rinne, auf die Scharte zwischen beiden Gipfeln und wie R 798 auf den westlichen.

● 800 **Südostgrat,** I. Von der Niederelbehütte, 3 st, wie bei R 91 bis unter das Lattejoch und auf Steigspuren zum Joch, 2½ st. Nun über den SO-Grat wenig schwierig zur Spitze.

Übergänge:

● 801 Zu den **Alblitköpfen,** I, ½ st, wenig schwierig über den Grat.

● 802 Zum **Welskogel,** II, 1½ st. Wie oben R 798 zur Schmalzgrubenscharte und weiter wie R 804.

Welskogel, 2880 m

● 803 Langgestreckter Hauptgipfel der Gruppe. Sehr lohnend. Rundschau sehr umfangreich: Ortler, Glarner Alpen. — Dr. Friedrich Fetzer und G. Herold begingen 1920 den ganzen Grat vom Kappler Joch bis zur Madaunspitze. Den NW-Grat beging Dr. Franz Mendl (PM).

● 804 Von **Südwesten,** I. Von der Edmund-Graf-Hütte, 2½ st, auf dem Rifflerweg (siehe R 91) und entweder 1. besser nicht ganz bis zur Schmalzgrubenscharte, sondern vorher gegen den Grat einbiegend durch eine breite Rinne in wenig schwieriger Kletterei auf den unbedeutenden **Schmalzgrubenkopf** (2847 m) und mühelos über den Grat zur Spitze, oder 2. bis zur Schmalzgrubenscharte, 1½ st (hierher von der Niederelbehütte, 3 st, siehe R 91), und über den Grat zum Schmalzgrubenkopf und zur Spitze.

● 805 **Nordwestgrat,** II. Von der Edmund-Graf-Hütte, 2 st, auf dem Riffler-Weg wie bei R 91 bis zu einem großen Steinmann auf dem Rücken vor dem Schmalzgrubensee und in mäßig schwieriger Kletterei in brüchigem Fels zum Gipfel.

● 806 **Ostgrat,** II. Schöne Platten- und Grasschrofenkletterei. Von der Edmund-Graf-Hütte, 2½ st, auf dem Rifflerweg und wie bei R 91 in das Kar unterhalb des kleinen Welskogelferners und auf die Scharte zwischen Weißer Schrofen (2849 m) und Welskogel, 1 st. (Hierher auch von S wenig schwierig über Schutt, schöner über Kappler Jochspitze und Weißer Schrofen.) Den ersten getürmten Gratteil umgeht man am besten links, südl., indem man rd. 30 m waagrecht quert, dann rechts über Grasschrofen an den Fuß der großen grauen Plattenstufe gelangt. Nun halblinks 3—4 m empor, dann schräg rechts hinauf, rd. 15 m, bis man nahezu waagrecht links hinter einem Felskopf hinaufqueren kann. An dem schrofigen Grat empor und auf den nächsten Absatz, dann über den Grasgrat an 2. großen Plattenhang. Links am Rand der Platte über Grasschöpfe und kleine Stufen empor, dann wieder rechts auf den Grat zum Fuß einer letzten 2 m hohen Stufe, schräg links hinauf und wenig schwierig rechts zum Gipfel.

● 807 **Südwand,** IV, eine Stelle V. (1. Begehung durch Mitglieder des BRD Kappl unter Führung von Hans Föger, 26. 8. 1961.)
Die Südwand wird etwa in der Mitte durch einen stark ausgeprägten Kamin durchzogen. Die Führe verläuft durchwegs in

diesem Kamin oder an seiner rechten Begrenzungsflanke. — Eine Seillänge über gestuften, plattigen Fels zum Einstieg in den eigentlichen Kamin. Durch diesen eine Seillänge hoch zu grünem Schuttplatz. Weiter auf die Kante. Gerade hinauf unter Überhänge. Querung unter diesen hindurch in den nun schluchtartigen Kamin (IV). Im Kamin bleibend und eine überhängende, rißartige Steilstufe überwindend (V) zur Ausstiegsrinne und zum Gipfel. (Tourenbuch der Niederelbehütte).

Übergänge:

● **808** a) Zur **Hohen Spitze,** II, 1½ st, wie R 804 zur Schmalzgrubenscharte und wie bei R 798 zur Spitze.

b) Zum **Weißer Schrofen,** II, 1½ st, wie oben R 806, dann wie bei R 810.

Weißer Schrofen, 2849 m

● **809** Fälschlich Weißschrofenspitze. In Verbindung mit dem Welskogel sehr lohnend.

● **810** **Westgrat,** I. Von der Edmund-Graf-Hütte, 1¼ st, wie bei R 806 zur Scharte zwischen Welskogel und Weißem Schrofen und ohne besondere Schwierigkeiten zum Gipfel.

Übergänge:

● **811** **Welskogel,** II, 1¾ st. Wie vorher zur Scharte und dann wie bei R 806 zur Spitze.

● **812** Zur **Kappler Jochspitze,** I, ½ st. Wenig schwierige Kletterei.

Kappler Jochspitze, 2843 m

● **813** Auch Schwarzer Kopf. Doppelgipfel, der westliche der höhere. Die Besteigung lohnt sich besonders beim Übergang über das Kappler Joch, da sie die Rundschau: Ötztaler, Samnaun, Ortler, Ferwall, Glarner und Lechtaler Alpen einschließt. Wenig schwierig. — Sehr lohnend, zum Teil mäßig schwierig ist die Überschreitung bis zum Welskogel.

● **814** Vom **Kappler Joch** (2673 m), I, 1½ st (siehe R 112) wenig schwierig über den NO-Grat zur Spitze.

Übergänge:

● **815** Zum **Weißer Schrofen,** I, ½ st, wenig schwierige Kletterei.

● **816** Zum **Spidurkopf,** I, 1 st, wie bei R 820.

Spidurkopf, 2680 m

● **817** Auch Rifflerkopf. Unbedeutend. Schöner Blick auf Riffler und hinab zu den Blankaseen.

● **818** Von **Kappl,** 4 st, auf den Weißkogel (siehe R 822, 3½ st) und über den wenig schwierigen Gras- und Schrofengrat zur Spitze.

● **819** Von **Kappl,** I, 4½ st, wie bei R 822 zu den Alphütten „Am Steig" und nordöstl. zum grünen Winkel im NW-Grat und weiter wie unten R 820.

● **820** Von der **Kappler Jochspitze,** I, 1 st. (Der Verbindungsgrat dürfte nur sehr schwierig begehbar sein.) Man steigt über die Schrofen südwestl. ab und quert dann unter der Schneide durch bis dorthin, wo der grüne Winkel gegen den letzten dunklen vor dem Schuttdach des Spidurkopfes stehenden Turmes hinaufzieht. Hier steigt man über einen kleinen Schrofengürtel auf einen Rasenfleck unter dem genannten Turm; nun rechts unter diesem durch in eine Rinne und rechts empor auf das Schuttdach und wenig schwierig über die felsige Schneide zum Gipfel.

Weißkogel, 2505 m

● **821** Begrünter Kegel, wenig schwierig, sehr lohnend wegen des herrlichen Tiefblickes.

● **822** Von **Kappl,** 3½ st, über Oberhaus zur Berglialpe, 1763 m, dann nördl. durch eine Lichtung aufwärts, den breiten S-Grat des Weißkogels rechts lassend, zu den höchsten Alphütten „Am Steig" (2150 m). Nun nordöstl. rechts in einer Mulde die Hänge empor und von N her flach auf den Gipfel.

● **823** **Übergang** zum **Spidurkopf** (2680 m), I, 1½ st, wie bei R 818.

i) Die Rifflergruppe

Die bedeutendste Gruppe des östlichen Ferwalls, welche die zweithöchste Spitze trägt. Den Gipfeln eigen sind die wunderbaren Talblicke ins Stanzer, Paznaun- und Inntal.

Blankahorn, 3129 m

● **824** Der doppelzackige, kühnere Zwillingsbruder des Rifflers. Rundschau ähnlich diesem, doch fehlen die Tiefblicke ins Stanzer Tal und auf den Flirscher Ferner. Besteigung, besonders in Verbindung mit dem Riffler, sehr lohnend. Mäßig schwierig. Nördliche Abdachung aus Augengneisen, s. aus Biotitgranitgneis. — Gelegentlich der Vermessung wurde die 1. Ersteigung durchgeführt. J. A. Specht stieg mit Franz Pöll 1864 von S auf und überschritt den Gipfel zum Riffler. SO-Wand Karl Hagspiel und Jos. Hager 1925.

● 825 **Südgrat,** II. Schöne Kletterei. Von der Edmund-Graf-Hütte, 2½ st. Auf dem Wege zum Kappler Joch, 15 Min., dann gegen P. 2784. Weiter über den S-Grat oder links davon in einer Rinne aufwärts bis zum plattigen Gipfelaufbau. Etwas rechts durch Risse auf diesen hinauf, dann gerade aufwärts, schließlich links auf den Blockgrat und wenig schwierig zum gespaltenen Gipfel.

● 826 **Westgrat,** II. Festes Gestein, sehr lohnend. Von der Edmund-Graf-Hütte, 2½ st, auf dem Riffler-Anstieg wie bei R 832 bis dorthin, wo der Weg ins Schuttkar, das zwischen Kleinem Riffler und Blankahorn liegt, einbiegt. Nun östl. über den Kamm, dann in wenig schwieriger Kletterei über einen Absatz, über Geschröf rechts unter dem plattigen W-Grat, bis sich dieser wieder steiler aufschwingt, durch eine seichte Verschneidung auf den Grat. Nun über ihn, bis er sich steil, plattig, entgegenstellt. Nun schwieriger hinauf und über den Grat in schöner Kletterei zum Gipfel.

● 827 **Nordrinne,** II. Wenig empfehlenswert. Steinschlag. Von der Edmund-Graf-Hütte, 2½ st, wie bei R 832 bis zum Beginn des Pettneuer Ferners, dann südl. durch die glatte Rinne (Eis), welche das Massiv des Blankahorns in der Mitte spaltet, zum Gipfel.

● 828 **Ostgrat,** II. Hübsche Kletterei. Von der Edmund-Graf-Hütte, 2½ st, wie bei R 832 auf den Pettneuer Ferner und zur Blankascharte, 1¾ st, zwischen Hohem Riffler und Blankahorn. (Hierher auch von Kappl oder See wie bei R 839, 6 st.) Nun auf guten Bändern knapp unter dem Grat in der N-Flanke vollends hinauf auf den Grat, ein Stück weiter über oder rechts unter diesen, dann wieder über Bänder und auf dem Grat zum Vorgipfel. Dann über oder rechts um eine Platte in die Gipfelscharte. Nun links um einen Block und über einige Zacken des Gipfelgrates zur Spitze.

● 829 **Südostwand,** IV. Schöne und interessante, sehr schwierige Klettertour.

Vom Einstieg 3 st. Von See oder Kappl wie bei R 112 zu den Blankaseen, 4 st. Hierher auch bequemer von der Edmund-Graf-Hütte über das Kappler Joch wie bei R 112, 1½ st. Nun zum Kar unter dem Blankahorn, in dem ein Firnbecken eingebettet ist. Über den Firn gerade empor und dann etwas links zur SO-Wand (Randkluft). Der Einstieg befindet sich bei einer kurzen, in die Wand stoßenden Schneezunge (nur noch schwach ausgebildet), rd. 30 m südl. von der Fallinie des Gipfels und rd. 50 m nördl. einer Eisrinne, die zum S-Grat des Berges emporzieht. — Über steilen, glatten Fels klettert man rd. 15 m hoch und erreicht eine etwas überhängende Wandstufe, die nach rechts hin erstiegen wird. Hierauf wendet man sich nach links aufwärts und gelangt nach rd. 30 m zu einer Plattenwand, die sich rechter Hand aufbaut. Über diese klettert man einige Meter empor und erreicht einen glatten Riß, der zu einer 2—3 m langen, schrägen Platte hinmündet. Von dieser setzt ein zweiter 4—5 m hoher, fast griffloser Riß an, der mit Hilfe des menschlichen Steigbaumes bezwungen werden muß. Noch einige Meter aufwärts strebend, setzt eine gewaltige Plattenverschneidung an, die schon vom Kar aus gut sichtbar ist und sich etwa 200 m nach rechts aufwärts zieht. Auf schmalen Griffen und Tritten, oftmals nur durch Körperreibung, klettert man empor und trifft fast stets nach 25—30 m guten Sicherungsplatz. In wirklich großartiger, genußvoller Kletterarbeit gelangt man endlich zum Ende der Plattenverschneidung, die sich zu einer gelbgefärbten, äußerst brüchigen Schrofenrinne verengt und zum Schartl zwischen N- und Mittelzacken des Gipfels emporzieht. 15 bis 20 m unterhalb dieses Schartls steigt man nach links auf goldbraunem, glattem, doch festem Fels an und erreicht über steile von Rissen durchzogene Wandstufen den Gipfel.

● **830** **Übergang** zum **Hohen Riffler,** II, ¾ st, wie zur Blankascharte und auf dem Steig zum Gipfel.

Hoher Riffler, 3168 m

● **831** Auch Großer oder Pettneuer Riffler. In Mayr: Jagdbuch Kaiser Max I., S. 156, Ryfl genannt, daneben die Plankenwand, ein Name, der als Blanka- oder Blankenhorn für beide zusammen gebraucht wird. Riffel = Flachskamm, für zerzackte Sägegrate des Gebirges (Finsterwalder). Zweithöchster Berg des Ferwalls, das Schaustück der Arlbergbahn. Von Landeck: eine breite Pyramide, getragen von weit ausladenden Graten, zu Füßen der Flirscher Ferner. Von Pettneu: hoch über den dunklen Wald wälzt sich aus himmelragenden Felsklippen ein Eisstrom, wie ein lauernder Drache, der Pettneuer Ferner, hervor.

Wenig schwierig und außerordentlich lohnend für Berggewohnte die prächtige Bergfahrt: N-Grat (siehe R 835) und Gauderkopf NO-Grat (R 847) II—III. — Der nach S mit breitem Rücken abstreichende S-Gipfel (3160 m, Triangulierungszeichen) verschmälert sich nach N hin zu einem scharfen Grat, der nach einem Zacken den etwas höheren, selten erstiegenen N-Gipfel trägt. — Rundschau: Stanzer, Inn- und Paznauntal, Lechtaler Alpen mit Parseierspitze, das Dreikant des Tschirgants, Zillertaler, Stubaier, Ötztaler, Samnaun, Ortler, Silvretta, Ferwall, Bernina, Piz Kesch, Berner Oberland, Tödi, Säntis. — 1. Ersteigung: J. A. Specht mit Franz Pöll 1864 über das Blankahorn. Die höchste Spitze erkletterte erst Jul. Volland 1877, der über den Pettneuer Ferner anstieg. Ab ins Blankatal D. Diamantidi mit Jos. Ladner 1886. Pettneuer Ferner und Grippkopf Bauwerker mit Al. Tschiderer 1891, SO-Grat C. Steininger 1900, S-Wand Matth. Winkler und Wilh. Wolf 1911. N-Grat und zum Gauderkopf Franz Malcher 1921. N-Grat und zum Grippkopf Karl Huter und Karl Krall 1929. Gipfelkreuz.

● 832 Von **Westen**, bez., gute Steiganlage. Von der Edmund-Graf-Hütte, 2¼ st, nördl. zum P. 2624 ins Schuttkar, das zwischen Kleinem Riffler und Blankahorn liegt. Letzteres auf vielen Kehren umgehend gelangt man zur breiten Firnscharte zwischen Kleinem Riffler und Blankahorn (es lohnt sich, hier etwas nördl. anzusteigen, überraschender Blick auf den Pettneuer Ferner). Nun überquert man den hier ebenen Firn an der schmalsten Stelle und folgt dem angelegten Weg, der von W zur S-Spitze des Hohen Rifflers führt. — Der Übergang zur 2 m höheren N-Spitze, II, 10 Min., ist mäßig schwierig, aber schön. Vom S-Gipfel wendet man sich nördl., klettert den senkrechten Abbruch in die scharf eingerissene Scharte an der W-Seite hinab, überwindet den nächsten Zacken über eine schöne Platte nach rechts und erreicht schließlich über eine weitere kleine Scharte die N-Spitze.

● 833 Von **Norden** über den **Pettneuer Ferner**, I. Landschaftlich ganz hervorragend, mühsam. Von Pettneu, 6—7 st, verfolgt man den Weg ins Malfontal (siehe R 77) bis hinter die 1. Brücke, 1½ st, wo ein Graben von O herabkommt, an dessen Rand entlang ein Zaun läuft. Diesen steilen Graben weglos und mühsam empor, bis man bei ungefähr 2050 m einen Querweg erreicht,

XVII Hoher Riffler, R 831 Foto: Mathis

den man nach links einige 100 m verfolgt, bis zum Kamm, der die südl. Begrenzung des wilden Kares bildet, durch das ein Teil der Abflüsse des Pettneuer Ferners seinen Lauf nimmt. Auf dem Kamm aufwärts und links zu einer ebenen Schutthalde, durch die der westl. Gletscherbach fließt; dann über wenig schwierige, glatte Felsen und durch eine der beiden Rinnen, die vom nun sichtbaren Gletscherrand herabziehen. (Bei der Wahl Rücksicht nehmen auf etwaige gefahrdrohende Eistürme; schöner ist die linke Rinne, da man Gelegenheit hat, wenn man an die linke Kante herantritt, einen Blick in die erschreckende Abbruchstelle eines noch nicht beendeten Bergsturzes zu werfen.) Oben auf den stark geneigten, meist aperen Ferner, der sich nach links über den Abgrund schiebt, 2½ st. Nun in der Mitte des Gletschers (Spalten) zum obersten Firnbecken und entweder 1. über die Randkluft und den steilen Firnhang zum ebenen Firn westl. der Spitze des Hohen Rifflers, 2 st, und weiter wie R 832 oder 2. landschaftlich schöner nach W auf den NW-Grat des Kleinen Rifflers (3014 m) und in schöner Kletterei den scharfen Aufbau hinan, über die Spitze, 2 st, hinab zum ebenen Firn, ¼ st, und weiter wie vorher R 832.

● **834** Von Schnann über den **Grippkopf** (2497 m) und den Pettneuer Ferner, I, 7 st. Von Schnann südl. auf steilem Wege durch Wald zu den Weiden der Ganatschalpe und auf ebenem Almweg zum NO-Fuß des Grippkopfes und wenig schwierig auf diesen, 3½ st. Nun anfangs den Grat südwestl. verfolgend, bis er sich steiler aufschwingt, dann die Felshänge ohne besondere Schwierigkeiten querend hinüber auf den Pettneuer Ferner, ¾ st, und weiter wie R 833.

● **835 Nordgrat,** II—III, eine der lohnendsten Touren im Ferwall. Mühsam, daher am besten als Abstieg. — Der eigentliche N-Grat beginnt an der Gratteilung (etwa 3030 m), wohin man entweder über den Grippkopf, oder weit lohnender über den Gauderkopf gelangt. — Vom Gauderkopf (siehe R 846 6 st von Flirsch oder Schnann) wenig schwierig hinab zum breiten Sattel westl. (hierher auch vom Flirscher Ferner über Firn und Schutt über den Kamm zur Gratteilung).
Hierher vom Grippkopf, II, siehe R 834, von Schnann, 3½ st, zuerst über den Grat, bis er sich aufbäumt, dann die Abbrüche in der N-Seite erkletternd und äußerst brüchig herauf, 2½ st.
Nun gemeinsam zuerst wenig schwierig, dann schwieriger über eine klotzige Graterhebung in eine Scharte, dann über den

steilen, schmalen Grat, ein kleiner Überhang wird von vorne überklettert, und schließlich der N-Gipfel des Rifflers erreicht, 1½ st, weiter zum 2 m niedrigeren S-Gipfel wie R 832.

● **836 Südostgrat,** I—II. Von Flirsch oder Schnann über den Flirscher Ferner, 6 st.
Vom Ort Flirsch südwestl. über die Brücke und auf steilem Almweg zur Ganatschalm (1861 m), 2 st. (Hierher auch von Schnann südöstl. durch Wald auf Almweg. Nun südl. zum sumpfigen Almboden des Gauderbaches und auf den nächsten Rücken zu einer verfallenen Heuhütte „Am Mösl", kleines Moos (2055 m), und über den Grat steil, aber wenig schwierig zum Scheibenkopf (2538 m), 2 st, von wo der grasbewachsene Kamm in mehreren Erhebungen zum Flirscher Ferner hinzieht. Weiter über den Ferner (wenn aper, besser zum südl. Rand des Gletschers, wo Firnschnee den Zugang vermittelt) und über das spaltenarme Firnbecken zum Firnsattel (dieser bricht nach S mit mächtigen Platten ab) am Fuß des SO-Grates, 1¼ st. Über den Grat, etwas links ausweichend zu Abbruchstelle, die rechts wenig schwierig umgangen wird, und in hübscher Blockkletterei auf ein kleines Felsköpferl, hinter dem eine Firnrinne östl. hinabstreicht, und nordwestl. zum S-Gipfel, ¾ st. Im Abstieg lohnt es sich im Frühsommer vom Flirscher Ferner die Schneehalden ins oberste Gampernuntal zu verfolgen. Der Weg über die Gampernunalpe ist jedoch während der Auftriebszeit nicht anzuraten, da hier 40 bis 50 Stiere weiden. Man verfolgt dann den auf der 2000-m-Schichtenlinie waagrecht verlaufenden, luftigen und dürftigen Steig (eine plattige Stelle) zum Mösl und weiter wie oben.

● **837** Von Kappl über die **Blankascharte,** I, 6½ st. Landschaftlich sehr schön, bez., aber abhängig von den Schneeverhältnissen unterhalb der Scharte (Wächte und Eis). Nur für geübte Bergsteiger. Von Kappl wie bei R 112 zu den Blankaseen, 4 st. Nun nordwestl. durch das wilde, trümmererfüllte Kar etwas mühsam auf die alte Moräne am Ausgang des kleinen westl. Kares, das durch einen Felssporn, der vom Riffler südl. herabzieht, abgetrennt wird. Westl. dieses Sporns durch eine steile Rinne über Bänder aufwärts und schließlich westl. über Platten (Drahtseilsicherung zerstört, wird nicht erneuert) zur Blankascharte, 2½ st, und auf einem Steig zum S-Gipfel. Beim Abstieg kann man, wenn man wieder zurück zur Edmund-Graf-Hütte will, unterhalb der Blankaseen den Weg über das Kappler Joch zur Hütte aufnehmen (siehe R 104), 1½ st von der Wegzweigung.

● 838 **Abstieg** über den obersten Südostgrat und die Südflanke, I—II. Empfehlenswert, wenn die Scharte, siehe vorher R 837, überwächtet ist. — Auf dem obersten SO-Grat abwärts bis zur gleichen Höhe wie die Scharte zwischen Blankahorn und Riffler, bzw. bis der Abstieg rechtshin in die S-Flanke gegeben ist. Anfänglich durch eine Rinne kurz absteigend und dann über plattige Schrofen und Bänder rechtshin abwärts in die breite Rinne, die von der Scharte zwischen Blankahorn und Riffler herunterkommt. Hinab ins Blockkar und zu den Blankaseen.

Übergänge:

● 839 Zum **Kleinen Riffler,** I, ½ st. Wie R 832 zur breiten Firnscharte, dann in wenig schwieriger, hübscher Kletterei zur Spitze.

● 840 Zum **Blankahorn,** II, ¾ st, über den großblockigen Grat (Steig) zur Blankascharte und wie R 828 zur Spitze.

● 841 Zum **Gauderkopf,** II—III, 1½ st, wie R 835 zur Scharte und wenig schwierig zur Spitze.

Kleiner Riffler, 3014 m

● 842 Der westl. Eckpfeiler des Hohen Rifflers. Als Abstecher vom gewöhnlichen Reifleranstieg recht lohnend.

● 843 Von der **Edmund-Graf-Hütte,** I, 2¼ st, wie bei R 832 zur breiten Firnscharte, dann nordwestl. in wenig schwieriger hübscher Kletterei in ¼ st zur höchsten Spitze auf dem scharfen Gipfelgrat.

● 844 Von **Pettneu** über den **Nordgrat,** I, 5½ st, wie bei R 833.

Gauderkopf, 2991 m

● 845 In Verbindung mit dem Riffler-N-Grat besuchenswert. — 1. Ersteigung, Überschreitung NO-Grat gelegentlich Begehung des Riffler-N-Grates Franz Malcher 1921.

● 846 Von **Flirsch** oder **Schnann,** I, 5 st, wie bei R 836 auf den Flirscher Ferner und über Schutt und Firn auf den breiten Sattel westl. des Gauderkopfes und wenig schwierig auf diesen.

● 847 **Nordostgrat,** II. In Verbindung mit dem N-Grat des Hohen Rifflers (R 835) sehr lohnend. Von Schnann oder Flirsch zur Mittagspitze (siehe R 850, 851), 4 st, und waagrecht hinüber zum Gratbeginn und in abwechslungsreicher Kletterei über den scharfen Grat mit kleinen Ausweichungen rechts und links zum Gipfel, 2 st.

● 848 **Übergang** zum **Hohen Riffler,** II—III. Sehr lohnend, 2½ st, zur breiten Scharte westl. und weiter wie R 835.

Mittagspitze, 2635 m

● 849 Auch Wannaspitze. Sie ist die Mittagspitze für Schnann. Lohnend. Blick in die Eisenspitzgruppe und den Eisbruch des Flirscher Ferners.

● 850 Von **Schnann,** 4 st, auf gutem Alpweg zu der schön gelegenen Ganatschalpe (1864 m), 2 st, und südöstl. den dürftigen Steigspuren durch Alpenrosenbüsche folgend über den breiten, aber steilen NO-Kamm zum großen Steinmann.

● 851 Von **Flirsch,** 4 st. Wie bei R 836 am Gauderbach entlang zum sumpfigen Almboden, 2 st, und westl. über die steilen Grashänge pfadlos zur Spitze.

● 852 **Übergang** zum **Gauderkopf,** II—III, 3 st. Wie bei R 847.

Flirscher Fernerkopf, etwa 2980 m

● 853 Nach N steil abfallendes, spitzes Horn, wenig schwierig vom Firnsattel unter dem SO-Grat des Rifflers, siehe R 836 in ¼ st. Schwierig ist sicherlich der plattige O-Grat, auch der Abstieg nach S dürfte nicht einfach sein.

● 854 **Gampernunspitze,** 2887 m, auch Blankaspitze und **Klapfkopf,** 2708 m

● 855 Die östl. Umrahmung des landschaftlich schönen oberen Blankatales. Lohnend. Rundschau: Blankahorn und Riffler, Lechtaler Alpen, Samnaungruppe, dahinter die Ötztaler.

● 856 Von **Kappl,** I, 5 st. Wie bei R 112 zu den Blankaseen, dann über zum Teil felsdurchsetzte Hänge auf den Klapfkopf. Von diesem schöne Gratwanderung über den wenig schwierigen Grat zur Gampernunspitze, von welcher man westl. wenig schwierig zu den Blankaseen absteigen kann.
Der Übergang zum Großgfallkopf bietet keine Schwierigkeiten, I, ½ st.

Großgfallkopf, 2639 m

● 857 Von allen Seiten wenig schwierig zugänglich.

● 858 Von **Flirsch,** 4½ st. Wie bei R 836 zu den verfallenen Heuhütten „Am Mösl", 2½ st. (Der bessere Weg zum Oberen Klausbach und zur Gampernunalpe ist während der Auftriebszeit nicht anzuraten, da hier 40—50 Stiere aus dem ganzen Bezirk Landeck weiden.) Und etwas unterhalb derselben quer durch die sehr steilen O-Hänge des Scheibenkopfes auf schmalem Schafweg in rd. 2000 m Höhe (Vorsicht bei einer plattigen Rinne) zu der Talstufe oberhalb der Gampernunalpe, die von einem gewaltigen Bergsturz herrührt. Nun links auf Wegspuren zu den W-Hängen des Großgfallkopfes und wenig schwierig zur Spitze.

● **859** Von **Strengen,** 4½ st, zum Niederjöchl (2357 m, siehe R 114) und über den wenig schwierigen O-Kamm.

● **860** Von **See,** 4 st, zum Niederjöchl (siehe R 114) und über den wenig schwierigen O-Kamm.

● **861** Von **Kappl,** 4½ st, wie bei R 112 zur Durrichalpe (1901 m), 2 st, und nördl. über die sanften Weidehänge der Spiduralpe wenig schwierig zur Spitze.

● **862** **Übergang** zur Pezinerspitze, 1 st, wenig schwierig über das Niederjöchl.

Pezinerspitze, 2550 m

● **863** Auch Pezielspitze (die Kappler sagen: Der Peziner) und

Kleingfallkopf, 2440 m

● **864** Die östlichsten Eckpfeiler der Ferwallgruppe mit prachtvollen Tiefblicken ins Stanzer Tal und ins Paznaun, als auch in das Inntal, über das sich die scharfe Pyramide des Tschirgants erhebt, Samnaun, darüber die Ötztaler, Riffler, im N die mächtige Parseiergruppe. Wenig schwierig und lohnend.

● **865** Von **Strengen,** 4¾ st, wie bei R 114 zum Niederjöchl (2357 m), 4 st, und über den aussichtsreichen Rücken östl. zur Pezinerspitze. — Auch vor Erreichen des Niederjöchls kann man von der Großgfallalm südöstl. zur Spitze ansteigen.

● **866** Von **Wiesberg** oder See, 5 st. Äußerst lohnend. Von Wiesberg talein über die Gfällbrücke und nach rd. 200 m gleich nach einer Steilrinne um einen Felsbau herum, wo fast unauffällig ein Fußweg von der Straße weg steil emporführt und hinauf bis zu den Höfen von Rauth. (Von See auf der Straße talab, bis nach 10 Min. von links der gute Karrenweg herabkommt, der die Gehöfte oberhalb der Straße verbindet. Auf diesem nach Rauth.) Weiter den prachtvollen Höhenweg zum wunderbar gelegenen Falgenairhof (1319 m), 1½ st. Westl. auf dem Almweg (die Gfallalmen werden vom Paznaun aus bezogen) durch Wald zum Bach, der aus dem Pezinerkar herabkommt, und weiter, immer von herrlichen Blicken begleitet, zur Großgfallalpe (1934 m), 1½ st, und nach SO auf die Pezinerspitze.

● **867** Von **Wiesberg** oder See über den Kleingfallkopf, 5½ st. Wie bei R 866 zum Bach, der aus dem Pezinerkar nordöstl. der Pezinerspitze kommt. Nun scharf links auf einem Steig zu den Hütten der Kleingfallalpe (1932 m), 3 st, weiter südöstl. zum Kreuz „Am Stein" und südwestl. über einige Absätze zum Kleingfallkopf, 1½ st. Weiter über den wenig schwierigen Kamm mit prächtigen Ausblicken zur Pezinerspitze.

● **868** Von **See** über das Niederjöchl, 5 st, wie bei R 114 und wenig schwierig über den W-Grat zur Pezinerspitze.

● **869** **Übergang** zum **Großgfallkopf,** 1½ st, wenig schwierig über das Niederjöchl.

Anhang

Einige Skitouren in der Ferwallgruppe

Fädnerspitze, 2788 m. Am Ende des Schönferwalls, prächtige Skitour. Von der Konstanzer Hütte durch das Schönferwall zur Schönferwallhütte. Bei der Talgabelung links ins Ochsental. Erst südöstlich, dann südlich dem Bachbett folgend oder etwas rechts auf den Gipfel der Fädnerspitze. 2½ st von der Hütte.

Grieskopf, 2754 m. Nachbarberg der Fädnerspitze und gewöhnlich mit dieser erstiegen, prächtige Skitour. Der Übergang von der Fädnerspitze auf Skiern erfordert etwa 1 st und vollzieht sich etwas unterhalb der Gratkante auf dem obersten Firn des Ferwallferners. Schöne Abfahrtsmöglichkeiten.

Karkopf, 2986 m. Von der Konstanzer Hütte taleinwärts und über den Fasulbach, dann an der rechten Talseite bis zur Fasulhütte (unbewirtschaftete Alphütte). Bei dieser wieder auf die linke Talseite. Hier zweigt man südöstlich ab. Ein steiles Tälchen gegen das Schönpleißjoch hinan, dann südöstlich dem Gletscher zu, über welchen der Gipfel des Karkopfes herausragt. Über den Gletscher ansteigend und kurz vor den Felsen nach rechts zum Grat, wo man abschnallt und den Rest zu Fuß nimmt. 4½ st von der Konstanzer Hütte. Herrliche Abfahrt.

Vollandspitze, 2928 m. Von der Konstanzer Hütte zur Fasulhütte (unbewirtschaftete Alphütte) und etwa 20 Min. taleinwärts, dann rechts, westlich, zum Schluß steil nach rechts über die Felsen in kurzer, mühsamer Kletterei zum Gipfel. 4½ st von der Konstanzer Hütte.

Vom Gipfel etwa 200 m auf dem gleichen Weg zurück. Nun in etwa 2750 m Höhe den Gletscher nach Süden querend bis zum Fuß der

Brüllerköpfe, 2876 m. Vom unteren Gletscher in stetem Anstieg nach Südwesten und Süden unter den Felsen entlang bis zu deren südlichstem Punkt. Den Gipfel ersteigt man in wenigen Minuten zu Fuß.

Vertinesberg, 2855 m. Man hält sich vom Fuße des südlichen Brüllerkopfes etwa auf 2750 m Höhe in südlicher Richtung, durchfährt die Gletschermulde und steigt dann gegen den Vertinesberg sanft an. Wenige Min. zu Fuß auf den Gipfel. 5 st von der Konstanzer Hütte.

Heilbronner Hütte, 2320 m. AV-Hütte am Verbellner Winterjöchl, südöstlich des Scheidsees. Im Winter bewirtschaftet.
Von der Konstanzer Hütte bzw. Vorderen Branntweinhütte immer auf dem orographisch rechten Ufer des Rosannabaches im Schönferwalltal aufwärts zur Fraschhütte (unbewirtschaftet), 1822 m, und in weiterer gelinder Steigung im Tal bis zur Schönferwallhütte, 2040 m. Von hier aus südsüdwestlich in unschwieriger Steigung auf das Verbellner Winterjöchl, 2277 m, mit dem Scheidsee, über welchem etwas erhöht die Hütte steht. 2½ st von der Konstanzer Hütte.

Südliche Roßfallscharte, 2770 m. Man folgt dem Moosbachtal 10 Min. lang bis zur Einmündung des Roßfallbaches in den Moostalbach, quert rasch hintereinander ansteigend alle beide und hält sich auf Punkt 1950 zu, von wo man auf dem Rücken zwischen beiden Quellbächen bis hinauf zu etwa 2400 m Höhe ansteigt; 2 st. Nun wendet man sich etwas mehr nordöstlich etwa 100 m hinauf, bis man direkt zur südlichen Einschartung der Roßfallscharte aufsteigen kann. 1 st, 3 st von der Klubhütte, Abfahrt auf der gleichen Strecke ins Moostal.

Kuchenjoch, 2806 m — **Scheibler,** 2978 m. Von der Darmstädter Hütte in westlicher Richtung unschwierig ansteigend über den Kuchenferner auf das Kuchenjoch, ¾ st. Den Scheibler erreicht man vom Kuchenjoch ohne besondere Schwierigkeiten zu Fuß in 1 st, wobei man weiter oben sich links von der Gratkante hält.
Abfahrt vom Kuchenjoch auf derselben Route schön.

Randzahlen-Verzeichnis

Die vom Deutschen abweichende Betonung der Hauptsilbe ist durch fette Lettern der Vokale gekennzeichnet. „V“ wird immer als „f“ gesprochen.

Geschützte Alpenpflanzen

Text- und Bildzusammenstellung von Paula Kohlhaupt

Jede Gebirgslandschaft ist charakteristisch durch eine für sie besondere Flora. Sie hat sich im Lauf der Jahreszeiten im bunten Farbenspiel harmonisch ineinandergefügt. Viele Arten haben schon die Eiszeiten überlebt und sich jeweils klimatisch angepaßt. Was sich durch Jahrtausende, oft sogar Millionen von Jahren erhalten konnte, sollte durch den heutigen Menschen nicht in wenigen Generationen zerstört werden. Er müßte bemüht sein, diese unbeschreibliche Schönheit, Vielfältigkeit und Farbenpracht der Bergblumen für seine Nachkommen zu bewahren. Seine Hauptaufgabe zum „Schutz und Erhaltung der wildwachsenden Pflanzen" erfordert Verständnis und Aufgeschlossenheit jedes einzelnen, aber auch Kenntnis der zu schützenden Arten.

Am Schluß der botanischen Angaben sind die Länder genannt, in denen die betreffende Pflanze gesetzlichen Schutz genießt: A = Österreich, CH = Schweiz, D = Deutschland, FL = Fürstentum Liechtenstein, I = Italien. Größter Teil der Aufnahmen aus **„Blumenwelt der Dolomiten"** von Paula Kohlhaupt, **Athesia-Verlag,** Bozen.

Türkenbund (Lilium martagon)
Fam.: Liliengewächse
(D, A, CH, I, FL)

Feuerlilie (Lilium bulbiferum)
Fam.: Liliengewächse
(D, A, CH, I, FL)

Frauenschuh (Cypripedium calceolus)
Fam.: Orchideen (D, A, CH, I, FL)

Rotes Waldvögelein
(Cephalanthera rubra)
Fam.: Orchideen (D, A, CH, I, FL)

Kohlröschen (schwarz und rot)
(Nigritella nigra)
Fam.: Orchideen (D, A, CH, I, FL)

Fliegen-Ragwurz
(Ophrys insectifera)
Fam.: Orchideen (D, A, CH, I, FL)

Weiße Seerose (Nymphaea alba)
Fam.: Seerosengewächse
(D, A, CH, I, FL)

Christrose, Schneerose
(Helleborus niger), Fam.: Hahnenfußgewächse (C, A, I)

Schwefel-Anemone (Pulsatilla sulphurea), Fam.: Hahnenfußgewächse (D, A, CH, I, FL)

Frühlings-Kuhschelle (Pulsatilla vernalis), Fam.: Hahnenfußgewächse (D, A, CH, FL)

Spinnweben-Hauswurz (Sempervivum arachnoideum), Fam.: Dickblattgewächse (D, A, CH, FL)

Trauben-Steinbrech (Saxifraga paniculata), Fam.: Steinbrechgewächse (D, A, CH)

Steinröserl (Daphne striata)
Fam.: Seidelbastgewächse
(D, A, CH, I)

Seidelbast (Daphne mezereum)
Fam.: Seidelbastgewächse
(D, A, CH)

Echte Alpenrose (Rhododendron ferrugineum), Fam.: Heidekrautgewächse (D, A, CH, FL)

Zwerg-Alpenrose (Rhodothamnus chamaecistus), Fam.: Heidekrautgewächse (D, I)

Alpenveilchen (Cyclamen europaeum), Fam.: Schlüsselblumengewächse (D, A, CH)

Schweizer-Mannsschild (Androsace helvetica), Fam.: Schlüsselblumengewächse (D, A, CH, I)

Fels-Aurikel (Primula auricula)
Fam.: Schlüsselblumengewächse
(D, A, CH, I, FL)

Zwerg-Primel (Primula minima)
Fam.: Schlüsselblumengewächse
(D, A)

Behaarte Primel (Primula hirsuta)
Fam.: Schlüsselblumengewächse
(D, CH, I)

Himmelsherold (Eritrichum nanum)
Fam.: Rauhblattgewächse
(CH, A, I)

Stengelloser Enzian (Gentiana acaulis), Fam.: Enziangewächse (D, A, CH, FL)

Gelber Enzian (Gentiana lutea) Fam.: Enziangewächse (D, A, CH, I)

Pannonischer Enzian (Gentiana pannonica), Fam.: Enziangewächse (D, A, CH, I)

Dolomiten-Glockenblume (Campanula morettiana), Fam.: Glockenblumengewächse (I)

Schopf-Teufelskralle (Physoplexis comosa), Fam.: Glockenblumengewächse (I)

Edelweiß (Leontopodium alpinum) Fam.: Korbblütler (D, A, CH, I, FL)

Echte Edelraute (Artemisia mutellina), Fam.: Korbblütler (D, A, CH, I, FL)

Arnica, Bergwohlverleih (Arnica montana), Fam.: Korbblütler (D, A, CH)

FERWALL-GRUPPE

ALPENVEREINSFÜHRER

Ein Taschenbuch in Einzelbänden
für Hochalpenwanderer und Bergsteiger
zu den Gebirgsgruppen der

OSTALPEN

Herausgegeben vom Deutschen
und vom Österreichischen Alpenverein

Band
FERWALL-GRUPPE
Reihe: Zentralalpen